HEYNE<

GAVIN BAIN wurde 1981 in Durban, Südafrika, geboren. 1994 zog er mit seiner Familie zurück in ihr Herkunftsland Schottland. Auf dem College lernte er Billy Boyd kennen, mit dem er die Band Silibil N' Brains gründete. Die beiden gaben sich als kalifornische Rapper aus, bekamen einen Plattenvertrag und führten drei Jahre lang in der Londoner Club- und Musikszene das Leben von Stars. Erst zwei Jahre nach der Trennung der Band outete sich Gavin Bain offiziell als Schotte. Er lebt in London und tourt mit seiner 2007 gegründeten Band Hopeless Heroic durch Großbritannien: www.hopelessheroic.com

GAVIN BAIN
FAKE

Fast der größte Coup der Musikgeschichte

Aus dem Englischen
von Björn Junker

WILHELM HEYNE VERLAG
MÜNCHEN

Die Originalausgabe erschien 2010 unter dem Titel
*California Schemin'. How Two Lads from Scotland
Conned the Music Industry* bei Simon & Schuster, London.

Die Namen von einigen Personen wurden geändert,
um ihre Privatsphäre zu schützen.

FSC
Mix
Produktgruppe aus vorbildlich
bewirtschafteten Wäldern und
anderen kontrollierten Herkünften

Zert.-Nr. SGS-COC-001940
www.fsc.org
© 1996 Forest Stewardship Council

Verlagsgruppe Random House FSC-DEU-0100
Das für dieses Buch verwendete FSC-zertifizierte Papier
Holmen Book Cream liefert Holmen Paper, Hallstavik, Schweden.

Deutsche Erstausgabe 08/2010

© 2010 Gavin Bain
© 2010 der deutschsprachigen Ausgabe beim
Wilhelm Heyne Verlag, München,
in der Verlagsgruppe Random House GmbH
Redaktion: Vera Serafin
Umschlaggestaltung: Hauptmann & Kompanie –
Werbeagentur Zürich
Umschlagfoto: © Karl J. Kaul / eyevine
Satz: Buch-Werkstatt GmbH, Bad Aibling
Druck und Bindung: GGP Media GmbH, Pößneck
Printed in Germany 2010
ISBN: 978-3-453-60134-5
www.heyne.de

*In Liebe und Erinnerung an
Robert Gardiner Bain, Robert Dean Bain,
Brian Robertson, Elizabeth Dean Bain, Skye Russo,
Duncan Thomson und Ivan Friedman*

Prolog

Später sprach man von einem Selbstmordversuch, sofern überhaupt darüber gesprochen wurde. Eigentlich redete aber niemand darüber, zumindest nicht in meiner Gegenwart. Freunde versuchten mich zu beschützen, indem sie schonungsvoll den Mantel des Schweigens über eine Nacht breiteten, die die meisten von uns am liebsten vergessen würden, eine Nacht, die mich immer noch in meinen Träumen verfolgt.

Es geschah an einem Samstag Ende August 2006. In der heißen Sommernacht wirkte Eagle's Nest verlassen. Keine Mädchen heute, keine Endlossessions vor der Playstation. Leere Bierdosen und Whiskeyflaschen auf dem mit Flecken übersäten Holzboden, Aschenbecher, die überquollen, weggeworfene Taschentücher und überall stickige Luft. Ich war allein, wie so oft in jener Zeit und sah fern. Es lief die Live-Übertragung des Reading Festivals. Muse waren der Topact und für solch kleine Männer veranstalteten sie doch einen ziemlichen Lärm. Fünfundsechzigtausend Zuschauer bewegten sich wie ein einziger Körper zur Musik, eine große, heranrollende Welle, die den Bildschirm wie ein elektrisches, pulsierendes Etwas ausfüllte. Es war der entscheidende Augenblick in der Karriere von Muse. Sie waren jetzt nicht mehr nur eine Band mit Potenzial unter vielen, sondern gehörten zu den großen Darstellern auf der Weltbühne. Ein paar Jahre davor hatten Bill und ich Muse auf einer Party getroffen. Einer unserer Songs, wahrscheinlich

»Losers«, klang aus den Lautsprechern. Ihr Bassist strahlte über das ganze Gesicht und meinte, der Song sei brillant, unglaublich, eine todsichere Nummer Eins. Er prophezeite Bill und mir, Silibil N' Brains, einen gigantischen Erfolg. Das haben wir natürlich auch geglaubt.

Aber Silibil N' Brains ist niemals ein gigantischer Erfolg geworden. Stattdessen sind wir vor mehr als einem Jahr verbittert von der Bildfläche verschwunden. Seitdem habe ich Bill nicht mehr gesehen. Die Plattenfirma rief mich nicht mehr an, das Geld war aufgebraucht und ich war an jenem Samstagabend allein, absolut allein. Im Fernsehen legten Muse mit »Newborn« los, und die Menge verfiel in Ekstase. *Das* war gigantisch.

Ich schleuderte die Fernbedienung in Richtung Bildschirm, und als ich meinen Arm zurückzog, spürte ich plötzlich diese seltsame Beklemmung. Meine Brust zog sich zusammen; ich bekam keine Luft mehr. Der Raum begann sich zu drehen. Wie aus dem Nichts überfiel mich plötzlich eine erdrückende Migräne und meine Augen begannen zu tränen. Ich rannte hinunter in die Küche und riss die Schublade auf, in der ich meine kostbaren Schmerzmittel aufbewahrte, mein Co-codamol, mein Co-dydramol. Ich fand drei Fläschchen, weiße, gelbe und gelbrote Pillen. Ich schüttete die Reste in meine Hand, schob sie in den Mund wie M&Ms und spülte sie mit warmer Milch hinunter. Sie kullerten durch meine Kehle wie Münzen aus einem Spielautomaten, der den Jackpot auswirft.

Ich lief zurück in mein Zimmer. Muse hatten gerade »Plug In Baby« zu Ende gespielt und waren nur noch drei Silhouetten, die unter nicht enden wollendem Beifall die Bühne verließen. Der Bildschirm war von gleißendem Licht erfüllt, der Abspann lief. Habe ich den Fernseher wirklich auf den

Boden geworfen, mit einem Kricketschläger traktiert und dabei vor Wut geschrien, oder habe ich mir das alles nur eingebildet? Zitternd legte ich mich auf mein Bett, versank in der Matratze, sank weiter, durch den Boden, durch das Zimmer darunter und tauchte ins Bodenlose hinab. Die Migräne verflog. Ich fühlte mich vollkommen losgelöst von allem, was mich beschwert hatte.

Ich verlor jegliches Zeitgefühl. Allmählich wurde mir bewusst, dass ich wach war, mich aber nicht bewegen konnte. Meine Glieder waren schwer wie Blei. Nur mit großem Kraftaufwand gelang es mir, mich umzudrehen und vom Bett auf den Teppichboden zu rollen. Mühsam robbte ich aus dem Zimmer zur Treppe und zog schwer atmend meine kraftlosen Beine hinter mir her. Ich konnte nicht aufstehen, mich nicht einmal aufsetzen, und rutschte die Treppe hinunter, bis ich rücklings auf dem Treppenabsatz landete. So fand ich mich im kalten Schein der nackten Glühbirne vor, die über mir an einem langen Kabel hing, das sich aus der Flurdecke gelöst hatte.

Ich wollte nicht sterben. Nicht so. Nicht jetzt.

Weil ich den Lichtschalter im Bad nicht erreichen konnte, kroch ich im Dunkeln hinein, zog mich an der Badewanne hoch, stellte dabei das kalte Wasser an und brach schließlich in der Wanne zusammen. Eiskaltes Wasser prasselte mir ins Gesicht und wieder versank ich, die Muskeln wie Gummi, die Knochen wie aus Knetmasse. Meine Zähne klapperten, Krämpfe schüttelten mich. Und so fiel ich erneut in eine himmlische Ohnmacht. Das Wasser prasselte auf mich herab, ein Wasserfall, vielleicht die Victoria-Fälle, Tausende Kilometer entfernt. Meine afrikanische Jugend, ein nie erlebter Sommerurlaub ...

Von irgendwoher ein Geräusch. Mein Name.

»Gavin? Was zum Teufel tust du da?«

Meine Schwester Michelle. Sie machte das Licht an. Es blendete mich für einen Augenblick.

»*Gav?* Oh Scheiße, Gavin! Was hast du getan?«

Sie stellte das Wasser ab und zog mich an meinem nassen T-Shirt aus der Wanne, während sie meinen Namen rief und mir ins Gesicht schlug. Doch ich war kilometerweit weg, sie drang nicht zu mir durch. Ich spürte, wie sie mich aus dem Bad und die Treppe hinunterzerrte, fühlte den harten Boden unter meinem Kopf. Sie ließ mich im Flur liegen und ich hörte draußen das Geräusch eines angelassenen Wagens. Dann war sie auch schon wieder da, immer noch meinen Namen rufend, und bugsierte mich auf den Rücksitz des Autos, wo ich tropfnass liegen blieb, immer noch nicht ganz bei Bewusstsein, nur erfüllt von der Sehnsucht, wieder in Glückseligkeit abzutauchen. Unter mir spürte ich die schnellen Umdrehungen der Räder. Verschwommenes Licht drang durch das Fenster. Ab und zu hörte ich noch ein Hupen, dann schlief ich ein.

Das Gedächtnis ist schon eine seltsame Sache. Man kann nach Belieben darauf zugreifen oder es ignorieren, und es jeder beliebigen Situation anpassen. Ich habe mir in den letzten Jahren alle möglichen Erinnerungen zusammengebastelt, aus allen möglichen Gründen. Meist nur, um überhaupt zu überleben. Deshalb blendete ich auch viele der späteren Ereignisse an jenem Abend aus. Ich weiß nicht mehr, wie wir im Krankenhaus angekommen sind, nichts mehr von der Aufregung bei meiner Aufnahme, von einer Trage, einem Bett, besorgten Krankenschwestern, Ärzten, die die Stirn runzelten. Aber das war auch nicht nötig. Ich hatte schon damals ausreichend Erfahrungen mit Krankenhäusern gesammelt, um zu wissen, dass alles immer auf dasselbe hinauslief. Man würde mich zusammenflicken, mich ermahnen, herablassend auf mich einreden und mir psychologische Betreuung anbieten. Die seelischen Narben würden heilen, die körperlichen mit der Zeit verblassen. Ich erinnere mich nicht daran, was mir die Ärzte diesmal sagten, oder ob sie mir den Magen auspumpten. Aber ich weiß von Michelle, dass sie das Gefühl hatte, es wäre sehr wichtig, den Ernst der Lage vor den Ärzten herunterzuspielen. Sie deutete nur an, dass ich betrunken und verwirrt war und mich mit meinen Medikamenten vertan hatte. Letzteres stimmte sogar. Ich habe damals eine Menge Medikamente genommen. Soweit ich weiß, ist das Wort Depression nie gefallen. Es gab noch nicht einmal Gerüchte, dass ich versucht hätte, mir das Leben zu nehmen. Man hatte also keinen Grund, mich länger im Krankenhaus festzuhalten, und ich konnte gehen.

Am Mittag des darauffolgenden Tages wurde ich entlassen. Michelle empfing mich mit einem erschöpften und enttäuschten Gesichtsausdruck und versorgte mich mit frischer Kleidung. Die Sonne brannte auf uns herab und ich war froh, noch am Leben zu sein. Von einem wirklich guten Gefühl war ich aber noch meilenweit entfernt. Ich sackte auf dem Rücksitz des Wagens zusammen, dessen Bezug von der vorangegangenen Nacht noch feucht war. Michelle fuhr mich schweigend nach Hause. Ich bekam nichts mit von der Rückfahrt, spürte unterwegs nur die Unebenheiten im Asphalt und ein dumpfes Rumoren im Magen.

Zu Hause angekommen, öffnete Michelle die Vorhänge in meinem Zimmer. Ich zog sie jedoch gleich wieder zu. Der Fernseher, der mich letzte Nacht mit Muse verhöhnt hatte, stand noch unversehrt auf der Kommode. Ich legte mich aufs Bett und starrte ins Leere. Ich dachte an nichts, fühlte nichts. Michelle brachte mir eine Tasse Tee und schaltete das Licht ein, als sie ins Zimmer kam. Ich bat sie, es wieder auszuschalten. Ich wollte keinen Tee. Ich wollte niemanden sehen. Vor allem aber wollte ich nie wieder an Musik denken. Alles, wonach ich mich sehnte, war ein dunkles, sicheres Versteck, in dem ich mich verkriechen konnte.

Ich muss es zugeben. Nie hätte ich gedacht, dass es so weit mit mir kommen würde. Ich war fünfundzwanzig. Ich hatte mir immer ausgemalt, in diesem Alter berühmt zu sein, ein Superstar, mein Name in Leuchtbuchstaben auf riesigen Leinwänden prunkend. Mein unverkennbares Genie würde im Fernsehen analysiert, in Magazinen, Zeitungsporträts und auf zahllosen Fanseiten im Internet. Doch eine kleine Lüge, diese eine kleine, unbedingt notwendige Lüge war gewachsen und mutiert. Sie hatte mich zu jemandem gemacht, der ich nicht war, den ich selbst nicht mehr wiedererkannte. Ihretwegen hatte ich alles verloren. Dafür hasste ich mich.

Ich erlebte die Hölle auf Erden.

Eins

Das Erste, woran ich mich wirklich erinnern kann, ist Blut.

Sie war mein Kindermädchen, eins von vielen in Montclair. Leider weiß ich nicht mehr, wie sie hieß, aber ich erinnere mich an den Abend, als sie völlig fertig in unser Haus getaumelt kam. Sie hatte sich mit ihrem Freund gestritten und er war mit der Machete auf sie losgegangen, hatte ihr zahlreiche Verletzungen damit zugefügt. Ich war sieben Jahre alt und fand das alles sehr faszinierend. Das Blut floss in dunklen Strömen aus ihren Wunden. Dennoch schrie sie nicht, sondern jammerte nur mitleiderregend, als hätte sie keine Schmerzen, sondern Kummer. Das verwirrte mich. Tat es denn gar nicht weh? Bevor meine Mutter mich diesem Anblick entziehen und meinen Schwestern befehlen konnte, mich auf mein Zimmer zu bringen, erhaschte ich einen unmittelbaren Blick auf ihre Wunden. Das dunkle Braun ihrer Haut hob sich irgendwie obszön vom gespenstischen Weiß des Knochens ab. Meine Mutter versuchte, mit Handtüchern die Blutung zu stoppen. Die Zimmertür wurde vor meiner Nase zugeschlagen und das Jammern verwandelte sich jetzt vollends in grauenhafte Geräusche. Am darauffolgenden Morgen war das Kindermädchen verschwunden. Ich sollte sie nie wiedersehen.

Ein paar Monate später war mein Vater an der Reihe. Es geschah spätnachts an einem Wochentag. Er und mein Onkel Duncan waren immer noch nicht von der Arbeit nach Hause gekommen. Meine Mutter begann, sich Sorgen zu machen und hatte bereits die üblichen Verdächtigen angerufen, doch niemand wusste etwas. Während sie unruhig auf und ab ging und wir vergeblich versuchten, uns auf den Fernseher zu konzentrieren, hörten wir draußen plötzlich Schritte. Wir eilten alle sofort ans Fenster und sahen meinen Vater und meinen Onkel zielstrebig auf die Veranda zusteuern. Mein Vater ist schlank, aber breitschultrig. Kein Mann, mit dem man Streit suchen sollte. Trotzdem waren viele so dumm, sich mit ihm anzulegen. Er kam die Stufen hoch und als der Lichtschein ihn traf, zuckten wir entsetzt zurück. Sein Gesicht und sein Hemd waren voller Blut. Er lächelte. Meine Mutter schrie auf.

»Hughie! Was zum Teufel ist passiert?«

»Mach dir keine Sorgen, Norah«, antwortete er seltsam ruhig. »Das ist doch nicht *mein* Blut.«

Zu unserer Überraschung war es auch nicht das von Onkel Duncan. Stattdessen stammte es von einem Geschäftspartner, einem mittlerweile wohl *ehemaligen* Geschäftspartner. Sie hatten sich wegen Geld gestritten und der Streit war ausgeartet. Wie viele Schotten, selbst die, die ans andere Ende der Welt gezogen waren, gefiel sich mein Vater darin, seine Streitigkeiten (und die gab es oft) nicht mit Worten, noch nicht einmal mit den Fäusten, sondern mit der Stirn auszutragen. An diesem Abend hatte er einem unangenehmen, großspurigen Trottel einen Kopfstoß verpasst, weil dieser es gewagt hatte, sich mit ihm anzulegen. Daraus hatte sich eine Kneipenschlägerei entwickelt. Mein Vater war stolz auf seine Unfähigkeit, klein beizugeben, wenn er herausgefordert wurde. Meist trug er seine Schlägereien mit Onkel Duncan aus. Der kleinste Anlass reichte aus, damit sie einander an die Gurgel gingen. Eines Abends, betrunken und streitsüchtig, warf Onkel Duncan meinen Vater vom Balkon. Dieser fiel zwei Stockwerke tief und landete auf einem Schuppen, der daraufhin zusammenbrach. Er stand auf, schüttelte den Staub ab – und lachte sich halb tot, um dann selbst auf Onkel Duncan loszugehen. Als beide am Morgen danach wieder zu sich kamen, fanden sie sich Seite an Seite auf einer ungeheizten Krankenstation wieder, im Hintergrund die Polizei, die zu ihrer Vernehmung erschienen war.

Was soll ich sagen? Mein Vater kommt eben aus Paisley.

Geboren wurde ich 1981 in Durban, Südafrika, neun Jahre bevor Nelson Mandela aus dem Gefängnis entlassen wurde. Ich wuchs in einer fast vornehmen Umgebung postkolonialer Behaglichkeit auf, weit weg von der schottischen Heimat meiner Eltern. Damals ahnte ich nichts von den Spannungen hier. Nachdem er jahrelang für andere gearbeitet hatte, leitete mein Vater gemeinsam mit meinem Onkel seine eigene Baufirma. Das Geschäft lief gut. Unsere Familien wohnten in der gleichen Straße und unser Leben bestand aus Sonnenschein, Swimmingpools und den Stränden. Wir wohnten in großen, geräumigen Häusern und fuhren schicke Autos. Ich hatte eine ganze Reihe von Kindermädchen, die ich alle innig liebte. Wir standen uns so nah, wie es in einer Familie nur eben möglich ist, und obwohl mein Vater und mein Onkel ständig miteinander im Clinch lagen, waren Duncans Söhne Grant, Warren und Byron meine besten Freunde, mehr Brüder als Cousins. Wir verbrachten jeden Abend zusammen und auch die meisten Wochenenden. Die Schule machte mir Spaß und beim Sport blühte ich auf – Fußball, Cricket, Surfen. Ich liebte den Strand und war das ganze Jahr über braungebrannt. Ich hatte viele Freunde, von denen viele ebenso wie wir ursprünglich woanders her kamen. Meine Beziehung zu dem, was meine Eltern *Heimat* nannten, war eher bildhaft, wenn man es überhaupt eine Beziehung nennen wollte. Die Wände meines Zimmers waren mit Postern der Glasgow Rangers tapeziert und Ally McCoist, die Legende von Ibrox Park, war mein Idol. Die einzige Bedingung, unter der ich mir einen Umzug nach Schottland vorstellen konnte, war die, in McCoists Fußspuren zu treten.

Als ich zwölf war, setzte eine schleichende Veränderung ein. Die Geschäfte liefen schlecht, mein Vater kämpfte um seine Existenz, wovon wir anderen nichts mitbekommen hatten. Darum traf es uns umso härter, als plötzlich die Pleite kam. Zuerst waren wir geschockt, dann wurden wir panisch. Mein Vater ließ es nicht zu, dass wir die Gründe hinterfragten, aber ich wusste, es hatte etwas mit einem Streit zwischen ihm und Onkel Duncan zu tun. Es gab keinen Weg zurück, behauptete mein Vater. Das Geschäft hatte einen Totalschaden erlitten. Sein Bruder würde von nun an ein Fremder für ihn sein.

Von einem Tag auf den anderen mussten wir den Gürtel enger schnallen. Wir gingen seltener aus und ich konnte am Wochenende auch nicht mehr surfen.

In den nächsten zwei Jahren versuchte mein Vater, sich ins Geschäft zurückzukämpfen, allerdings erfolglos. Der Tank war leer und es war nur eine Frage der Zeit, bis wir liegen bleiben würden. Doch dann, 1993, bot sich meinem Vater eine einmalige Gelegenheit. Ein enger Freund schlug ihm eine Beteiligung an einer Biltong Bar vor. Würden sich die Dinge wie erwartet entwickeln, hatte sie gute Chancen, zu einer Kette von Biltong Bars ausgebaut zu werden. Wie konnte mein Vater damals ahnen, dass diese Kette einmal eine der größten Südafrikas werden sollte? Dass das Exportgeschäft mit Biltong, getrocknetem Fleisch, bald florieren würde? Hätte er seine letzten Ersparnisse investiert, wäre er mittlerweile Multimillionär. Doch mein Vater lehnte ab. Stattdessen bestand er darauf, dass wir *nach Hause* zurückkehrten. Südafrika war nicht mehr das Land, in dem er sich vor siebzehn Jahren niedergelassen hatte. Er wollte zu seinen Wurzeln zurückkehren. Nichts konnte ihn davon abbringen. Wir würden nach Schottland ziehen.

Meine Mutter hat ihm das nie verziehen.

1994 war ich dreizehn. Das Leben in Durban, genauer gesagt das im vorstädtischen Montclair, war das einzige Leben, das ich bis dahin gekannt hatte. Ein gutes Leben und vor allem unkompliziert. Und, wie ich dachte, voller Möglichkeiten. Da in unserer Schule nicht mehr nach Rassen getrennt wurde, gab es dort inzwischen mehr Kinder, eine großartige Fußballmannschaft und ich gewann einen ganz neuen Freundeskreis. Ich sagte meinem Vater, dass ich nicht wegwollte. Ich flehte ihn an. Sie könnten ja ohne mich gehen. Aber er lachte nur und sagte »Denk an Ibrox«.

Im April 1994 – Kurt Cobain, der mir in den folgenden Jahren mehr bedeuten sollte als je zu seinen Lebzeiten, hatte sich gerade das Hirn aus dem Schädel gepustet – wurde ich aus diesem paradiesischen Land fortgerissen und kam an einen trostlosen, fremden und vor allem sehr, sehr fernen Ort. Und schlimmer noch, es würde dort *kalt* sein. Mein Vater tat so, als sei das eine großartige Sache. »So kalt, dass dir Haare auf der Brust wachsen werden.« Aus diesem und zahlreichen anderen Gründen fühlte es sich ganz und gar nicht richtig an, Südafrika zu verlassen. In diesen Flieger zu steigen war ein schwerer Fehler, der mit Sicherheit alles verändern würde. Ich brachte nicht den Mut auf, meinen Freunden zu sagen, dass ich fortgehen würde, denn dann hätte ich es mir auch selbst eingestehen müssen. Und so sagte ich einfach nichts. Meine Kindheit in Südafrika endete an einem trägen, heißen Nachmittag. Ich verließ den Schulhof, winkte meinen Freunden zu, sagte »tschüss, wir sehen uns morgen« – als wäre das wirklich so. Dann ging ich nach Hause und packte gemeinsam mit meinen Schwestern mürrisch meine Sachen. Viele meiner Freunde habe ich niemals wiedergesehen.

Der Himmel über Durban strahlte wolkenlos, als wir ihn für immer hinter uns ließen, ein endloses Kobaltblau und dann auf einmal Schwarz, übersät mit Millionen heller Sterne. Der Himmel, der uns viele Stunden später begrüßte, war grau und düster, die Wolken kündigten Regen an. Aus dem Flieger zu steigen, war wie aus der Sauna zu kommen und direkt in einen eisigen See zu springen. Der Wind wehte ununterbrochen und fror das übel gelaunte Stirnrunzeln auf meinem Gesicht fest. Als wir schließlich die dunklen Wohnanlagen von North Motherwell, unser neues Zuhause, erreichten, war es fast Mitternacht. Hier gab es keine Sterne, nur die endlose Betonsilhouette der Siedlung, die vom gelblichen Licht der wenigen noch funktionierenden Straßenlampen hier und da erleuchtet wurde. Als wir die Treppe zur Wohnung meiner Großmutter hinaufstiegen, hörten wir lautstarke Streitereien, Gläser, die auf der Straße zersplitterten, Schreie, bellende Hunde und aus der Ferne das Heulen einer Polizeisirene. Es war eiskalt, unser Atem gefror in der Luft. Die einzige Wärme, ein schwaches Glühen, strahlte das runzelige Lächeln meiner Großmutter aus, das uns willkommen hieß. Alles andere schien uns trostlos und düster.

In North Motherwell zeigt sich Schottland nicht gerade von seiner besten Seite, und auch das kulturelle Herz des Landes schlägt woanders. North Motherwell ist weder voller Leben wie das großstädtische Glasgow noch schön und reich an alten Gemäuern wie Edinburgh, sondern ein nichtssagender Krater, in die Mitte des Landes versenkt. Der soziale Wohnungsbau, in dem meine Großmutter lebte, wurde von den Bewohnern aus gutem Grund Klein-Bosnien genannt. Für die örtlichen Säufer und Drogenabhängigen war es Spielplatz, Geschäftssitz und Toilette zugleich. An einem guten Tag wurde man dort angeschnorrt. An einem schlechten Tag überfallen.

In Durban war es im April schon heiß und wunderschön. In North Motherwell war es ungewöhnlich kalt für diese Jahreszeit. Der ewige, aggressive Regen und der höhnisch lachende Wind, der ihn waagerecht vor sich hertrieb, schienen uns zu verspotten. Als ich die erste Nacht still in meinem winzigen Bett lag und zu einem viel blasseren, kleineren Mond aufsah, als ich ihn gewohnt war, überkam mich eine für einen Dreizehnjährigen ungewöhnliche Vorahnung. Mir wurde plötzlich klar, dass ich, frei nach Joni Mitchell, das Paradies gegen einen Parkplatz eingetauscht hatte. Entschuldige Dad, dass ich das so sagen muss, aber fick Ally McCoist und fick Ibrox.

Das Mietshaus, das wir jetzt unser Zuhause nannten, sah aus, als würde es direkt aus dem neunzehnten Jahrhundert stammen. Große Teile des kasernenartigen Gebäudes waren kaum bewohnbar. Trotzdem gab es aus irgendeinem Grund eine lange Liste von Mietinteressenten, die begierig darauf warteten, einzuziehen, sobald der Gerichtsmediziner wieder jemanden hinausgebracht hatte. Wahrscheinlich kamen die Neuen aus noch trostloseren Gegenden. Unsere fünfköpfige Familie musste sich zusammen mit meiner Großmutter in eine Wohnung quetschen, die bestenfalls für zwei gedacht war. Es war eng und die Heizung funktionierte kaum. Aus dem Heißwasserhahn kam hauptsächlich kaltes, rostbraun verfärbtes Wasser. Dass meine Großmutter ihr Bestes versuchte, stolz auf einen Ort zu sein, der es nicht wert war, tat mir weh. Meine Eltern schliefen auf den Sofas, meine Schwestern teilten sich ein Schlafzimmer. Ich hatte Glück und wurde im alten Zimmer meines Onkels Bill einquartiert, wo ich Trost in seinen alten Comics fand. Wochen später entdeckte ich auch seine Plattensammlung. Es war das erste Mal, dass ich echten Heavy Metal hörte, Gruppen wie Motörhead, Iron Maiden und Black Sabbath. Ich hatte keine Ahnung, was ich da hörte, aber ich liebte es. Es war, als hätte ich eine völlig neue Welt entdeckt. In den schweren Zeiten, die noch auf mich zukommen sollten, würde ich mich immer wieder in das Zimmer meines Onkels zurückziehen und in dieser Welt untertauchen, einer Welt voller Helden und Heavy Metal, ganz weit weg von North Motherwell.

Meine Eltern stritten ständig. Meine ältere Schwester Laurette ließ sich selten zu Hause blicken. Da wir aber wussten, dass sie schnell Freunde fand, hat uns das nicht wirklich überrascht. Michelle war niedergeschlagen und verschlossen, sie hatte genauso viel Heimweh wie ich. Die ersten Wochen verbrachte sie meist zusammengerollt auf ihrem Bett, das Gesicht zur Wand gekehrt. Wir waren alle unglücklich, obwohl mein Vater sich das nicht eingestehen wollte. Ich war davon überzeugt, dass sich alles gegen uns verschworen hatte. Wir waren hier ganz und gar nicht willkommen. Ein simpler Besuch im Laden an der Ecke erwies sich als gefährlich, unangenehm und peinlich. Mir graute es vor dem unvermeidlichen Schulbesuch. Und selbst in der Wohnung wurden wir unfreundlich empfangen. Der senile Kater meiner Großmutter war ein fettes altes Vieh, das seinen Missmut über unsere Ankunft nicht verbarg. Er liebte es, seine Opfer zu misshandeln. Und die Beine meiner Mutter waren das Schlachtfeld, ihre Krampfadern das perfekte Übungsziel für seine scharfen Krallen.

In der Nacht vor meinem ersten Tag an der neuen Schule fingen diese furchtbaren Träume an. Keine einfachen Albträume, vielmehr nächtliche Schreckensbotschaften, die mich wohl mein ganzes Leben lang verfolgen werden. Um genau zu sein, handelt es sich dabei um eine anerkannte Krankheit: Nachtschreck, auch *pavor nocturnes* genannt. Es kann mir also niemand vorwerfen, ich würde übertreiben. Ich leide unter einer Schlafstörung, die, wie mir der Arzt später erklärte, durch extreme Angstzustände und die vorübergehende Unfähigkeit, das volle Bewusstsein wiederzuerlangen, gekennzeichnet ist. Mit anderen Worten, ich wusste immer, dass ich einen Anfall hatte, war aber gleichzeitig hilflos darin gefangen. Die Symptome jener Nacht wurden zu einem Muster, das sich später oft wiederholen sollte: Meine Arme und Beine fingen an zu zucken, dann schlug ich um mich. Ich wimmerte, weinte, schrie. Der Traum selbst könnte Teil eines beliebigen Horrorfilms sein. Ein Wesen beobachtet mich aus der Ecke des Raumes, eine entsetzlich entstellte Kreatur, deren hervorstehende Knochen von einer leblosen, grauen Haut überzogen sind. Sie sitzt nur da und beobachtet mich mit einem Ausdruck unendlicher Qual auf ihrem schmalen Gesicht. Manchmal nähert sie sich mir so verstohlen und beharrlich, dass mir das Blut in den Adern gefriert. Wenn wir einander dann gegenüberstehen, ist meine Angst so überwältigend geworden, dass es auf andere so wirkt, als würde ich gerade einen epileptischen Anfall haben.

Ich kann mich nicht mehr an alle Details dieses allerersten Traums erinnern, aber es war das Furchterregendste, was ich bis dahin je erlebt hatte. Ich wachte auf und beschloss, alles zu tun, um so etwas nicht noch einmal zu erleben. Später waren es Ärzte, die mir kluge Tipps gaben. »Entspannen Sie sich einfach«, rieten sie mir. »Je mehr Sie in Panik verfallen, desto wahrscheinlicher ist es, dass Sie wieder einen Anfall erleiden.« Was für ein toller Ratschlag, so überaus weise. Als hätte ich jemals entschieden, mich nicht zu entspannen, oder im Schlaf in Panik zu verfallen. Damals wie heute bekam ich die Alpträume aus gutem und aus mehr als nur einem Grund. An eine neue Schule in einem völlig fremden Land zu kommen, reichte – zumindest für mich – aus, um von schierem, unendlichem Grauen erfüllt zu werden.

Ich wusste schon vorher, dass die Schule zur Qual werden würde. Wie sollte es auch anders sein? Ein braungebrannter Südafrikaner mit entsprechendem Akzent konnte in North Motherwell einfach nicht gut ankommen. Ich war *anders*, das Schlimmste, was ein Teenager an einem Ort wie diesem sein konnte. Ich hatte bereits hart an meinem Akzent gearbeitet, versucht, meine durch das Afrikaans beeinflussten Vokale weniger zu dehnen, die Konsonanten mit Spucke in der Kehle härter auszusprechen, bis ich klang wie mein Vater, wenn er betrunken war. Aber meine Schwestern sagten, dass ich damit niemanden täuschen könnte. Ich würde auffallen wie ein fauler Apfel. Sie würden trotzdem die Scheiße aus mir herausprügeln.

Als ich auf meine neue Schule kam, war ich fit und gesund. Man sah mir einfach an, dass ich mich bisher nicht von Tiefkühlkost oder Frittiertem ernähren musste. Ich war ganz offensichtlich ein Fremder, ein ungebetener und unerwünschter Gast. Natürlich gibt es an jeder Schule Schlägertypen, aber diese war voll davon. Waren sie kurz vor Ende des Schuljahrs auf der Suche nach einem neuen Opfer, so mussten sie jetzt nicht mehr lange suchen. Ich wurde ihnen auf dem Silbertablett serviert. Noch bevor die Anwesenheit überprüft wurde, hatte ich schon zum ersten Mal einen tauben Arm.

»Willkommen in Schottland, du Fotze.«

Ohne auch nur den Mund aufzumachen, war es mir gelungen, meine Mitschüler auf die Palme zu bringen. Meine Eltern hatten es nicht hinbekommen, mir eine anständige Schuluniform zu besorgen. Stattdessen erschien ich in einem Motherwell FC-Trainingsanzug, um ein Zeichen zu setzen. Doch der Durchschnittsbewohner von Motherwell war so angekotzt von allem, dass kaum einer der Penner in meinem Jahrgang Fan von Motherwell war. Also wurde ich allein schon wegen des Trainingsanzugs angepöbelt. Der Weg von der Anmeldung zur Schulversammlung brachte mir den zweiten tauben Arm. Dann zog mir einer die Schultasche über den Kopf. In der Pause kauerte ich mich in einer Ecke zusammen und versuchte, möglichst unauffällig zu bleiben, trotzdem war unübersehbar, dass ich keine Freunde hatte.

»Also, Arschloch, wo kommst du her?« Das kam von einem, der weitaus größer war als ich. Meine Augen waren gerade mal auf Höhe seines Adamsapfels, der aus seinem Hals hervorstand wie eine Kastanie.

»Von hier«, versuchte ich es. »North Motherwell. Na ja, mein Vater is' aus Paisley.«

»Nicht mit dem Akzent, vergiss es.«

Und plötzlich lag ich auf dem Boden. Er hatte mir ein Bein gestellt und mich gestoßen, während seine Kumpels um mich herumstanden und lachten. Bis zum Mittag hatte ich mir ein halbes Dutzend Schläge eingefangen. Ich wurde ausgelacht, angespuckt und getreten. Ich versuchte, die Feindseligkeiten zu ignorieren, innerlich darüberzustehen.

Ich war überzeugt davon, dass sie mir so nicht wirklich wehtun konnten.

Doch ich täuschte mich. Es tat verdammt weh.

Mein Vater, der mich schon davor gewarnt hatte, dass es an schottischen Schulen rau zuging und dass es hart werden würde, vertrat die Meinung, dass ein paar Schulhofschlägereien nichts Schlimmes seien. »Du bist ein Bain, und Bains verlieren keinen Kampf«, erklärte er mir. »Du darfst auf keinen Fall weglaufen und sie niemals sehen lassen, dass du weinst. Wenn dich jemand schlägt, dann schlägst du härter zurück. Die hören schon auf. Und außerdem formt Kämpfen den Charakter.« Am fünften Tag beschloss ich, seinem Rat zu folgen. Als ich in der Pause erneut gehänselt wurde, wehrte ich mich. Okay, es war nur ein harmloser Schubs, aber die Absicht war klar. Einen Moment lang schien mein Angreifer geradezu fassungslos, erschüttert. Dann grinste er und verpasste mir einen Schlag mitten ins Gesicht. Ich brach zusammen. Daraus entwickelte sich eine eigene Dynamik. Allein, dass ich versuchte, mich zu wehren, machte mich noch mehr zur Zielscheibe. Für die anderen war ich ein kleiner, angeberischer Penner von Gott weiß woher, den man in die Schranken weisen und in die örtlichen Gepflogenheiten einführen musste. Ich bekam so dauernd eins auf die Fresse. Ab und zu verlor ich sogar einen Zahn.

Ein paar besonders hartnäckige Schulhofschläger hatten mich zu ihrem Lieblingsobjekt gemacht. Einer von ihnen war Michael Ballantyne: groß, stark und dumm, mit eng beieinanderliegenden Augen, den Mund in einem grausam wirkenden Unterbiss verzogen. Ich hoffe, er ist inzwischen tot und begraben. Er war es, der mir meinen ersten tauben Arm verpasst hat und dann unerbittlich immer wieder auf mich losging. Jeden Tag passte er mich morgens und nachmittags am Schultor ab, das weiße Hemd über der Hose hängend, der schmale Schlips schief, ein höhnisches Grinsen in seinem Kartoffelgesicht. Aber er konnte kämpfen. Als ich eines Tages versuchte, ihm einen Vergeltungsschlag zu verpassen, wich er diesem mühelos aus und verbog plötzlich meinen Arm so sehr, dass ich mich vor Schmerz krümmte und schrie. »Bitte nicht«, flehte ich. »*Bitte.*« Er entgegnete mir etwas, doch konnte ich ihn wegen seines starken Akzents kaum verstehen. Ich bat ihn noch einmal, mich loszulassen. Doch er lachte nur. Ich dachte wieder an meinen Vater und an seine Ratschläge. Ich ballte meine freie Hand zur Faust und, seine Unachtsamkeit ausnutzend, wand ich mich aus seinem Griff und schlug ihm die Knöchel an die Schläfe. Der blöde Penner wusste nicht, wie ihm geschah. Er ging zu Boden. Ich hatte ihm richtig wehgetan. Danach machte er einen großen Bogen um mich, doch ich sollte bald merken, dass er den Stab nur an jemand anderen weitergegeben hatte: seinen großen Bruder, Steven Ballantyne.

Steven war größer und schlanker als Michael, aber auch gefährlicher und rücksichtsloser. Ein Wahnsinniger, der wusste, dass er jede Chance auf Erlösung schon lange vertan hatte. Steven hatte nichts mehr zu verlieren, auf jeden Fall nichts so Konkretes wie eine Zukunft. Seine Überfälle hatten also immer das Potenzial, wirklich gefährlich zu werden. Regelmäßig ging er auf die Hälfte der Schüler los und es war bekannt, dass er schon einigen die Knochen gebrochen hatte. Nun hatte er es auf mich abgesehen, weil ich es gewagt hatte, seinem Bruder die Stirn zu bieten.

»Du hast es übertrieben, Mann«, sagte er eines Morgens auf dem Schulhof und nahm mich in den Schwitzkasten. »Da muss ich wohl mal deine Schwester abpassen, *Michelle* heißt sie, oder?«

Steven war in Michelles Klasse, sodass er reichlich Gelegenheit hatte, sie anzugehen. Mir wurde bei dem bloßen Gedanken daran schlecht. Er warf mich zu Boden, wo ich liegen blieb, krank vor Angst. Einige Tage später erblickte er sie im Gedränge auf dem Schulhof und schlich ihr heimlich nach. Kurz bevor sie das Schultor erreichte, rannte er plötzlich auf sie zu und schubste sie um. Es war kein harter Stoß und sie fiel nur auf die Knie, aber das wurde zu einem täglichen Ritual. Meine fünfzehnjährige Schwester hatte ständig blutige Knie. Der Schorf auf der Wunde riss bei jedem neuen Angriff wieder auf. Mit jedem Mal wurde sie wütender, schrie ihn an und drohte, ihn umzubringen. Aber er lachte sie nur aus. Michelle war das einzige Mädchen an der Schule, das man an seinen Knien erkennen konnte.

Ich konnte nicht zulassen, dass er damit durchkam, und so griff ich ihn eines Nachmittags an, bevor er sie angreifen konnte. Ich überfiel ihn von hinten und riss ihn mit einer Art Rugby Tackle zu Boden. Er schlug hart auf dem Pflaster auf und landete auf dem Kinn. Er brüllte, stand auf und schlug mich zusammen.

Irgendwann versuchte ich, ins Fußballteam der Schule zu kommen. Vielleicht würde mich das wenigstens bei einigen meiner Mitschüler beliebter und dem Terror ein Ende machen. Schließlich war das Schuljahr fast vorbei und ich eigentlich kein *Neuer* mehr.

Steven Ballantyne war in meiner Mannschaft. Nicht, weil er Talent hatte, sondern weil er über jene brachiale Kraft verfügte, die jede Mannschaft letztlich irgendwie braucht. Im Training standen wir uns natürlich wieder gegenüber. Er weigerte sich, irgendwen zu schonen. Ich hatte Stollenspuren überall auf den Beinen, am Rücken und einmal sogar auf dem Schulterblatt. Eines Abends, in der Badewanne, als ich versuchte, meine Schmerzen zu lindern, beschloss ich, dass ich ihm bei seinem nächsten Angriff ein großes Stück Fleisch aus seinem verdammten Körper rausbeißen würde.

Ich musste nicht lange warten.

Am nächsten Nachmittag hing er wie gewöhnlich mit Michael am Schultor rum. »Bainy, du Opfer! Was machen die Stichwunden?« Er nahm mich in den Schwitzkasten und drückte mein Gesicht gegen den Stahlzaun. »Was zum Teufel machst du eigentlich noch hier? Hast du immer noch nicht verstanden, dass du in North Motherwell nicht erwünscht bist? Verpiss dich zurück nach Australien, oder wo auch immer du herkommst.«

Sein ungeschützter Arm war genau vor mir, nur Zentimeter vor meinem Mund. Das war der Augenblick, auf den ich gewartet hatte. Ich biss zu. Seine Schreie dröhnten in meinen Ohren, sein Blut lief in meinen Mund. Er versuchte mich abzuschütteln, aber ich biss mich wie ein Pitbull an ihm fest. Er warf sich hin und her, schlug nach mir, brüllte, aber ich ließ nicht los. Inzwischen hatte sich ein Menschenauflauf um uns gebildet und feuerte mich an. Michael war verschwunden. Schließlich drängte sich eine Lehrerin durch die Menge. Es war Mrs. Leonard, meine Englischlehrerin. Ich mochte sie und in den vorangegangenen sechs Wochen hatte ich mich davon überzeugen können, dass das auf Gegenseitigkeit beruhte. Statt uns anzuschreien, wie es jeder andere Lehrer getan hätte, beugte sie sich zu mir herunter und flüsterte mir ins Ohr. Sie schlug leise vor, dass ich loslassen sollte, was ich dann auch tat. Ich spuckte Stevens Fleisch und Blut auf den Boden und blickte zu ihm auf. Er starrte mich an, als wäre ich verrückt. Sein Gesicht war rot angelaufen und vom Schmerz gezeichnet. Und ich? Ich verspürte das reine, uneingeschränkte Hochgefühl des Siegers – und genoss es in vollen Zügen.

Nach den Sommerferien, den langweiligsten und ereignislosesten meines Lebens, zogen wir aus der Wohnung meiner Großmutter aus. Mein Vater hatte es schließlich geschafft, uns eine bessere Bleibe zu besorgen, ein kleines Häuschen in Newarthill, einem ruhigen Viertel auf der anderen Seite der Stadt. Okay, es war nicht Durban, aber immerhin auch nicht Klein-Bosnien. Das Haus hatte vier Schlafzimmer, ein großes Wohnzimmer und einen Wasserhahn, aus dem tatsächlich heißes Wasser kam. Wir waren dankbar.

Im September begann die Schule wieder, aber die Gänge erschienen mir jetzt nicht mehr so fremd und feindselig. Steven Ballantyne war aus der Fußballmannschaft geflogen, da wegen schwerer Körperverletzung auf dem Spielfeld gegen ihn ermittelt wurde. Endlich Freistoß für mich. Ich fand erste Freunde im Team, was sich auch auf meine Klasse übertrug. Obwohl ich noch nicht wirklich Kontakte knüpfte oder ausging, begann ich, aufrecht durchs Leben zu gehen. Meistens verbrachte ich die Abende auf meinem Zimmer, hörte Musik, schrieb Geschichten und sah mir Videos an. Ich genoss es, mich in Filmen zu verlieren: *Scarface, Die durch die Hölle gehen, The Deer Hunter,* alles mit De Niro, Pacino oder Jack Nicholson. Ich bewunderte die Schauspieler, liebte es, zu beobachten, wie jemand so sehr in einer Rolle aufging, indem er vorgab, jemand anderes zu sein. Diese Vorstellung faszinierte mich. Ich hätte alles dafür gegeben, mich in einen anderen zu verwandeln, mich von den Fesseln meines Wesens zu befreien.

In Südafrika war ich beliebt und selbstsicher gewesen, der Klassenclown. Ich wusste, wer ich war und dass ich dort hingehörte. Hier in Schottland war ich ein nervliches Wrack, schüchtern und ängstlich. Ich war ungeschickt und geriet Mädchen gegenüber schnell in Panik. Die Schule fühlte sich an wie eine lebenslängliche Haftstrafe, aus der ich nur auf dem Fußballplatz für einige Augenblicke, die mir zumindest eine gewisse Art von kreativer Freiheit erlaubten, ausbrechen konnte. Meine nächtlichen Albträume kamen mittlerweile immer häufiger, drei- bis viermal die Woche. Ich war bereits erschöpft, wenn ich morgens aufwachte. Meine Schwestern waren ständig auf Achse, meine Mutter hatte zwei Jobs und mein Vater war im ganzen Land unterwegs, verzweifelt bemüht, endlich wieder richtig Geld zu verdienen. Um mich kümmerte sich niemand.

Doch dann tat es doch jemand. Mrs. Leonard, meine Englischlehrerin, bemerkte mein offensichtliches Bedürfnis nach Aufmerksamkeit und machte es sich zur Aufgabe, mich aus meiner Isolation zu befreien. Im Laufe des Jahres hob sie meine Aufsätze vor der Klasse hervor, indem sie die Lebendigkeit und den Enthusiasmus darin lobte. Ständig wollte sie mich dazu bringen, sie vorzulesen, aber das traute ich mir nicht zu. Ich konnte es einfach nicht. Trotzdem ermunterte sie mich, der Theatergruppe beizutreten, da sie meinte, so könnte ich etwas aus mir machen. Die Idee reizte mich, schon allein, um Mrs. Leonard zu gefallen. Eine Weile beschäftigte ich mich damit, einige Dialoge aus meinen Lieblingsfilmen auswendig zu lernen und sie dann immer wieder vor dem Spiegel in meinem Zimmer aufzusagen. »Sie können die Wahrheit doch gar nicht vertragen!«, schrie ich, wie Jack Nicholson in *Eine Frage der Ehre*. Doch in der Schule drehte es sich um eher unspektakuläre Kost, Sachen wie *Grease* oder *Oliver!*, und ich war viel zu unsicher, um darin aufzutreten.

Aber ich wollte mich bei Mrs. Leonard beliebt machen. Diese Frau war wie ein Engel, Anfang dreißig, langes, glattes, blondes Haar, mit einer Figur, auf die sie zu Recht stolz war. Ihre Röcke waren immer ein bisschen zu eng, sodass der Reißverschluss ein klein wenig offen stand und einen verlockenden Zentimeter ihrer Haut erahnen ließ. Durch ihre Blusen konnte man die Spitze ihres BHs erkennen. Wenn man die Hand hob, um eine Frage zu stellen, kam sie sofort zu einem und beugte sich über das Übungsheft. Das tiefe V ihrer Bluse vor Augen wurde es fast unmöglich, sich an die Frage zu erinnern, die man gerade noch stellen wollte. Das Leuchten in ihren Augen, verriet, dass sie eine sexuell aktive Frau war, und dass, wenn man seine Karten richtig ausspielte, dann, nun ja, man konnte nie wissen. Es waren schon ganz andere Dinge passiert. Wir alle träumten von ihr. Und ihr Ausschnitt verriet, dass sie das auch wusste.

Nach dem Unterricht hielt mich Mrs. Leonard oft unter einem Vorwand zurück. Sie wusste, dass ich Stress hatte und noch immer ab und zu schikaniert wurde. Wenn wir dann allein waren – sie saß meistens mir gegenüber auf ihrem Tisch –, unterhielten wir uns über die Schule, meine Lernfortschritte und über all das, was ich in Südafrika zurückgelassen hatte. Ich hatte das Gefühl, dass ich mit ihr sprechen konnte wie mit niemand anderem sonst. Bald hatte ich herausgefunden, dass sie, wenn ich bedröppelt schaute und meine Unterlippe zitterte, mit offenen Armen auf mich zukam und mir eine Umarmung anbot. Man lässt sich mit fünfzehn nicht von einer Lehrerin umarmen, außer man findet sie unglaublich attraktiv. Für mich war sie die perfekte Frau. Sie gab mir häufig zusätzliche Aufsätze auf, und ihre Erregung, wenn ich sie ablieferte, fühlte sich an, als würde sie mich mit Küssen überhäufen. Ich verliebte mich in sie. Um genau zu sein, ich wollte sie ficken.

Und vielleicht hätte ich das auch getan, wenn da nicht dieser eine Elternabend gewesen wäre. Meine Mutter und ich klapperten alle Lehrer ab. Die meisten erzählten das Übliche (»Gavin hat Potenzial, wenn er nur...« usw.), aber Mrs. Leonard war voll des Lobes. Sie beugte sich engagiert auf ihrem Stuhl vor, um meiner Mutter zu erklären, wie vielversprechend meine Arbeit wäre und dass ich meiner offensichtlichen Liebe zum Schreiben, zu Theater und Kunst folgen sollte. Dabei strahlte sie meine Mutter die ganze Zeit an, doch meiner Mutter wurde schnell klar, dass das nicht ihr, sondern mir galt. Mrs. Leonard trug wie üblich einen kurzen Rock und so wie sie mit provozierend übereinander geschlagenen Beinen auf der Kante ihres kleinen Stuhls saß, gab es keinen Zweifel daran, dass sie keine Strumpfhosen trug, sondern Strapse. Einmal machte sie mit den Beinen sogar auf Sharon Stone, was mir einen Blick an ihren Innenschenkeln hinauf erlaubte, die sanft und golden und so weich aussahen, dass ich am liebsten daran geleckt hätte. Dieser Blick entging meiner Mutter nicht. Entsetzt wandte sie sich meiner Lehrerin zu und explodierte. Meine Mutter, die noch nie besonders zurückhaltend gewesen war, sprang auf, musterte Mrs. Leonard angewidert von Kopf bis Fuß und geigte ihr die Meinung. Dann packte sie mich und riss mich aus dem Klassenzimmer. Sie zerrte mich am Arm durch den Korridor, während mein halber Jahrgang dabei zusah. Ich drehte mich nach Mrs. Leonard um, während wir gingen, doch auch sie ging fort, in die entgegengesetzte Richtung und genauso hastig. Alle lachten uns aus und ich empfand heiße Scham und Wut, die noch Wochen und Monate später in mir kochten.

Mrs. Leonard verließ wenig später aus persönlichen Gründen die Schule. Ich träume heute noch manchmal von ihr.

Danach war die Schule nie wieder so aufregend. Ich widmete mich jetzt ernsthaft dem Fußball. Nach einem Jahr war ich der aufstrebende Star des Teams und es gelang mir, Paul Barker, einen der härtesten Jungs der Schule, zum Freund zu gewinnen. Seine Loyalität hielt die anderen Schläger auf Distanz. Als Gegenleistung für seinen Schutz brachte ich ihn zum Lachen und ließ ihn die Englischaufgaben von mir abschreiben. Jeden Samstagmorgen ging ich raus aufs Fußballfeld und hatte mir schon bald einen Namen gemacht. Es dauerte nicht lange und ich wurde zum Vorspielen für die schottische U16-Nationalmannschaft eingeladen. Mein Vater, der keines meiner Spiele verpasste, war stolz auf mich. Aber eine Woche bevor ich vorspielen sollte, traf mich ein besonders harter Schlag. Ich stolperte die Treppe in der Schule hinunter, fiel ungeschickt und brach mir den Knöchel.

Ich war am Boden zerstört. Die folgenden Wochen verbrachte ich mit einem Gips und der strikten Auflage, meinen Knöchel unbedingt absolut ruhig zu halten. Aber schon nach wenigen Tagen langweilte ich mich zu Tode. Ich konnte nicht einfach den ganzen Tag verschlafen, weil ich dadurch nur wieder unter dem Nachtschreck litt. Aber wach bleiben und meine Hausaufgaben nachholen konnte ich auch nicht, weil ich an nichts anderes denken konnte als daran, was ich gerade auf dem Fußballfeld mit meinen neuen Freuden verpasste – die natürlich nichts Besseres zu tun hatten, als sich *andere* neue Freunde zu suchen. Also zog ich zu meinem Onkel Gordon. Mein Knöchel fühlte sich schon ein wenig besser an. Es tat zwar immer noch weh, aber ich konnte mich bewegen. Und Snooker? Warum nicht? Onkel Gordon ist früher ein herausragender Snookerspieler gewesen, einer der besten in ganz Schottland. Er hatte sogar einmal den besten Spieler der Welt, Stephen Hendry, in einem Showmatch geschlagen. Er war nur zu glücklich, mich unter seine Fittiche zu nehmen und mir alles beibringen zu können, was er wusste. Wie immer entwickelte ich sofort eine zwanghafte Detailversessenheit und ehe ich mich versah, trainierten wir sechs Stunden am Tag. Snooker würde ich dem Fußball nie vorziehen, aber es ließ die Rekonvaleszenz auf jeden Fall schneller und einfacher vorbeigehen. Nach ein paar Monaten musste sich Gordon richtig anstrengen, um mit mir mithalten zu können. Er war der beste Lehrer, den ich je hatte.

Man sagt ja, dass Unwissenheit glücklich macht und Narren selbst schuld an ihrem Unglück sind. Während ich auf der Jagd nach jenem magischen und schwer zu fassenden 147er Break war und dabei nach und nach immer mehr den Respekt von Onkel Gordon gewann, schadete ich mir in Wirklichkeit. Bei Snooker muss man sein Gewicht stark auf ein Bein verlagern, um für den nächsten Stoß zu zielen, ein Vorgang, den man während jedes Spiels ständig wiederholt. Das schadet dem Körper natürlich nicht, außer, man ist verletzt. Und genau das war ich. Tag für Tag, von morgens bis abends, legte ich mein ganzes Gewicht auf mein linkes Bein, das, obwohl es sich für mich gut anfühlte, immer noch nicht ausgeheilt war. Als ich nach mehreren Monaten mal wieder zu meinem Physiotherapeuten ging, konnte er gar nicht glauben, was er auf dem Röntgenbild sah. Er wollte wissen, ob ich meinen Fuß wie angeordnet hochgelegt hatte, was ich natürlich bejahte. Er fragte mich auch, ob ich Fußball gespielt hätte, was man mir ja ausdrücklich verboten hatte, und ich erklärte wahrheitsgemäß, das hätte ich nicht.

»Dann verstehe ich das nicht. Die Knochen sehen schlechter aus als damals, als du sie dir gebrochen hast.« Er sah mich anklagend an. »*Irgendwas* hast du getan ...«

Ich sagte, dass ich nichts Anstrengenderes getan hätte, als ein bisschen Snooker mit meinem Onkel Gordon zu spielen, um mir die Zeit zu vertreiben. Er hob die Hand und ich verstummte sofort, als er mich ansah, wie ich immer Michael und Steven Ballantyne angesehen hatte: mit Verblüffung und Verachtung. Er schüttelte nur den Kopf.

Ich würde nie der nächste Ally McCoist werden.

Ungefähr zu dieser Zeit begann mir meine Verwandtschaft wegzusterben, zuerst mein Onkel Robert nach einem Schlaganfall und nur wenig später mein Großvater an Krebs. Unsere ganze Familie geriet aus dem Gleichgewicht. Wir hatten meinem Großvater sehr nahegestanden, doch war er schon alt gewesen und hatte ein gutes Leben gehabt. Robert aber war erst Mitte vierzig und zum Sterben viel zu jung. Sein Begräbnis war eine düstere Veranstaltung. Das einzig Gute daran war, dass die ganze Familie seit Langem mal wieder zusammenkam. Wenn irgendetwas das Zerwürfnis zwischen meinem Vater und Onkel Duncan heilen konnte, dann sicherlich das. Aber nichts dergleichen geschah. Duncan kam gar nicht erst, was ein paar Jahre später, beim Begräbnis meines anderen Großvaters in Südafrika, zum nächsten großen Streit zwischen ihm und meinem Vater führte.

Mittlerweile hatte ich das Interesse am Sport verloren. Mit sechzehn wurde mir klar, dass ich ohne Fußball leben konnte, ohne Snooker und ohne Cricket, aber ein Leben ohne Musik erschien mir völlig undenkbar. Die Musik fing an, mich völlig zu vereinnahmen. Ich war wie besessen von der existenziellen Angst des Rock, der lyrischen Geschmeidigkeit des Rap, und begann, eigene Texte zu schreiben. Viele davon waren stark von meiner Lieblingsband Rage Against The Machine beeinflusst und voller Beschimpfungen an die Adresse derjenigen in meinem Leben, die sie meiner Meinung nach am meisten verdient hatten: die Schulschläger und mein Physiotherapeut.

Obwohl die Braidhurst High School für ihren Mangel an Talenten jeder Art bekannt war, mussten wir trotzdem vier oder fünf festliche Talentshows ertragen. Hier konnte jeder Idiot auftreten, der meinte, auf die Bühne gehen zu müssen, um irgendwelchen Scheiß vorzutragen. Einmal wurde ich gedrängt, teilzunehmen, und obwohl ich zahllose Male *Grease* und *Oliver!* abgelehnt hatte, wusste ich auf einmal, dass ich unbedingt auf die Bühne wollte. Ich sagte zu und suchte mir einen Song aus, den ich performen wollte. Niemand dachte daran, nach dem Song zu fragen – bis kurz vor dem Auftritt. Als sie es dann doch taten, wurde ich sofort aufgefordert, mir eine Alternative auszudenken. Nein, erklärte der Direktor wütend, man würde mir nicht erlauben, meine Version von Tupac Shakurs »Strictly 4 My N.I.G.G.A.Z.« aufzuführen. Das würde sich nicht gehören, allein dieser Titel! *Dummer Junge.* Ich hätte fünf Minuten, um mir etwas anderes auszudenken, sonst würde Joanne Doran ihren W. H. Auden-Text noch einmal vorlesen.

Schließlich entschied ich mich für Coolios »Gangsta's Paradise«, einen ziemlich zahmen Mainstream Hip-Hop-Song von 1995 aus irgendeinem billigen Hollywood-Streifen mit Michelle Pfeiffer. Aber ich veränderte den Text und am Ende wechselte ich zu »Killing in the Name« von Rage Against The Machine. Ich war überzeugt davon, dass mein improvisierter Schlachtruf *Fuck you, I won't do what you tell me* alle mitreißen und mich das zu einer Art Helden der Stadt machen würde. Doch der Saal blieb still. Die Leute in Motherwell waren keine Rage-Fans.

Man riet mir davon ab, noch einmal bei den Talentshows mitzumachen. Aber dieser Auftritt hatte immerhin gezeigt, dass ich *anders* war, ein schwarzes Schaf, dem man vielleicht doch einen gewissen Respekt entgegenbringen sollte. In der Schule war ich immer noch ein Außenseiter, ein Fremder. Mittlerweile trug ich ausschließlich Skaterklamotten. Aber ich meinte es ernst mit dem Hip-Hop und traute mich was. Irgendwie war ich doch cool.

Trotzdem hätte ich wissen müssen, dass ich so nur noch mehr Aufmerksamkeit der falschen Sorte erhalten würde. In den darauffolgenden Monaten bekam ich wegen meines Auftritts in der Talentshow ganz schön was zu hören. Meine Mitschüler nannten mich den *Möchtegernnigger* oder, schlimmer noch, Vanilla Ice. Aber inzwischen war mir diese Kritik egal. Die sollten sich doch alle ins Knie ficken. Das perlte einfach an mir ab. Jedenfalls meistens. Einmal, in der Mittagspause, näherte sich mir jemand mit den üblichen Sticheleien. Ich zeigte ihm den Mittelfinger und ging. Er lief mir nach, versuchte immer lauter, mich zu provozieren. Ich tat mein Bestes, versuchte ihn zu ignorieren, aber er fing an, mir auf die Nerven zu gehen. Dann sagte er etwas über meine Mutter, nur ein oberflächlicher Kommentar, der mich eigentlich ziemlich kalt ließ, aber aus irgendeinem Grund ging ich trotzdem auf ihn los. Ich stürzte mich auf ihn und erwischte den Penner mit der Faust unter dem Auge, sodass seine Haut aufplatzte. Es sah schlimmer aus, als es war, aber das Blut sorgte für eine Menge Aufregung. Er flüchtete schreiend. Und ich wusste, die Rache würde nicht auf sich warten lassen.

Ich ergab mich meinem Schicksal. Es hatte keinen Sinn, wegzulaufen. Wie mein Vater immer noch oft sagte, würde das noch einen Mann aus mir machen. Es geschah schneller, als ich gedacht hatte, um genau zu sein noch am gleichen Tag, auf dem Nachhauseweg. Zuerst waren es nur der ältere Bruder desjenigen, den ich geschlagen hatte, und sein drahtiger Freund. Einen Moment lang war ich sicher, es mit ihnen aufnehmen zu können, doch dann wurden es immer mehr. *Scheiß drauf, ich lauf nicht weg,* sagte ich mir. Der erste Schlag traf mich an der Schläfe. Es war, als hätte jemand den Ton abgestellt, das Geräusch der nächsten Schläge auf meine Rippen klang seltsam gedämpft. Die Meute trat mich in den Bauch, in den Rücken, auf die Brust. Der Ton kam wieder, kurz bevor sie anfingen, auf mir herumzutrampeln und mir hart auf den Kopf zu treten. Ich hörte ein Krachen, ich glaube alle hörten das, aber die Tritte hörten nicht auf. Der Schmerz verflog. Ich wusste nicht mehr, wie viel Zeit vergangen war.

Im Krankenhaus sagte mir der Arzt, ich hätte Glück gehabt, und ich nehme an, man kann das so sehen. Ich hatte zwar einen Schädelbasisbruch, aber »es hätte auch schlimmer kommen können«. An der Schule hatte der Angriff hohe Wellen geschlagen. Während ich mich in meinem Bett erholte, organisierte Paul Barker einen brutalen Gegenangriff. Es gab einige Opfer. Plötzlich war ein Bandenkrieg im Gange, den ich, ohne es zu wollen, angestoßen hatte. Der Schulhof wurde zum Schlachtfeld und schon bald breiteten sich die Schlägereien im ganzen Viertel aus. Sogar die Lokalzeitungen und das Fernsehen berichteten darüber. Innerhalb der darauffolgenden zwölf Monate starben fünf Jungen in meinem Alter, wurden entweder zu Tode getreten oder erstochen. Die Klassenzimmer hallten wider von Prahlereien und Schlachtrufen.

Meine Mutter, die Angst um mein Leben bekam, beschloss, mich vorübergehend von der Schule zu nehmen und nach Südafrika zurückzuschicken. *Lassen wir das Ganze sich erstmal beruhigen, oder?* Und obwohl bald Abschlussprüfungen waren, war ich nur zu froh, wegzukommen. Um ehrlich zu sein, ich konnte es kaum erwarten, in den Flieger zu steigen. Durban hatte sich nicht verändert, seit ich es verlassen hatte: ein Abenteuerspielplatz voller Sonnenschein und fröhlicher Gesichter. Ich wohnte bei alten Freunden der Familie in einem großen Haus, dessen Gästebereich allein schon größer war als unser Haus in Newarthill. Mir zu Ehren wurden Partys veranstaltet. An den Wochenenden ging ich surfen, und jeden Nachmittag spielte ich Fußball, bis mein Knöchel wieder schmerzte. Ich betrank mich, ging mit Mädchen aus und verlor meine Jungfräulichkeit. Nach einem besonders chaotischen Abend verbrachte ich eine Nacht im Gefängnis, aber trotzdem zog ich diese Art der Charakterbildung der vor, die mich in Motherwell erwartete. Diese Zeit in Südafrika war die glücklichste in meinem Leben.

Als ich nach drei Monaten wieder nach Hause musste, standen die Prüfungen kurz bevor. Ich hielt mich bedeckt und lernte viel, denn mittlerweile sah ich Licht am Ende des Tunnels. Nicht mehr lange und ich würde frei sein und endlich tun und lassen können, was ich wollte. Ich legte meine A-Level-Prüfungen ab und bestand in allen fünf Fächern. Danach lag mir die Welt zu Füßen, aber mein Vater wollte, dass ich das wirkliche Arbeitsleben kennenlernte, bevor ich es mir auf dem College gemütlich machen würde. Er ließ mich auf verschiedenen Baustellen arbeiten, wobei mir zumindest eins bewusst wurde: Für richtige Arbeit war ich einfach nicht geschaffen. Keine Disziplin. Eines Morgens, man hatte mir den Auftrag gegeben, das Büro des Chefs zu streichen, setzte ich mich in die Ecke und inhalierte die giftigen Dämpfe der Farbe, nur um zu sehen, was für einen Kick mir das geben würde. Ich war ziemlich high und malte alles an, was ich in die Finger bekam; Werkzeug, Maschinen, sogar die Fenster. Ein anderes Mal steckte ich mich mit irgendwelchen Chemikalien aus Versehen selbst in Brand. Jedes Wochenende war ich betrunken in der Stadt unterwegs, geriet in Schlägereien. Mittlerweile war ich unfähig, einem Streit aus dem Weg zu gehen, wenn ich ihn mit einem Kopfstoß lösen konnte. Oft war ich am Ende der Nacht voller Blut und nicht nur mit meinem. Ich kam wohl doch nach meinem Vater. Doch dann geschah etwas Unerwartetes. Im Herbst zog ich von zu Hause aus. Ich wurde unabhängig.

Zwei

Ich weinte North Motherwell keine Träne nach. Die zweieinhalb Stunden, die es von Dundee trennten, wo ich Kunst studieren wollte, fühlten sich wie Lichtjahre an. Als hätte ich das Mittelalter verlassen und wäre endlich in der modernen Welt angekommen. In Dundee gab es deutlich weniger Neandertaler und die Mädchen waren hübscher. Und es war ein ganzes Stück wärmer. Ich wusste, dass das College sich mindestens so sehr von der Schule unterscheiden würde wie Dundee von Motherwell. Ich würde endlich ich selbst sein können. Ich war mir damals nicht sicher, wer ich wirklich war. Aber ich konnte kaum erwarten, es herauszufinden.

In der Nacht vor meinem ersten Collegebesuch plagten mich keine Albträume und dafür war ich dankbar. Obwohl ich mein Skateboard in North Motherwell gelassen hatte, trug ich weiterhin Skaterklamotten wie Vans und Zoo York. Ich fühlte mich gut, war zuversichtlich, als stünde ich an der Schwelle zu etwas ganz Neuem. Das College in Dundee war voller kleiner Angeber, die wie ich ein Statement abgeben wollten. Auf den Gängen begegnete ich Punks und Gruftis, Indie- und Björk-Fans. Ich war wie berauscht. Als ich etwas verspätet in den Seminarraum kam, war mir sofort klar, dass dies ein ganz anderer Unterricht sein würde, als ich ihn bisher gewohnt war. Es gab keine Tische, stattdessen Staffeleien und Farbtöpfe. Und überall standen Obstschalen herum, deren Inhalt ursprünglich wohl zur Veranschaulichung der

Linienführung gedacht war, jetzt aber teilweise aufgegessen und angenagt auf Schränken und in Mülleimern lag. Meine Kommilitonen hätten nicht verschiedener sein können. Die eine Hälfte von ihnen sah aus, als stamme sie aus einem Magazin für schräge Frisuren, die andere, als käme sie gerade aus einem Tätowierstudio. In North Motherwell hätte man sie zusammengeschlagen, aber hier versuchte jeder so einzigartig und skurril auszusehen wie möglich. Manche hatten ihre Augen so geschminkt, dass sie aussahen wie Pandas. Sie trugen seltsame Klamotten, schwarzen Lippenstift und messerscharfe Ponys. Und in einer Ecke saß – was ich damals noch nicht wissen konnte – meine Zukunft: Bill, der später Silibil sein würde so wie ich Brains. Der Mann, der alles in meinem Leben verändern würde.

Wie beschreibt man Billy Boyd am besten? Bill war einfach umwerfend, ein gut aussehender kleiner Penner, der das auch wusste, groß und breitschultrig. Er war von Kopf bis Fuß in frisch aus den USA importierte Skaterklamotten gekleidet und trug Chucks, die am Morgen noch im Schuhkarton gesteckt hatten. Er hatte eine Punk-Frisur, seine Fingernägel waren schwarz wie die von Marilyn Manson, seine Augen geschminkt. Ich hatte noch nie einen Mann mit Eyeliner gesehen. Aber es stand ihm. Er saß breitbeinig auf seinem Stuhl und nickte im Takt der Musik, die aus seinen Kopfhörern dröhnte. Er strahlte Selbstzufriedenheit und ein natürliches Selbstbewusstsein aus. Ich mochte ihn auf Anhieb. Er beobachtete, wie ich mich ihm näherte. Sein Blick schien mich zu ihm hinzuziehen.

»Hier drüben, Digger«, war das Erste, was er zu mir sagte, während er auf den Hocker neben sich deutete.

»Hab ich was verpasst?«, fragte ich und seine Antwort machte sofort klar, dass wir uns verstehen würden.

»Nope, nur'n paar alte Säcke, die versuchen, uns beizubringen, wie man 'nen Pinsel hält.«

Einen Augenblick später lachten wir und rissen Witze über Musik, Skaten und Comedy. Ich hatte sofort das Gefühl, dass ich ihm gegenüber ehrlich sein konnte, wie bisher noch bei niemandem sonst. Es war, als wären wir füreinander gemacht, platonisch meine ich. Er erzählte mir, dass er aus Arbroath kam, einem Ort, gegen den Motherwell ein Paradies war. Dundee war für ihn ebenso wie für mich ein Fluchtweg. Er musste einfach weg, sein Leben hing davon ab. Wir unterhielten uns über unsere Lieblingsfilme und tauschten die besten Zitate aus. Wir hatten so viel gemeinsam, dass mir schien, als wäre der eine das Spiegelbild des anderen. Später stellte ich fest, dass Bill dieses Gefühl allen vermittelte, die ihm begegneten. Er schuf eine Verbindung, von der jeder annahm, dass sie einzigartig war. *Bill und ich gegen den Rest der Welt.* Als der Dozent kam, waren Bill und ich bereits unzertrennlich.

Ein Großteil seines Selbstbewusstseins beruhte, wie ich bald merken sollte, auf seinem Sexleben. Bills Gesicht war sein Pass, seine gewinnende Art ein Freifahrtschein. Jeder liebte ihn. Selbst wer ihn hasste, liebte ihn irgendwie doch. Er wusste das genau und spielte damit. Wäre er in Los Angeles geboren und aufgewachsen, hätte man ihn schon längst wegen Sexsucht zur Therapie geschickt. In Schottland war er einfach nur ein unverbesserlicher kleiner Rammler und auch noch stolz darauf. Er hatte sich einmal quer durch Arbroath gefickt und dabei nicht nur seine eigenen Freundinnen rangenommen, sondern auch die seiner besten Freunde. Gelegentlich war er sogar mit deren *Müttern* im Bett und er hatte sogar eine Vorliebe für hässliche Mädchen, weil, nun ja, warum nicht? Er kriegte jede rum und brauchte dafür noch nicht einmal so etwas wie einen Anmachspruch; sein Lächeln genügte. Die Mädchen flogen auf ihn wie Fliegen auf Scheiße. Er beherrschte sofort jeden Raum, den er betrat.

Bill war eindeutig die beeindruckendste Person, die mir bis dahin begegnet war.

Kurz nach unserer ersten Begegnung überfuhr er mich fast mit seinem alten Ford Escort – aus Versehen (nahm ich damals zumindest an). Es war eins von Bills Hobbys, sich für wenig Geld alte, klapprige Autos zu kaufen und sie dann hemmungslos und absichtlich zu Schrott zu fahren. Jedes Mal nahm er sich ernsthaft vor, sie auf Vordermann zu bringen, ein Statussymbol daraus zu machen, mit dem er dann angeben und herumrasen konnte, aber er brachte das nie zu Ende. Überhaupt verrauchten die meisten von Bills großartigen Plänen schon gleich zu Anfang. An jenem Morgen hörte ich das asthmatische Keuchen des Escorts noch bevor ich ihn sah. Ich merkte, dass er von hinten schnell auf mich zufuhr, während 2Pacs »California Love« aus den Fenstern dröhnte. Als ich mich umdrehte, sah ich, wie er auf den Bürgersteig fuhr und direkt auf mich zu. Instinktiv sprang ich auf die Straße, um mich in Sicherheit zu bringen.

»*Scheiße*, was soll das?«

Bill strahlte mich an, den Arm lässig wie ein Lastwagenfahrer auf den rostigen Fensterrahmen gelegt.

»Was geht, Schlampe? Steig ein, schnell, das Ding hier ist nicht versichert.«

Der Motor röhrte angestrengt und der Wagen fuhr klappernd auf den Asphalt zurück. Das Gaspedal bis zum Anschlag durchgetreten, erreichten wir in weniger als zwanzig Sekunden die schwindelerregende Geschwindigkeit von 50 km/h, bis es unter uns auf einmal anfing zu rauchen. Eine

Minute später stiegen wir auf dem Mitarbeiterparkplatz wieder aus, für den sich Bill irgendwie einen Parkschein erschlichen hatte.

Als ich ihn kennenlernte, spielte Bill in einer Punkband. Sie traten in jedem Schuppen im Umkreis von 20 Kilometern auf, der sie haben wollte, und das waren erstaunlich viele. Ich sah mir seine Band an, wann immer sie spielten, und gemeinsam besuchten wir jeden einzelnen Rock- und Hip-Hop-Klub in der näheren Umgebung. Bill hatte diese Pistole, eine Nachbildung, die Plastikkugeln verschoss. Spät nachts rasten wir regelmäßig durch die Stadt, während wir auf Straßenschilder und Ampeln ballerten. Die Polizei hielt uns so oft an, dass sie irgendwann unsere Namen auswendig kannten. Irgendwann kriegten sie Bill dann dran. Für Fahren ohne Führerschein, für rücksichtsloses Fahren, Fahren ohne Versicherung, ohne Zulassung und ohne Steuerplakette. Und sie zogen seinen Behindertenparkausweis ein, den er sich irgendwo besorgt hatte und sich weigerte herzugeben.

Wir lernten eine *Menge* Mädchen kennen. Bevor ich Bill traf, war Sex kein großes Thema für mich. Ich litt schon immer unter einer ganzen Reihe von ziemlich seltsamen Obsessionen, denen ich mich dann ausschließlich hingab. Egal ob Fußball, Cricket, Snooker oder Musik, jedes Mal kümmerte ich mich dann, auch in meinem Privatleben, um nichts anderes mehr. Mädchen interessierten mich natürlich schon, aber ich war nie selbstbewusst genug, mich ihnen auch zu nähern. Bill aber war immer von ihnen umzingelt, wir hatten die Qual der Wahl. Und obwohl er immer den Löwenanteil abbekam, gab es mehr als genug hübsche Mädchen für alle. Wir ergänzten uns perfekt. Wir funktionierten als Team, wobei sich jeder seiner eigenen Stärken bewusst war. Ich war ihm ebenbürtig. Für Bill eine völlig neue Erfahrung.

Seine Band hieß Dead Foetus und zweifellos war Bill das einzig Interessante daran. Man konnte die Augen nicht von ihm abwenden, selbst wenn sie nur probten. Und niemand konnte sich hinterher auch nur an einen ihrer Songs erinnern. Mir wurde schnell klar, dass nie etwas aus ihnen werden würde. Das sagte ich Bill. Zu meiner Überraschung sah er das genauso.

Ich glaube, wir kamen so gut miteinander aus, weil ich der Erste war, der ihm Contra bot. Alle anderen wollten sich nur an ihn dranhängen, sich im Licht seines überdimensionalen Egos sonnen. Aber Bill hatte einfach null Disziplin. Er dachte die Dinge nie zu Ende, hielt nicht ein einziges Mal inne, um die Folgen seiner Handlungen zu bedenken. Er war wie ein Stern, der leuchtet und lodert und irgendwann einfach verglühen würde.

Mir wurde aber auch klar, dass ich von seiner Art profitieren konnte. Mit seinem Ego und meinem Ehrgeiz würden wir *gemeinsam* etwas Großes schaffen. Mit seiner Energie, seiner herrlichen Schlichtheit (Silly Bill, Dummerchen Bill, nannten wir ihn – deshalb Silibil) und meinem Kopf (deshalb Brains) würde uns gelingen, Motherwell und Arbroath, ja sogar Dundee und Schottland, weit hinter uns zu lassen.

Bills Großvater, der selbst einmal davon geträumt hatte, Musik zu machen, hatte sich zu Hause ein Studio eingerichtet, eher bescheiden, in einer Ecke des nikotingelben Gästezimmers. Wir durften es nutzen, wann immer wir wollten. Nachdem ich Bill dazu gebracht hatte, Dead Foetus aufzugeben – er zögerte keine Sekunde –, vergruben wir uns im

Studio. Dort erfanden wir eine Mischung aus Punk und Rap. Unsere Energie war kaum zu bändigen und wir lernten eine Menge. Schnell wurde aber auch deutlich, wie unterschiedlich wir waren, sowohl was unsere Persönlichkeit anging als auch in Bezug auf unsere Arbeitseinstellung. Ich merkte, dass Bill keine große Lust hatte, sich mit der Entstehung eines Songs zu befassen, mit den wichtigen Details. Alles, was er wollte, war, sich das Mikro zu schnappen und drauflos zu rappen. Man konnte einfach nicht anders, als ihm zu applaudieren und gleichzeitig über seine Ausgelassenheit zu lachen. Ich war für die musikalischen Details und das technische Feintunig zuständig. Es war mein Job, den Beat und die Hookline für jeden einzelnen Song zu entwickeln. Oft schlief ich ein, während ich noch verschiedene Rhythmen vor mich hinsummte. Ich nahm die Beats und Samples auf und arrangierte die Stücke, bevor ich meine Stimme darüber legte. Dabei ließ ich genug Raum für Bill, damit dieser sein Ding durchziehen konnte. Erst dann, wenn der Song komplett für ihn vorbereitet war, widmete er sich ihm voll und ganz. Und jedes Mal war er, ohne sich besonders anzustrengen, absolut brillant. Ohne ihn hätte ich das nicht hinbekommen.

In den nächsten paar Monaten führten wir unsere musikalischen Einflüsse zusammen und hofften, damit etwas zu schaffen, das eindeutig nach *uns* klang. Schließlich entfernten wir uns immer mehr vom Heavy Metal und bewegten uns mehr in Richtung Rap, hin zu The Pharcyde, Cypress Hill und Method Man, aber mit unserem, so hofften wir, einzigartigen Dreh. Unser Vorbild war Eminem, unser Maßstab die Genialität seiner frühen Songs. Er war nicht nur der beste weiße Rapper, den wir kannten, sondern schrieb auch großartige Texte – und war dabei noch witzig. Genau wie wir. Wir sangen über Sex, Masturbation, Alkohol und schlechtes Benehmen. Wir waren achtzehn und unwiderstehlich.

Lange bevor wir echte Gigs hatten, traten wir unter dem Namen B-Production fast überall auf, wo Menschen waren: improvisierte Sessions im Skatepark, in der College-Mensa, in Pubs vor lauter alten Männern und neben jedem Straßenmusiker, der uns duldete. Wir hatten nie Probleme, Publikum zu finden. Wir flirteten, waren witzig und versuchten gleichzeitig, uns in unseren Texten gegenseitig runterzumachen. Die Leute feuerten uns an und klatschten; die Mädchen steckten uns ihre Telefonnummern zu. Bald sprach die Hälfte aller Studenten in Dundee über uns. Wenn wir mit unseren Skateboards in der Uni unterwegs waren, wollten alle wissen, wo wir das nächste Mal auftreten würden. Da wir niemanden enttäuschen wollten, veranstalteten wir jeden Mittag in der Mensa einen neuen Battle. Battles waren Rap-Duelle, die auch jedem US-Rapper, der etwas auf sich hielt, dabei halfen, mit seinen Skills auf der Höhe zu bleiben. Die Kunst dabei war, Texte zu improvisieren, ein Großteil davon sarkastische Kommentare und vernichtende Kritik. Ein guter Battle brachte die Leute zum Toben und wir wurden *sehr* gut darin. Wir konnten das stundenlang durchhalten. Unser Publikum liebte die Show und schon bald verpassten wir deshalb den Unterricht. An einem Nachmittag in der Mensa lief das folgendermaßen ab:

»*Ladies, passt auf bei Bill; keine Ahnung, wo der seine Hände hatte, hab' geseh'n, er kaufte Vaseline und Playgirl-Magazine für seine Latte. Du bist kein Mann; du bist 'ne weibliche Drag-Queen; auf der Toilette lässt du dich von George Michael auszieh'n. Du hörst Hanson, bist schon lange nicht mehr in, schlaffer als Elton John in der Playboy Mansion.*« Und Bill antwortete:

»Vergesst Gav, fast allen Girls hier hab ich es schon demonstriert, ihm fällt halt sonst nix ein; glaubt mir, sein Penis ist so klein, er braucht 'ne Pinzette, wenn er masturbiert. Du bist wie'n Schüler am Samstag, in 'ner Klasse, wo dich keiner mag; deine Reime sind veraltet, wie die Pasta, die hier erkaltet.«

Worauf wir uns mit Essen bewarfen und ich ins Büro des Rektors geschleppt wurde.

Der Rektor war ein kleiner, kompakter Mann mit schütterem Haar, dem es gefiel, mit am Rücken verschränkten Händen durch die Gänge zu schreiten. Dabei sah er aus wie ein Relikt aus alten Zeiten, das man eher an Orten wie Eton erwartet hätte, als in einem zukunftsorientierten Zentrum der Kreativität wie diesem.

Ich beobachtete, wie er mich abschätzig musterte und die Stirn runzelte, als er meine tief sitzenden Jeans und meine Sportschuhe sah. »Also, junger Mann...«, setzte er an.

Ich hatte es geschafft, ihn zu verärgern, und das erfüllte mich mit einem aufregenden, wenn auch ein wenig pubertären Gefühl der Genugtuung. Ich mochte es, anzuecken. Das sollte seinen Höhepunkt ein paar Jahre später erreichen: Wir waren mittlerweile bei einem großen Plattenlabel unter Vertrag und kurz davor, auch richtig Erfolg zu haben, als ich für die Single-Auskopplung einen Song namens »Cunt« (»Fotze«) vorschlug. Am Ende wendete sich mein Hang zur Provokation gegen mich, aber ich konnte einfach nicht anders. Ich liebte es, die Leute auf die Palme zu bringen. So würden sie sich zumindest an mich erinnern.

Ziemlich bald wurde das College Nebensache und unser Leben drehte sich immer mehr um Musik. Wir spielten nachts in kleinen Bars oder Klubs, betranken uns mit den lokalen

Promotern, verteilten ab und zu ein Demo-Tape und Hunderte von Flyern. Schon bald wurden wir häufiger gebucht. Wir spielten meist total chaotisch, aber die Leute waren beeindruckt und fühlten sich gut unterhalten. Wir hatten keine Ahnung, was wir da eigentlich spielten. Es war eine Mischung aus selbst komponierten Raps, Rage Against The Machine-Coverversionen und allem, was uns sonst noch in den Sinn kam, während wir live auf der Bühne standen. Aber was auch immer wir taten, wir taten es mit der überbordendsten Begeisterung, die man sich vorstellen kann, inklusive – damals noch völlig naiv – amerikanischem Akzent. Wir waren die Beastie Boys, *Jackass* und Joe Pesci in *Goodfellas* in einer Person. Wir waren unberechenbar, folgten keinem Skript, nur unserer eigenen besoffenen Logik. Unsere Auftritte wurden zu kleinen Events, von denen die Leute noch Tage später sprachen. Zumindest für einen kleinen Kreis waren wir bereits berühmt-berüchtigt. Und fürs Erste reichte uns das vollkommen.

Nach einer besonders abgedrehten Show, in der wir das Publikum so sehr beleidigt hatten, dass das Ganze fast in eine Massenschlägerei ausgeartet war, kam der Promoter auf uns zu.

»Was zum Teufel glaubt ihr, macht ihr da?«, fragte er. »Ihr seid doch Schotten, oder?« Wir nickten verwirrt. »Und warum zur Hölle tut ihr dann so, als wärt ihr Amerikaner? Hört zu, wenn ihr aus Schottland seid, dann seid stolz darauf. Und was immer ihr tut, versucht nicht jemand anderes zu sein, vor allem nicht, wenn ihr Rap-Musik macht, verstanden?«

Natürlich waren wir beleidigt, aber der Mann hatte nicht ganz Unrecht. Bis dahin hatten wir noch nicht wirklich darüber nachgedacht, was wir da überhaupt taten. Mit amerikanischem Akzent zu rappen, war keine bewusste Entscheidung; es war einfach so passiert. Vielleicht lag es daran, dass Rap nun einmal etwas Amerikanisches ist, nichts Englisches und erst recht nichts Schottisches. Aber an diesem Abend entschieden wir, dass der Promoter Recht hatte. Unsere Raps *waren* amerikanisiert und das war falsch. Also begannen wir, unsere Songs in unserem eigenen starken, schweren Akzent zu performen. Damit hatten wir auf jeden Fall ein Alleinstellungsmerkmal. Abgesehen davon, klang unser Gefluche mit schottischem Akzent einfach besser als mit amerikanischem. Und in unseren Songs wurde *viel* geflucht.

Wir wurden immer öfter gebucht, hatten inzwischen sogar einige richtige, bezahlte Gigs. Ich schrieb neue Tracks, aber Bill fand nie die Zeit, sie zu proben und so beschränkte sich unsere Setlist immer auf die gleichen unausgegorenen Songs. Wir hatten unseren Spaß und gewannen mit jedem Auftritt an Selbstvertrauen. Trotzdem wurde ich das Gefühl nicht los, das noch irgendwas fehlte, um das Ganze perfekt zu machen. Auftritt Oskar.

Oskar Kirkwood war breit gebaut, muskulös und äußerst intelligent. Und der einzige Mensch, der über das Vermächtnis von Bruce Lee genauso Bescheid wusste wie über die Schriften von Stephen Hawking. Oskar studierte wie wir Kunst. Er war ein Genie, ein Skater und Kampfsportfan – und in allem besser als Bill und ich zusammen. Ich wusste, dass wir von seinem Talent profitieren würden. Mit seiner Wortgewandtheit war er die perfekte Ergänzung für unsere nach wie vor immer noch weithin unbekannte Band.

Im Gegensatz zu Bill war Oskar ein detailversessener Korinthenkacker. Ich hatte jetzt einen echten Sparringspartner im Studio, der genau auf meiner Wellenlänge war. Oskar sprühte vor Ideen und Energie. Wir spielten uns die Bälle endlos zu. Es gelang ihm sogar, bei Bill Begeisterung zu wecken, und eine Zeit lang verbarrikadierten wir uns alle drei in dem kleinen Raum, feilten an unseren Songs und verbesserten unser Freestyling. Eines Nachts erfanden wir aus purer Langeweile ein Battlerap-Spiel, bei dem jeder Spieler den verbalen Ergüssen seines Vorgängers folgte, indem er sich spontan neue Reime und Handlungen ausdachte und dafür Stichworte und Wörter benutze, die die anderen ihm vorgaben. Das war gerappte Improvisationscomedy. Wir nannten es *Porcupine* (»Stachelschwein«) und jeder folgte dem anderen in immer gewagtere verbale Riffs. Es gab Extrapunkte für Pointen und komischen oder dramatischen Vortragsstil und am Ende gewann derjenige, der das Wort *Porcupine* im richtigen Kontext verwendete. Wir waren geradezu besessen von diesem Spiel. Wie ein Bodybuilder Gewichte hebt, so kräftigten wir unsere lyrischen Muskeln, bis sie fast barsten. Uns bei *Porcupine* zuzusehen, war, als ob man Tischtennisspieler dabei beobachtet, wie sie sich bis zur Erschöpfung um den Tisch jagen. Und genau darin bestand der Reiz, den wir auf die Leute ausübten: Wir wurden zu einem Publikumssport, den man einfach gesehen haben musste.

Unser erster Auftritt zu dritt war unglaublich. Es gelang uns, einen Gig im The Reading Rooms an Land zu ziehen. Bezahlt wurden wir nicht, aber sollten wir genug Leute beeindrucken, mussten wir hinterher nicht für unsere Getränke aufkommen. Das reichte uns. Wir sorgten schon im Vorfeld dafür, dass der Klub an diesem Abend aus allen Nähten platzte. Alles drängelte sich in diesen engen Raum, um uns zu sehen. Kurz vor unserem Auftritt standen wir hinter der Bühne und starrten uns ungläubig an. Wir spürten plötzlich eine Panik, als säßen wir in einem Achterbahnwaggon, der im nächsten Moment abstürzen würde. Bill und Oskar schauten drein, als wollten sie abspringen. Ebenso wie ich.

Und doch, ganz ehrlich, ich hatte mich noch nie in meinem Leben so bereit für etwas gefühlt. Die Nervosität wirkte auf mich wie Raketentreibstoff. Ich tänzelte auf den Zehenspitzen wie ein Boxer kurz vor dem Kampf. Wir machten uns jeder noch das fünfte Bier auf, denn ganz gleich wie zuversichtlich wir nun waren oder auch nicht: Wir würden auf keinen Fall nüchtern da rausgehen.

Die Bühne war winzig und der Sound mies, aber an diesem Abend machten wir sie alle fertig. Es hätte ebenso gut das Wembley-Stadion sein können. Wir spielten nur sechs Songs, darunter frühe Titel von The Underground und The Movement. Die Menge brüllte, als hätte sie nur darauf gewartet, dass wir genau das spielten. Wir waren fast die ganze Zeit im Freestyle unterwegs, verwandelten jeden Song spontan in etwas Neues und ließen uns anfeuern. Wir steigerten uns, wurden noch witziger, noch unverschämter und unanständiger. Wir dissten einander, dissten die Menge. Die Leute *brüllten* vor Lachen und applaudierten enthusiastisch. Die halbe Stunde verging wie im Flug, viel zu schnell, aber es war die pure Magie, jede einzelne Sekunde. Hinterher sagten sie uns, wir wären unglaublich – so gut wie Eminem, nein, *besser. Ihr solltet Superstars sein,* sagten sie. In den nächsten Tagen sprachen alle nur über unser Konzert. *Jungs, ihr solltet wirklich was aus eurer Musik machen.*

Hätten wir die Leute etwa enttäuschen sollen?

Danach ging ich nicht mehr aufs College. Stattdessen konzentrierte ich mich jetzt pausenlos auf unsere Musik, um uns in der Welt da draußen bekannt zu machen. Ich war völlig aufgedreht und voller Energie, wie auf einem ständigen Herointrip, der mich immer weiter vorwärtstrug. Wir hatten hier etwas ganz Besonderes und ich würde diese Chance nicht ungenutzt lassen. Jetzt mussten wir uns um die Finanzierung unseres Projekts kümmern. Bill half in einem Skaterladen namens Ozzy's aus und ich landete in einem Stripklub.

Es gibt Schlimmeres, als in einem Stripklub zu arbeiten, zum Beispiel den Job in einem Call-Center, wo ich Versicherungen für eine Fernsehgesellschaft verkaufte. Immerhin hat es mir die Arbeit dort ermöglicht, mir meine erste professionelle Beat Machine und meinen ersten Sampler zu kaufen, den von Dr. Dre empfohlenen Akai MPC1000. Ich hatte ihn mir secondhand besorgt und er kostete mich immer noch 300 Pfund, war aber jeden einzelnen Penny davon wert. Er war mit Abstand das beste Spielzeug, das ich jemals hatte und selbst nackte Frauen hätten mich nicht dazu bewegen können, mich von ihm zu trennen. Nun ja, jedenfalls nicht bis zu dem Job im Stripklub.

Ich war dort eine Art Barkeeper und hatte nicht mehr zu tun, als mich zwischen den kleinen Tischen durchzudrängen, an denen hauptsächlich zusammengesunkene fette Männer in billigen Anzügen saßen, mit anzüglichem Grinsen im Gesicht und mindestens einer Hand in der Hosentasche. Mein Job war es, ihre leeren Gläser einzusammeln und ihnen kumpelhaft zuzureden, doch noch einen Drink zu bestellen. Die Stripperinnen waren nette, wenn auch oft traurige junge Frauen in meinem Alter, die entweder ein Kind zu Hause hatten, oder sich ihre Collegegebühren verdienen mussten. Es war mir etwas peinlich, dass ich einigen von ihnen tagsüber in der Mensa begegnete. Sie baten mich, sie nicht bei der Arbeit zu beobachten. Es war ihnen unangenehm, dass ein Bekannter im Publikum war. Ich versprach es ihnen. Und ich hielt mein Wort. Jedenfalls meistens.

Selbst wenn mich eines der Mädchen auf der winzigen,

von Bier ganz klebrigen Bühne in Versuchung geführt hätte, wäre ich nie weiter gegangen. Dafür gab es auch einen Grund, ich hatte mich nämlich verliebt. Sie hieß Alison, eine Kommilitonin und eine Freundin von Oskar. Man merkte sofort, dass Alison Künstlerin war, es drang ihr aus jeder Pore wie Parfum. Sie war smart und cool und bereits ihre Kleidung verriet, wie kreativ sie mit wenig Geld umgehen konnte. Sie sah ein wenig ausgeflippt aus, wie Diane Keaton im *Stadtneurotiker,* aber ihre Klamotten passten besser zusammen und sie hatte deutlich mehr Sexappeal. Die Bandproben wurden intensiver, aber mit Alison hatte ich endlich jemanden gefunden, der mich von meiner Besessenheit befreien konnte. Oskar gefiel es, so formulierte er es auf seine Art, dieser jungen Liebe beim Erblühen zuzuschauen. Nur Bill bekam vor lauter eigenen Sorgen kaum was davon mit.

»Hör mal, Alter«, sagte er eines Abends in der Kneipe. »Ich bin vaginasüchtig und das bringt mich in Schwierigkeiten.« Obwohl er dabei grinste, meinte er es ernst. Die Freunde der Mädchen, mit denen er rummachte, hatten es auf ihn abgesehen. Bill würde niemals monogam leben, zumindest jetzt noch nicht. Für mich war Alison alles, was ich je gewollt hatte – die perfekte Frau. Sie war stark und unterstützte mich, war hinreißend und sexy. Wir waren unzertrennlich. In den folgenden fünf Jahren würden wir eine Menge zusammen durchmachen. Wir hatten fantastischen Sex und jede Menge Spaß. Inzwischen ist mir klar geworden, dass ich einfach nicht für sie da war, als sie mich am meisten gebraucht hätte. Meine Pläne waren mir wichtiger als alles andere, ich war besessen von ihnen. Jahrelang hatte Alison Geduld mit mir. Sie war ein Engel, aber dann wurde es ihr zu viel. Sie konnte meine Stimmungsschwankungen und die Distanz zwischen uns einfach nicht mehr ertragen. Eines Abends rief sie mich an und machte Schluss. Sie erklärte, dass sie mich nicht wiedererkennen würde, so sehr hätte ich mich verändert. Was Bill und ich täten, hätte sich in etwas grundsätzlich Falsches verwandelt – vielleicht sogar in etwas Krankes. Sie warf den Hörer auf die Gabel und ließ mich allein und vernichtet zurück, Tausende Meilen entfernt und ohne jede Chance, sie umzustimmen. Alison hatte die Eigenschaft, immer Recht zu behalten, egal, worum es ging. Sie hatte zu Anfang unserer Beziehung Recht gehabt und am Ende. Heute wünsche ich mir, ich wäre schlau genug gewesen, auf sie zu hören.

Ganz Dundee sprach jetzt von der Band und verglich uns mit Eminem. Zumindest kam es uns so vor. Unsere Auftritte waren immer ausverkauft und wir bekamen sogar unseren eigenen, regelmäßigen Hip-Hop-Abend im Doghouse. All das machte uns Mut, da Eminem mittlerweile, Anfang 2001, dabei war, der einflussreichste und beliebteste Künstler auf dem Planeten zu werden. Das hatte eigentlich kaum einer erwartet – ein Weißer in der Welt der Schwarzen –, aber genau das hatte sich als Magnet für das Mainstreampublikum erwiesen. Er war der Traum jeder Marketingabteilung. George W. Bush hatte ihn die »gefährlichste Bedrohung für Amerikas Jugend seit der Kinderlähmung« genannt. Das war eine Gratiswerbung, von der die meisten Künstler nur träumen konnten.

Als man uns sagte, unsere Reime seien genauso raffiniert wie seine, glaubten wir das. Warum nicht weiter daran arbeiten?

Jeder Abend lief jetzt nach dem gleichen Schema ab. Wenn ich nach Hause kam, egal, wo ich mich vorher rumgetrieben hatte, war das Letzte, woran ich dachte, ins Bett zu gehen. Schlaf kam mir vor wie eine Vergeudung wertvoller

Zeit. Also setzte ich mich an meinen Computer und machte mich an ein paar Beats für neue Tracks oder verbesserte nur zum Spaß ein paar alte – was man eben so tut, wenn man an Schlaflosigkeit leidet. Eines Nachts kamen Oskar und ich total betrunken nach Hause, wankten zur Tür herein und lachten uns ohne ersichtlichen Grund halbtot. Oskar schlief sofort auf dem Sofa im Wohnzimmer ein. Kurze Zeit später stürmte Bill herein und lamentierte lautstark über seinen wunden Schwanz, den er sich bei einem unvergesslichen Fick geholt hätte. Ich surfte in meinem Zimmer ziellos im Internet herum, schaute mir, wie schon unzählige Male zuvor, Plattenfirmen an und surfte mich durch die aktuelle Hip-Hop-Szene in London. Ich war überzeugt davon, bereit für den nächsten Schritt zu sein. Auf einmal entdeckte ich eine Internetanzeige, die zu mir sprach wie Gott zu den Gläubigen: *»Bist du der nächste Eminem?«* Polydor Records machte es wie die meisten Plattenfirmen: Sie sahen eine Cashcow, die die Charts dominierte, eine einzigartige musikalische Sensation, und nun wollten sie den Erfolg einfach nachahmen. So suchten sie jetzt ihren eigenen Eminem, vermutlich in einer abgemilderten Version, dass es ein Kinderspiel sein würde, auf Anhieb einen Hit zu landen. Ich hatte keine Lust zum Nachahmer von irgendwem zu werden, aber der Gedanke an diesen Wettbewerb ließ mich nicht los. Sicher würde die Plattenfirma in uns etwas ganz Besonderes entdecken. Unmöglich, dass nicht.

Die Anzeige pulsierte vor meinen Augen. Offensichtlich hatte man sie extra für mich auf den Bildschirm platziert. Das war kein Zufall. Mein Schicksal rief und ich war bereit.

Ich stürmte in das andere Zimmer und weckte Oskar. Bill kam lärmend durch die Tür, eine Hand schützend vor seinem Schwanz. Ich gab ihnen ein Zeichen, mir zu folgen, denn ich wollte den Augenblick nicht durch Worte entweihen. In meinem Zimmer war es immer noch dunkel, das einzige Licht ging vom Bildschirm aus, auf den ich deutete.

»Was?«, blaffte Bill.

»Psst.« Ich zeigte erneut auf den Bildschirm.

Sie beugten sich über ihn und fingen an zu lesen.

Bist du der nächste Eminem?

»Oh.«

»Und du denkst...?«

Wir hatten einen Plan.

Drei

Wegen der Geschwindigkeitsbegrenzung auf den britischen Autobahnen und weil der Bus, eine rostige Blechbüchse mit wackeligen Radkappen und einer kaputten Toilette, sein Verfallsdatum schon lange überschritten hatte, brauchten wir dreizehn Stunden von Dundee nach London. Es hätte die längste und ödeste Nacht unseres Lebens werden können, doch wir nutzten die Zeit, machten uns auf den hintersten Sitzen breit und spielten *Porcupine*. Wir arbeiteten ununterbrochen an unseren Skills. Wenn es stimmt, dass eine der wichtigsten Eigenschaften eines Rappers grenzenloses Selbstvertrauen ist, waren wir schon jetzt auf dem Weg zur Unsterblichkeit. Solche Talente wie wir würde man so bald nicht wieder finden.

Als die Sonne aufging, wurden die Randgebiete Londons sichtbar, übersät mit halbfertigen Hochhäusern, Baugerüsten und Kränen wie auf einer riesigen Baustelle. London kam uns gigantisch vor und schien immer größer zu werden, als der Bus sich durch die Straßen der Innenstadt schlängelte. Bis zur Victoria Station brauchten wir volle zwei Stunden, denn im morgendlichen Berufsverkehr kam der Bus nur schrittweise voran. Wir waren völlig erschöpft und gleichzeitig hellwach vor lauter Ungeduld. Am Busbahnhof stiegen wir aus und rannten zur nächsten Toilette. Dort machte sich unsere unterschwellige Nervosität dann auf einmal doch bemerkbar. Zumindest verschwand jeder von uns schnell in einer der Kabinen, weil unsere Verdauung verrückt spielte.

Jeder, der zum ersten Mal in London ist, will normalerweise natürlich auch den ganzen Touristenkram sehen. Wir aber interessierten uns nur für die Pineapple Studios und machten uns sofort auf den Weg. Zu unserer großen Überraschung waren wir aber nicht die Einzigen, die sich für die nächsten Eminems hielten.

Der Anblick, der sich uns bot, versetzte uns einen Schock. Nicht nur, dass bereits mehrere hundert Menschen ebenfalls drei Stunden zu früh dran waren, glich die versammelte Menge auch nicht gerade der Crème de la Crème des britischen Underground-Hip-Hop, sondern mehr einer Art viktorianischer Freakshow. Wir schritten die Warteschlange in fassungslosem Schweigen ab. Das alles war nicht mehr als ein hässlicher, zusammengewürfelter Haufen komischer Käuze, deren größter gemeinsamer Nenner garantiert ihr Größenwahn war. Hinter diesen Typen sollten wir uns anstellen? Uns mit *denen* unterhalten? Hier gab es neue Eminems in allen möglichen Größen, Formen und Farben, männliche und weibliche. Viele von ihnen hatten offensichtlich erfolglos mit Wasserstoffperoxid experimentiert. Einige hatten sich Baseballmützen falsch herum oder gigantische Kopfhörer aufgesetzt. Zahllose Münder formten immer und immer wieder die Worte *My name is, my name is...* als wäre das hier nicht Covent Garden, sondern *8 Mile*. Wieder andere waren zu zweit oder zu dritt gekommen und versuchten sich an Battleraps, wie ich sie noch nie zuvor gehört hatte; große, schwerfällige Dinger, Rap für Anfänger, wo sich *Scheiß* auf *heiß* und *weiß* und dann wieder auf *Scheiß* reimte, weil ihnen sonst einfach nichts einfiel.

Wir stellten uns ans Ende der Schlange und Bill grinste siegessicher vor sich hin. Aber Oskar und ich spürten, dass hier etwas anderes, etwas Unheilvolles vor sich ging. Allein durch unsere Anwesenheit machten wir uns ja schon auf gewisse Weise zum Gespött. Sich diesem Pack anzuschließen, würde unserem Ruf schaden, ihn vielleicht für immer ruinieren. Aber nachdem wir schon so weit gekommen waren, wollten wir jetzt auch nicht aufgeben. Die nächsten drei Stunden verbrachten wir damit, jedes Gespräch mit den anderen zu verweigern. Als die Läden öffneten, wimmelte es bald von Touristen. Viele von ihnen blieben stehen und machten Fotos von uns. Besonders die Italiener und Japaner rissen sich um Schnappschüsse von düsteren, mit Pickeln übersäten Gesichtern und gestreckten Mittelfingern.

Das Warten dauerte eine gefühlte Ewigkeit, doch irgendwann öffneten sich die Türen. Nach und nach tröpfelten wir herein und insgeheim zählte ich jeden Zentimeter, der mich meinem Schicksal näherbrachte. Wir würden diese Polydor-Typen umhauen, alle anderen konnten heimgehen. *Wir* waren der neue Eminem – und mehr als das.

Es dauerte eine Stunde, bis wir es ins Gebäude geschafft hatten, und dann noch mal eine Dreiviertelstunde, bis wir im Schneckentempo die Betontreppe zum Vorsingen im ersten Stock hochgekrochen waren. Jeder einzelne Schritt dauerte qualvolle fünf Minuten. Endlich standen wir vor der Flügeltür, an der ein DIN A4-Blatt hing mit der Aufschrift POYLDOR VORSINGEN. Und dann waren wir drin.

Der Raum war nicht besonders groß, die Wand gegenüber verspiegelt. Ich betrachtete unser Spiegelbild, während wir zu dem X gingen, das mit Klebeband auf dem Boden angebracht war. Vor uns saßen an drei zusammengeschobenen Tischen drei A&R-Manager, zwei Männer und eine Frau. Sie begrüßten uns nicht, schauten nur flüchtig auf und lächelten knapp wie Politiker, so selbstgefällig wie herablassend. Ich hörte, wie sich jemand hinter mir räusperte und schaute mich um. Erst jetzt wurde mir bewusst, dass wir Publikum hatten, eine Gruppe von vielleicht zwanzig Typen, die man gebeten hatte, nach ihrem Vorsingen da zu bleiben. Zu meiner Überraschung saßen dort hauptsächlich ernst dreinblickende Schwarze, die mich arrogant und bedrohlich musterten. Aber irgendwie gefiel mir das und plötzlich nahm ich den Wettbewerb wieder ernst. Ich nickte kurz in ihre Richtung. Sie nickten zurück.

»Bereit?« Einer der A&R-Leute hatte uns angesprochen. Eine junge Frau, die links von ihm saß, stand auf und kam zu uns rüber. Ich reichte ihr die CD. Nur Sekunden später drang der Song, an dem ich in den letzten Wochen unermüdlich gearbeitet hatte, laut und deutlich aus den Lautsprechern. Unser Publikum begann mit dem Beat zu nicken und die Schultern zu rollen. In nur drei Minuten würde alles vorbei sein. Ich wollte jede Sekunde genießen. Der Song, den wir ausgewählt hatten, war »The Movement«, vielleicht unser bisher bestes Stück, clever, witzig und getrieben von wütenden Beats. Oskars Stimme legte sich über meine, ging in Bills über und wieder zurück, alles in einem halsbrecherischen Tempo, einfach rasend schnell. Ich beschloss, nicht zu den A&R-Typen rüberzuschauen, sondern starrte in den Spiegel, wo ich Oskar und Bill neben mir sah, im Augenblick gefangen, konzentriert bis in die Haarspitzen. Ich war so stolz auf sie. Und dann sah ich das abschätzige Lächeln eines jungen Managers, gefolgt von einem selbstgefälligen Grinsen. Er tauschte einen Blick mit seiner Kollegin, die ebenfalls anfing zu grinsen, als würde jemand ihre Mundwinkel an einem unsichtbaren Faden nach oben ziehen. Und dann kicherten die beiden wie ungezogene Schulkinder auf Crystal Meth. *Was zum Teufel?*, dachte ich. Wir machten weiter, die Köpfe der Zuschauer wippten mittlerweile immer euphorischer. Einige der Jungs feuerten uns sogar an. Aber es war alles umsonst, alle positiven Vibes wurden durch das unmissverständliche Gelächter der Jury erstickt. Es klang, als hätten sie gerade Lachgas eingeatmet. Auch Oskar und Bill hatten das mittlerweile registriert und langsam wurden wir unsicher. Das älteste Jurymitglied hob die Hand, als würde er ein Taxi rufen. Er trug das teuerste Hemd (blasses Blau, ordentlich gebügelt) und einen kleinen Ziegenbart im ausdruckslosen Gesicht. Die Musik verstummte. Wir ebenfalls.

»Danke«, sagte er und schaute Bill an, bevor er etwas auf ein Blatt Papier kritzelte. »Vielen Dank.«

»Wir sind noch nicht fertig«, sagte Bill.

»Das reicht uns, trotzdem vielen Dank.«

Neben mir setzte Oskar zu einem spontanen Rap an, der kaum verbarg, was für Idioten die A&R-Typen in seinen Augen waren. Aber sie lachten nur noch mehr.

»Wo kommt ihr Typen denn her?«, fragte einer von ihnen.

Wir sagten es ihnen.

»Dann habt ihr ja eine lange Rückfahrt vor euch.«

Mich überkam heiße Wut. Der Juryboss winkte uns weg und meinte, wir sollten doch durch die Tür verschwinden, durch die wir vor zwei Minuten hereingekommen waren. Bill versuchte, noch was zu sagen, wurde aber mit den Worten übertönt, man müsse sich noch eine Menge Talente ansehen. *Talente.* Mit hängendem Kopf machten wir uns auf den Weg nach draußen. Ein paar Zuhörer applaudierten uns immer noch. Einer sprang auf und fragte mich, ob er ein paar Beats kaufen könne. Wir tauschten Telefonnummern aus, während ein anderer Möchtegern-Eminem hereinkam, blondiertes Haar unter der Baseballkappe, Feinrippunterhemd und Hosen, die ihm fast vom Hintern rutschten. Ich blieb noch ein wenig, weil ich mir das ansehen wollte. Er hatte keine CD mit, sondern fragte, ob er »My Name Is« vortragen könnte. Dann gab er eine stotternde Version von Eminems größtem Hit in einem schlechten und breiten amerikanischen Akzent zum Besten. Jetzt lachten sie nicht, sondern nickten im Beat des Songs. Am Schluss klatschte eines der Jurymitglieder sogar Beifall.

Draußen knallte die Sonne und Covent Garden war rappelvoll. Wir ließen uns wie in Trance treiben, zu den Hotdogverkäufern, den italienischen Teenagern mit ihren von Graffiti übersäten Rucksäcken und den bemalten Frauen, die ihr Geld damit verdienten, stockstéif auf einer umgedrehten Bierkiste zu stehen. Die Mittagszeit war schon lange vorbei, aber wir hatten keinen Hunger. Nach dem, was wir gerade erlebt hatten, kam uns das lebhafte Treiben in Covent Garden wie eine Beleidigung vor, und so flohen wir. Wir nahmen die U-Bahn nach Osten, in Richtung Ilford, wo wir uns eine Schlafmöglichkeit organisiert hatten. Ursprünglich wollten wir das ganze Wochenende in London bleiben, um unseren Erfolg gebührend zu feiern. Doch jetzt wollten wir nur noch so schnell wie möglich nach Hause und uns verstecken. Bill saß mir niedergeschlagen gegenüber. So hatte ich ihn noch nie gesehen. Er kam mir vor wie ein anderer Mensch, sein ganzes Selbstbewusstsein war auf einmal weg.

An diesem Abend schafften wir es gerade mal in einen Pub um die Ecke. Dort saßen wir um einen kleinen Tisch herum und anstatt uns zu unterhalten, zerrissen wir Bierdeckel in tausend kleine Schnipsel. Aber mit jeder Runde Bier festigte sich mein Entschluss, mich nicht entmutigen zu lassen. Wir würden nicht zulassen, dass drei verdammte Idioten unsere Träume einfach so zerstörten. Es musste doch noch andere Chancen geben. Wenn nicht in London, wo dann? Oskar versuchte, Bill aufzumuntern: »Wir kriegen das schon hin, Alter. Wir zeigen denen, dass sie falsch liegen.« Ich schlug vor, aufs Zimmer zurückzugehen, wo Bill und Oskar sich gleich schlafen legten. Ich machte mich im Internet auf die Suche. Vielleicht würde sich das Schicksal ja noch mal bei mir melden. Um sechs Uhr morgens hatte ich schließlich eine Liste mit Namen und Adressen zusammengestellt und war überzeugt davon, dass wir noch nicht am Ende waren. Total aufgeregt und gepuscht vom Kaffee, puren Adrenalin und einer Überdosis Hoffnung weckte ich Bill und Oskar. Während ich am Fußende ihrer Betten auf und ab marschierte, informierte ich sie über die Mission des Tages und unsere Ziele wie ein Feldwebel auf Meth.

Ohne Frühstück machten wir uns direkt auf den Weg. Über Nacht war London zu einer Stadt der unbegrenzten Möglichkeiten geworden. Die frühe Morgensonne glitzerte auf den Glasflächen der Bürogebäude. Die Straßen waren voller Typen in Nadelstreifenanzügen und hallten von Millionen von Pfennigabsätzen wider. Wir schlenderten übertrieben lässig durch den unentwegten Strom von Büroarbeitern und zwangen sie, uns auszuweichen Wir lächelten jeder Frau im Businesskostüm zu, die uns entgegenkam. Viele lächelten zurück. So viele Menschen, lauter neue Gesichter, erstaunlich viele davon erschienen uns unglaublich schön. Junge Typen wie wir konnten hier leicht vom Ziel abkommen. Es gab so viel zu entdecken.

Um zehn Uhr waren wir in Kensal Green. Ich ging voran, den Stadtplan in der Hand, Oskar und Bill noch in Gedanken an die Frauen immer ein paar Schritte hinter mir. Kurze Zeit später standen wir vor den Türen des renommiertesten Hip-Hop-Labels Englands, über das ich in der Nacht so viel gelesen hatte. Der wichtigste Mann dort, Dave Smith, war einer der Typen, deren Erfolg darauf beruhte, ungeschliffene Talente zu erkennen. Er hatte Format, einen Ruf. Er konnte Türen öffnen. Und er würde uns ganz sicher nicht auslachen wie diese Käsefresser gestern.

Aber die schweren Glastüren waren verschlossen und wir standen ratlos vor vier unbeschrifteten Klingelschildern. Und was jetzt? Ein Postbote drängte uns grob zur Seite, drückte auf einen Knopf und sofort summte der Türöffner. Ich legte ihm die Hand auf die Schulter, grinste ihn an und erklärte ihm, dass wir eh nach oben wollten und ich ihm die Post abnehmen und ihm damit einen Weg ersparen würde, okay? Sein Gesicht blieb ausdruckslos, aber er gab mir das Bündel Briefe und machte sich davon. Ich stürmte mit großen Schritten die Treppe hinauf, der gestrige Albtraum war fast vergessen. Bill und Oskar folgten mir. Am Empfang saß eine gut aussehende Frau, die sich gerade die Nägel lackierte. Bill hatte schon prophezeit, dass in jeder Plattenfirma ein hübsches junges Mädchen am Empfang sitzen würde. Offensichtlich hatte er gut recherchiert. Sie musterte uns misstrauisch – drei erschöpft wirkende Jungs, die die Post brachten, aber eindeutig keine Postboten waren.

»Ja, bitte?«

»Wir möchten Dave Smith sprechen.«

Sie blickte in den Terminplaner auf ihrem Tisch.

»Und habt ihr auch –?«

»Gavin. Gavin Bain.«

»Ich meinte, habt ihr auch einen Termin?«

»Ah, ja.« Ich zögerte. Oskar räusperte sich. »Um ehrlich zu sein, nein. Aber wir haben eine lange Reise hinter uns, nur um mit ihm zu sprechen. Von Dundee, dreizehn Stunden im Bus, du kannst dir nicht vorstellen, wie mir der Arsch wehtut.« »Jedenfalls«, ich versuchte selbstbewusst auszusehen, »gehen wir hier nicht weg, bis du uns zu Dave gebracht hast.«

»*Yeah!*«, rief Bill, der neben mir stand. Er grinste albern, wahrscheinlich, weil er sich schon ausmalte, mit ihr im Bett zu landen. »Er meint es ernst.« Er beugte sich vor und streckte ihr die Hand entgegen. »Billy Boyd, stets zu Diensten. Und du bist?«

Doch noch bevor er ganz in das hilflose Lächeln versinken konnte, das sich auf ihrem Gesicht ausbreitete, öffnete sich am Ende des Gangs die Tür und ein Mann streckte seinen Kopf heraus. Ich erkannte Dave Smith sofort anhand des Fotos im Internet und trat einen Schritt vor.

»Dave, Alter! Hier drüben.«

Misstrauisch kam er näher, blickte kurz zur Empfangsdame und dann wieder zu uns.

Während ich auf ihn einredete, bemühte ich mich um Charme, Eloquenz und einen flehenden Blick. Aber nicht verzweifelt, niemals verzweifelt. Es funktionierte. Zwei Minuten später führte er uns in sein Büro. Er war ungefähr dreißig, klein und gedrungen, trug einen ungleichmäßigen Bart und wirkte so, als wäre er mit dem Skateboard zur Arbeit gekommen. Er nahm den Telefonhörer ab, drückte einen Knopf und sagte: »Ich bin erstmal nicht zu sprechen.« Musik in meinen Ohren.

Er begann, uns ein paar Fragen zu stellen, wer wir wären, woher und was wir wollten. Während ich antwortete, nickte er immer wieder. Es kam mir vor, als würde er damit gar nicht so sehr auf meine Worte reagieren, sondern als wäre das eine Macke, die vor der ersten Tasse Kaffee am Morgen nicht aufhören würde. Er erinnerte mich an diese Wackeldackel, die man ständig in irgendwelchen Volvos auf der Autobahn sah, wackel, wackel, wackel. Ich hatte das Bedürfnis, seinen Kopf zu packen, um ihn anzuhalten.

»Und ihr habt eine CD?«

Oskar reichte sie ihm und verschmierte dabei die Plastikhülle mit seinen schwitzigen Fingern. Smith legte sie ein, stützte die Ellenbogen auf den Schreibtisch und faltete die Hände. Er nickte weiter vor sich hin. Nach dreißig Sekunden des ersten Songs griff er sich die Fernbedienung und spielte den nächsten an. Für einen kurzen Augenblick wurde es mir fast schwarz vor Augen. Der Puls an meinen Schläfen pochte. Dreißig Sekunden später spielte er den nächsten Song an. Dann warf er die CD aus. Er entknotete seine Finger und stützte das Kinn auf die zusammengelegten Fäuste.

»Was *ist* das?«, fragte er, als wäre er wirklich ratlos. »Ihr klingt, als würden die Proclaimers anfangen zu rappen.«

Damals, als Steven Ballantyne regelmäßig vor dem Schultor auf mich wartete, um mich mit einem Schlag ins Gesicht oder mit einem Tritt von hinten zu begrüßen, sodass ich vor aller Augen zu Boden ging, hatte ich mich in eine Fantasiewelt geflüchtet. Eines Tages würde ich es ihm heimzahlen und ihm seine wohlverdiente Strafe verpassen. Ich stellte mir vor, wie ich ihn auf einem Stuhl festband, das Ohr abschnitt und ihm in den Mund steckte. In Gedanken bearbeitete ich seine Geschlechtsorgane mit der Lötlampe, seine Zehen mit dem Hammer. *Dieses kleine Schweinchen kommt ins Krankenhaus, dieses kleine Schweinchen kommt ins Leichenschauhaus.* Ich hatte mir vorgestellt, dass ich ein großes Stück aus ihm rausreißen würde. Und genau das habe ich dann getan.

Jetzt erlebte ich etwas Ähnliches. Die Worte *Proclaimers* und *rappen* kamen wie in Zeitlupe aus Smiths Mund, seine Lippen wanden sich wie Würmer in seinem dummen Gesicht. Zuerst konnte ich gar nicht glauben, was ich da hörte. *Proclaimers? Rappen?* Warum sollte er so etwas sagen, wenn er nicht eins aufs Maul kriegen wollte? Mir wurde schlecht, als würde ich gleich anfangen, ihn vollzukotzen. Neben mir ließ Oskar die Schultern hängen. Bill seufzte.

Ich riss mich zusammen und widersprach ihm. Ich sagte ihm, er solle sich die Texte nochmal anhören, darauf achten, mit welcher Schlagfertigkeit wir rappten, den monumentalen Beat spüren. Konnte er etwa keinen Klassiker erkennen, wenn er ihn hörte? Man hatte mir gesagt, fügte ich hinzu, er könne Talent erkennen, wenn er es sehe. *Hallo!* Ich fühlte mich, als würden mir die Augen gleich aus dem Kopf quellen. Mein Blick bohrte sich in ihn wie zwei Kolben. Smith griff zum Hörer und sprach kurz mit der Empfangsdame. Als er wieder aufgelegt hatte, sah er uns ausdruckslos an und dankte uns, dass wir vorbeigekommen waren. Unser Meeting war beendet.

»Jungs, es tut mit leid, aber *damit* kann ich nun wirklich nichts anfangen.« Er gab uns die CD zurück. »Habt ihr denn in letzter Zeit kein MTV geguckt?«

Er stand auf und öffnete uns die Tür. Unterwürfig verließen wir einer nach dem anderen den Raum. Die hübsche Empfangsdame sah zu, wie wir davonschlichen.

Wir wechselten kein Wort, weder in der U-Bahn noch im McDonald's an der Victoria Station, wo wir uns mit Cheeseburgern und Pommes vollschlugen. Als wir schließlich in den Bus nach Dundee stiegen, waren wir so kraftlos und entmutigt, dass wir nur noch in unseren Sitzen zusammensackten und die Augen schlossen. Bill und Oskar schliefen ein, aber daran war für mich nicht ansatzweise zu denken. Ich setzte meine Kopfhörer auf und blickte aus dem Fenster, sah zu, wie die grauen Straßen von London zu grauem

Nebel verschwammen, vorbei an den Dönerläden mit ihrem giftigen Fleisch, den überfüllten Haltestellen, den Abfalltonnen, prallvoll mit Dreck und Müll, alles voller Gestank und Schmutz. Ich hasste diesen Ort. Der Kloß in meinem Hals saß fest. Ich konnte es gar nicht erwarten, endlich aus dieser Stadt rauszukommen. In Gedanken – die Musik war völlig vergessen – fluchte ich den ganzen Rückweg über vor mich hin, *Scheiße*, *Fuck* und *Fotze*, wie ein Verrückter, so, als wollte ich jemanden umbringen.

Kurz vor Tagesanbruch kamen wir an. In Dundee war es um einige Grad kälter als in London, aber lange nicht so unpersönlich. Doch wir schämten uns, so, mit eingezogenem Schwanz, zurückzukehren. Unsere Freunde würden wissen wollen, wie es gelaufen war, und diese Gespräche wollte ich am liebsten vermeiden. Oskar umarmte mich im Benzingestank des Bahnhofsplatzes. »Mach dir keine Sorgen Alter, fick sie, fick sie ins beschissene Knie«, sagte er und lächelte. Aber ich konnte das Gefühl nicht loswerden, dass wir unser Bestes gegeben hatten und trotzdem gescheitert waren. Auch Bill umarmte mich, aber anders. Es war, als hätten wir Angst, einander loszulassen. Denn dann wären wir wieder ganz allein, und weder Bill noch mir gefiel es, allein zu sein.

Mich erfasste Panik bei dem Gedanken, am nächsten Tag wieder ins College gehen zu müssen. Aber es schien sich herumgesprochen zu haben, dass wir keinen Erfolg gehabt hatten, denn niemand sprach mich darauf an und alle wichen mir irgendwie aus. Am Ende des Tages hatte ich mir eingeredet, dass die ganze verdammte Angelegenheit niemals stattgefunden hatte. Das Leben würde bald wieder so dahinplätschern wie bisher. Es war eigenartig, wieder im Unterricht zu sitzen. Wieder einmal war ich der Außenseiter. Ich konnte mich nicht mehr länger als ein paar Minuten aufs Arbeiten konzentrieren. Der Blick des Direktors verfolgte mich, egal, wohin ich ging. Zu Hause nahm Alison mich dann auseinander, bevor sie mich wieder zusammensetzte. Sie riet mir, die Sache mit der Musik auf Eis zu legen, zumindest fürs Erste, und mich wieder auf mein Studentendasein zu beschränken: der Unterricht, die Bar der Studentenvereinigung, Klubs und Alkohol. Den Rest sollte ich erst einmal vergessen. Ich nahm ihren Rat an, aber ich konnte nicht vergessen. Tagsüber verfolgte mich die Erinnerung an London und nachts waren meine Albträume so schlimm, dass ich irgendwann einfach aufhörte zu schlafen. Ich machte mir ständig Sorgen, hatte Angst vor Menschenansammlungen, gleichzeitig Panik, allein zu sein. Mein Magen brannte. Nur Whiskey konnte den Schmerz betäuben, die Wut dämpfen.

Drei Wochen später erhielt Bill einen Anruf. Wir saßen in der Mittagspause in einer Bar in der Nähe des Unigeländes und der Tisch war übersät mit Biergläsern und leeren Chipstüten. Mir war sofort klar, dass das ein wichtiger Anruf war, weil sein Gesicht erstarrte. Er deckte den Hörer zu und erzählte mir schnell, worum es ging. Polydor Records war dran, genauer gesagt einer der A&R-Typen aus den Pineapple Studios.

»Wir möchten, dass Sie zurück nach London kommen«, teilten sie ihm mit. »Wir würden Sie gern noch einmal sehen. Herzlichen Glückwunsch.«

Bill machte einen Luftsprung. Ein Bierglas fiel zu Boden und rollte mir vor die Füße. Die meisten der anderen ignorierten das einfach. Wenn Bill in der Nähe war, geschah so was öfter. Als er sich wieder beruhigt hatte, erzählte er mir, was geschehen war. Meine Laune hob sich, ich konnte es geradezu körperlich spüren. Er hielt sich das Handy wieder ans Ohr.

Und machte ein langes Gesicht.

»Nein, nein«, erklärte ihm das Jurymitglied, ich konnte das jetzt selber hören, weil Bill den Lautsprecher eingeschaltet hatte. »Die beiden anderen nicht, wir wollen nur *Sie*.«

Bill stand abrupt auf und ging in eine andere Ecke der Bar, um ungestört zu sein.

Hätten sie *mich* angerufen, um mir zu sagen, dass sie nur mich wollten und nicht die anderen aus der Band, meine Freunde, hätte ich keine Sekunde gezögert. Ich hätte ihnen gesagt, dass sie sich verpissen sollen, dass es uns nur als Band gab, zu dritt, verstanden? War das nicht vollkommen klar? Und glaubten sie wirklich, dass es so einfach war, eine Band auseinanderzureißen, die eine eigene Chemie besaß?

Ich sah, wie Bill den Kopf schüttelte. »*Yes!*«, dachte ich. Er sah gekränkt aus und beleidigt. Als er zu mir zurückkam, konnte ich hören, wie er ihnen das auch sagte. Dann meinte er, dass er es sich überlegen würde. Er legte auf, setzte sich wieder hin und trank sein Bier aus. Ich starrte ihn gespannt an. Er lächelte mich an wie einen seiner One-Night-Stands am Morgen danach. Er erklärte, dass man ihm angeboten hatte, die Kosten für den Flug zu übernehmen, nur um ein Gespräch mit ihm zu führen, über seine Möglichkeiten zu sprechen, seine Chancen. Das Wort sprach er aus, als hätten sie es ihm in Kursivschrift überbracht: *Chancen*.

Am nächsten Tag war Bill fort.

Zu den immer wiederkehrenden Fantasien, die mich damals quälten und nachts nicht einschlafen ließen, gesellte sich folgende Vorstellung: Bills rosiger, nackter Hals und meine zuckenden Hände, die das Leben aus ihm rauspressten.

Zwei Tage später klingelte mein Telefon. Es war Bill, der durch den Hörer fluchte und sich über irgendetwas schrecklich aufregte. Er war wieder ganz der alte Bill. Erst als er endlich mit dem Fluchen fertig war, begriff ich, was er sagen wollte. Es war nicht gut gelaufen in London. Sein Besuch bei Polydor war einfach schrecklich gewesen, sie hatten ihn schlechtgemacht, beleidigt. Sein Traum war nach kurzer Zeit bereits ausgeträumt. Ich merkte, wie erleichtert ich auf einmal war, ja sogar begeistert.

»Das war ein großer Haufen Scheiße«, erzählte er mir eine Stunde später in der Studentenbar, während er sich betrank. »Hör dir das an, Gav. Sie wollten, dass ich mein Image ändere, meine Haarfarbe, dass ich nur ihre Songs singe und das auch noch – du wirst es nicht glauben – in einem beschissenen englischen Akzent. Ist das zu fassen?«

Wie es schien, waren sie nicht mehr auf der Suche nach dem nächsten Eminem, sondern suchten jetzt einen neuen UK Garage MC, nur deshalb, weil Garage im Moment sowohl in den Klubs als auch in den Charts angesagt war. Anscheinend war es außerdem sehr viel einfacher, der nächste, erfolgreiche Garage MC zu werden als die große weiße Hoffnung des britischen Hip-Hop. Sie hatten einen vorgefertigten Charakter für Bill entworfen und erklärten ihm, dass er diesen übernehmen sollte, letztlich, um ihn zu ihrer Marionette zu machen, die sie manipulieren konnten, wie es ihnen gerade passte. Natürlich sagten sie das nicht so platt, aber Bill verstand es auch so. Er hatte ihnen entgegnet, jedenfalls behauptete er das, sie könnten sich verpissen, und das nahm ich ihm sogar ab. Es war so schlecht gelaufen, dass er das Rückflugticket aus Protest vor ihren Augen zerrissen hatte.

»Hinterher hab ich's natürlich wieder zusammengeklebt«, grinste er. »Sicher, ich war wütend, aber wie sollte ich sonst nach Hause kommen? Ich hasse diesen beschissenen Bus.« Er holte die nächste Runde, Bier und Tequila Slammers, und als er seinen Kurzen anhob, begann er zu lächeln. »Also, weiter im Takt?«

Aber wir kamen in den nächsten Monaten nicht wirklich weiter. Bill war damit beschäftigt, sich in der Stadt rumzutreiben, immer auf der Jagd. Meistens lud er mich ein, mitzukommen, aber ich lehnte eigentlich immer ab, schob das College vor, Alison und meine Arbeit an neuen Songs. Aber in Wirklichkeit hatte ich ihm doch noch nicht verziehen. Schließlich *war* er nach London gegangen, ohne mich, ohne Oskar, und hatte unsere Ideale einfach so verraten. Ehrlich gesagt, ärgerte es mich auch, dass sie *ihn* angerufen hatten und nicht mich. Hatte ich mein Talent wirklich so überschätzt? Bestimmt nicht. Schließlich war da dieser Typ in den Pineapple Studios gewesen, der meine Beats kaufen wollte, und die Tatsache, dass halb Dundee uns – nicht nur ihn – für unglaublich hielt, für das nächste große Ding. Aber dann erinnerte ich mich an Dave Smith, *die rappenden Proclaimers,* und schon war die Luft wieder raus.

Sogar Alison fing an, mir auf die Nerven zu gehen; jeder und alles nervte mich. Ich konnte einfach keinen Menschen mehr um mich haben und schloss mich in meinem Zimmer ein, saß am Computer, die Kopfhörer auf den Ohren. Ich komponierte einen Song nach dem anderen, lud alles an amerikanischem Independent Rap runter, was ich finden konnte. Ich analysierte alles, machte Notizen, kopierte, verbesserte. Meine Reime wurden immer besser und schneller, intelligenter, witziger. Die Songs entstanden wie von selbst, wurden lebendig und entwickelten Charakter. Ich war sicher, niemand würde ihnen widerstehen können, der

Erfolg wäre nur noch eine Frage der Zeit. Alison rief immer wieder an. Ich ging nicht ans Telefon.

Eines Nachts trat sie fast die Tür ein, sodass ich ihr aufmachen musste. Sie sah so gesund und frisch aus, wie sie da stand, wunderschön und strahlend in ihren zerschnittenen Jeans und dem viel zu großen Pullover, mit einem besorgten Gesichtsausdruck. Ich musste blinzeln, so sehr blendete mich ihr Anblick. Sie schüttelte nur den Kopf.

»Sieh dich doch mal an«, sagte sie.

Ich trug alte Boxershorts, schwarze Socken, ein zerrissenes T-Shirt, das ich seit einer Woche nicht gewechselt hatte, und den Bademantel meiner Mutter. Die dunklen Ringe unter meinen geröteten Augen verrieten mein Schlafdefizit. Ich war unrasiert und hatte lange nicht mehr geduscht. Alison sagte, sie würde sich Sorgen um mich machen und nahm mich in den Arm, sicher, dass ich nur ein wenig menschliche Nähe brauchte. Sie war süß, aber sie konnte nicht akzeptieren, was mich wirklich antrieb, dass ich bereit war, alles zu tun, um meine Ziele zu erreichen. Ich ließ mich von ihr nach oben mitziehen, wo sie zuerst mich und dann sich auszog. Dann stand sie vor mir, nackt und hinreißend, aber ich bekam das kaum mit. Ich war schon wieder in Gedanken versunken, völlig weg. Trotzdem kriegte ich ihn hoch und wir schliefen miteinander. Innerlich war ich völlig unbeteiligt. Erst war sie auf mir, dann trieben wir es Doggie-Style. Dann war ich oben, blickte auf das Kopfende des Bettes. Alles, was ich tat, war mechanisch. Die verkrumpelten, ungewaschenen Laken unter Alisons Rücken gaben seltsame, wispernde Geräusche von sich. Das Kopfbrett des Betts klopfte gleichförmig gegen die Wand, dang-a-dang-dang. Ich verlor mich in diesem Rhythmus, begann in Gedanken sofort zu freestylen, immer darauf bedacht, das richtige Tempo zu diesem Wispern und Klopfen zu halten.

»Was zum Teufel tust du da?«

Alison schob mich weg. Sie setzte sich auf und zog die Knie an die Brust.

»Das ist doch lächerlich.«

Ich griff mir einen Kuli, um schnell das Verspaar aufzuschreiben, das mir gerade eingefallen war, ehe ich mich ihr zuwandte und sie umarmte. Ich bat sie verzweifelt um Verständnis. Sie sah mich an wie einen Welpen, den sie bald einschläfern lassen müsste, und meinte, dass ich meinem Traum folgen sollte, sonst würde es mich umbringen. »Das bist du dir schuldig«, sagte sie, »egal, was es kostet.« Sie sah traurig aus. Ich dankte ihr und wir umarmten uns innig. Sie weinte und vielleicht tat ich das auch, wenigstens ein bisschen. Dann machten wir einfach weiter und ich kam. Sie ging.

Danach schloss ich sie monatelang aus meinem Leben aus. Ihre Unterstützung hatte mir neuen Antrieb gegeben. Ich hatte eine Idee, die mich begeisterte, die Idee des Jahrhunderts. In diesem Augenblick passte auf einmal alles zusammen, machte alles wieder Sinn. Mein Potenzial verdoppelte, verdreifachte sich. Davon war ich felsenfest überzeugt. Ich schrieb, ich rappte und ich reimte, schrieb fünf, sechs Songs am Tag und nahm die alten neu auf. Es war eine dunkle Zeit, aber die kreativste, die ich je erlebt hatte. Im Licht einer kleinen, flackernden Lampe verlor ich mich darin, geisterhafte Violinen und pompöse Geigen von Leuten wie Bach und Mozart zu samplen. Ich legte monströse Basslines über geradezu widerliche Beats, die im wahrsten Sinne des Wortes so fett waren, dass sie kaum noch durch die Lautsprecher passten. Ich vergaß, zu essen und verließ mein Zimmer nicht mal mehr, um auf die Toilette zu gehen, pinkelte stattdessen in eine leere Gatorade-Flasche. Ab und zu kam mein Dad vorbei und brachte mir etwas zu essen. Aber meistens bekam ich kaum mit, dass er da war. Immer, wenn ich merkte, dass er eine Unterhaltung anfangen wollte, fuhr ich ihn an, er solle verschwinden und die Tür zumachen, bevor die magischen Partikel der Kreativität aus meinem ekelhaft stinkenden Zimmer verschwinden würden. Richtig, ich war ein kompletter Arsch. Und ich schämte mich auch jedes Mal, wenn mein Vater ging. Ähnlich war es mit meiner Mutter, wenn sie mich anrief und versuchte, eine normale Unterhaltung mit mir zu führen. Ich war immer in Gedanken, rappte vor mich hin, versuchte mir Schlagzeugmuster einzuprägen, dass ich mich überhaupt nicht auf ein Gespräch mit ihr einlassen konnte. Als ich wieder einmal mit meinen Eltern über meine berufliche Zukunft stritt, sagte ich ihnen wütend, dass mir die Musik wichtiger wäre als alles andere. Um ihnen zu beweisen, wie ernst es mir war, drohte ich, mich umzubringen, sollte ich es bis zu meinem fünfundzwanzigsten Geburtstag nicht geschafft haben, etwas aus meiner Musik zu machen. Danach zweifelten sie nie wieder an meiner Entschlossenheit. Obwohl ich wusste, dass ich ihnen wehtat, war ich davon überzeugt, dass ihre Geduld eines Tages belohnt würde, wenn sie sahen, dass ich auch auf meine Art Erfolg haben konnte. Meine Art, das hieß, dass ich drei oder vier Tage durcharbeitete, dabei nicht merkte, wie die Zeit verging, dass mein Magen knurrte oder wie es in meinem Zimmer stank. Einmal, als ich trotz allem plötzlich einnickte, landete ich mit dem Kopf auf der Tastatur und wachte Sekunden später auf, um festzustellen, dass ich gerade die Arbeit der letzten zweiundsiebzig Stunden gelöscht und vorher nicht gespeichert hatte. In diesen Momenten verpasste ich mir selbst Schläge und Ohrfeigen, verfluchte meine Blödheit und fing an, vor Frust zu schreien. Aber dann fiel mir wie aus dem Nichts, völlig unerwartet eine Textzeile ein, führte zu einem Beat, dann zum nächsten und schon steckte ich wieder mitten im nächsten Zweiundsiebzigstundenmarathon. Ganz selten schlüpfte ich in meine Sportschuhe und schlurfte zum Laden an der Ecke, um mich mit ein paar Fertignudeln über Wasser zu halten. Die Farbenpracht der Welt auf diesen kurzen Ausflügen verwirrte mich. Jedes Geräusch war durchdringend, als hätte jemand den Ton bis zum Anschlag aufgedreht. Mir fiel auf einmal auf, wie grün die Blätter an den Bäumen waren und wie blau der Himmel. Ich schaute den Menschen, denen ich begegnete, nicht ins Gesicht, fühlte mich unwohl in ihrer Gegenwart, damit, wie sie herumschlenderten und ihre Zeit vertrödelten. Ich konnte es gar nicht erwarten, zurück in mein Zimmer zu kommen, die Tür zu schließen und weiter zu versumpfen, aber hauptsächlich, um mehr und immer mehr zu erschaffen.

Als ich fertig war, rief ich Bill und Oskar an. Bill klang schockiert, aber auch freudig überrascht.
»Gav, Alter! Wo zum Geier hast du denn gesteckt?«
Er trommelte die üblichen Verdächtigen zusammen und organisierte eine Party, um die späte Rückkehr des Gavin Bain zu den Lebenden zu feiern. Es fühlte sich gut an, mit Bill zu sprechen; ich hatte ihn vermisst. Als ich ankam, drängten sich in der Wohnung bereits einige unserer engsten Freunde. Brian kam auf mich zu und umarmte mich. Er war von Kindheit an mit Bill befreundet und inzwischen auch einer meiner besten Freunde geworden. Oskar war auch da und es fühlte sich großartig an, ihn wiederzusehen. Er behauptete, dass Bill und er ohne mich verloren gewesen

wären. Wir tranken und tranken und ich hörte mir zahllose Geschichten und Märchen über Frauen, Fußball und Prügeleien an. Und dann erzählte ich ihnen, dass ich gerade auf diesen unglaublich abgefahrenen Rapper aus den Staaten gestoßen wäre, brandneu, so neu und so Indie, dass kaum jemand bisher überhaupt von ihm gehört hätte; und ganz sicher noch niemand in Europa. Aber ich hätte mir das hier runtergeladen, sagte ich und hielt eine CD hoch. Auf jeden Fall wert, sie anzuhören. Ich zeigte auf die Anlage.

Der Song hieß »Shut Your Mouth« und handelte von sexueller Frustration und einem Typen, der vom Pech verfolgt wird; im Stil von Eminem als Slim Shady. Es gab einen derben Refrain, einen Monsterbeat und Texte, die zum Schreien komisch waren. Ich drehte die Anlage voll auf und beobachtete die Reaktion meiner Freunde. Sie fingen sofort an zu grinsen und nickten anerkennend. Als der Refrain zum dritten Mal kam, sangen schon alle mit.

»Das ist unglaublich«, sagte Brian und alle stimmten ihm zu. Ich sah Bill an. Er strahlte.

»Tja, nun, das bin ich«, gab ich bekannt.

Erst lachten sie. Dann runzelten sie die Stirn Der Mund blieb ihnen so weit offen stehen, dass locker eine Bowlingkugel reingepasst hätte. In diesem Augenblick war der Londoner Albtraum für immer aus meiner Seele getilgt. Sie hatten mich wieder aufgenommen, mein Talent wurde wieder erkannt. Bill sprach zuerst.

»Kein Scheiß? Aber das ist – *echt kein Scheiß?*«

»Aber du klingst wie ein Ami, also wirklich wie ein Ami...«, sagte Brian.

Oskar spielte den Song noch einmal und diesmal hörten sie alle ganz genau hin. Meine Nackenhaare sträubten sich. Bill nahm mich zur Seite.

»Bist das wirklich du? Alter, das ist Längen, *Lichtjahre* besser als alles, was wir bisher gemacht haben. Echt, Gavin, das ist *unglaublich*. Und dein Akzent. Perfekt. Wenn du dabei bleibst, wird uns in London niemand mehr auslachen, weil –« Er verstummte, der Groschen war gefallen. Er sah mich an und ich nickte. »Willst du etwas sagen ...?«

»Wenn uns als schottische Rapper niemand ernst nimmt«, erklärte ich, »dann versuchen wir es eben als Amis.«

Er riss die Augen auf, erstaunt und aufgeregt zugleich. Ich fühlte mich, als wäre ich hundert Meter groß und mein Herz raste wie verrückt. All diese Stunden, die ich mich in meinem Zimmer eingeschlossen hatte, waren gut angelegte Zeit, für mich, für *uns*. Ich machte Bill klar, dass, wenn wir es noch einmal versuchen wollten, es nur eine Möglichkeit gab: als Amerikaner. Ich sah, wie er das auf sich wirken ließ. Er brauchte wirklich nicht lang, um sich zu entscheiden.

»Alles klar, Mann! Kein Ding!« Und er lachte – ein wunderbares Geräusch.

»Ich mein' das ernst«, sagte ich. »Wenn wir das durchziehen wollen, haben wir keinen Spielraum für Fehler. Wir müssen alle überzeugen, dass wir aus den Staaten kommen, wirklich alle. Das wird nicht leicht.«

Er legte den Arm um meine Schulter und drückte zu. »Das klappt schon, das klappt. Wir schaffen das. Wenn das überhaupt jemand hinkriegt, dann wir.«

Bill, Oskar und ich zogen uns vom Rest der Party zurück, weg von unseren Freunden, die sich um die Anlage drängten, »Shut Your Mouth« mitsangen und sich die anderen fünf Songs auf der CD anhörten. Wir saßen in der Nähe der Küche auf dem Boden, jeder ein paar Dosen Bier vor sich und brachten Oskar auf den neuesten Stand. Oskar hatte Bedenken. Er sagte, meine neue Musik sei zwar großartig, aber für ihn stünde jetzt auch sein zweites Jahr an der Glasgow University an. »Ein Ami zu werden. Ich weiß nicht, Mann, das klingt ein bisschen durchgeknallt ...«. Ich antwortete, dass wir natürlich alles andere sein wollten als eine Attrappe, eine Band, die auf einer Lüge aufgebaut war. Aber wenn uns die Plattenindustrie nicht für voll nahm, einfach weil wir den falschen Akzent hatten, was blieb uns dann anderes übrig, als den *richtigen* anzunehmen? Meine Gedanken rasten. Ich erklärte ihm, dass wir uns ja nicht für immer als Amis ausgeben bräuchten. Wir würden einen Vertrag unterschreiben, einen Hit rausbringen und uns dann der Welt offenbaren. Ein Exklusivbericht in einer großen Zeitung, ein Auftritt in einer Talkshow, und man würde uns als subversive Helden feiern. Das war weit hergeholt und lächerlich, sagte ich, aber zugleich eine großartige, vielleicht sogar unsere einzige Chance.

»Oder wollt ihr jetzt aufgeben?«, fragte ich sie.

Bill grinste und stieß mit mir an. »Niemals.«

Oskar holte tief Luft und ich dachte, er würde jetzt lächeln und ebenfalls mit uns anstoßen, doch dann ließ er die Bombe platzen. Es fühlte sich so an, als hätte er mir mit Anlauf in die Eier getreten.

»Tut mir leid, Gav, ich kann das nicht. Ich mein', wen wollen wir denn hier verarschen? Ihr beide seid dafür geschaffen und ihr solltet das auch durchziehen. Ich mach' mal für eine Weile einfach mein Ding, du weißt schon, als Hobby, aus Spaß.«

Mein Plan sah vor, dass wir uns in jemanden verwandeln würden, der wir nicht waren und das war einfach nicht Oskars Ding. Er wusste, wer er war – im Gegensatz zu Bill und mir. Wir waren noch dabei, das herauszufinden, überzeugt davon, dass unsere Zukunft in der Musik lag. Worauf konnten wir denn hoffen, wenn uns nur wegen unserer Herkunft niemand eine Chance gab? Oskar leerte sein Bier, umarmte mich und Bill und kehrte zur Party zurück. Wir sahen uns schockiert an. Ich hätte nicht im Traum gedacht, diese Geschichte ohne ihn durchziehen zu müssen. »Er hat Recht, Gav«, sagte Bill und stieß erneut mit mir an, »wir sind dafür geschaffen.«

Ich erklärte Bill, dass wir Geld brauchen würden, wenn wir uns in London niederlassen wollten. Wegen unserer Studentendarlehen müssten wir mindestens das nächste Jahr durcharbeiten, um diesen Trip zu finanzieren. Würde er diese Geduld aufbringen?

Er machte ein langes Gesicht. »Ein Jahr? Scheiße. Wir müssen uns was einfallen lassen, damit das schneller klappt.«

Er war betrunken, sein Blick fahrig und er lallte.

»Und was?«

Er runzelte die Stirn und kratzte sich am Kinn. Brian kam zu uns rüber, ein breites Grinsen im Gesicht. Er hatte ein frisches Sixpack dabei und teilte die Dosen aus. Man konnte Bill ansehen, dass er eine Idee hatte. Seine Augenbrauen zuckten aufgeregt.

»Ganz einfach«, sagte er. »Wir rauben 'nen Geldtransporter aus.«

»Geile Idee!«, antwortete ich.

Bill runzelte die Stirn. »Äh, ich hab 'nen Witz gemacht, Gav.«

Ich aber nicht.

Brian tat, als habe er sich verhört.

»Was hab ich denn hier verpasst?«, fragte er.

Zwei ganze Wochen lang kundschaftete ich die Route des Geldtransporters aus, bevor ich mich wieder bei Bill meldete. Ich maß die Zeit bis auf die Sekunde genau, die er brauchte, um sich durch die Stadtmitte von Dundee zu bewegen. Trotz des starken Verkehrs hielt er sich an seinen knappen Zeitplan wie ein japanischer Hochgeschwindigkeitszug. Ich war beeindruckt. Um 16:00 Uhr verließ er das Hauptquartier und machte sich auf den Weg zum Einkaufszentrum. Drei Tage hintereinander saß ich außerhalb der Umzäunung des Hauptquartiers in der Innenstadt und beobachtete zwei Männer, den Fahrer und eine Wache. Ihre massigen Körper waren in blaues Nylon und Polyester gehüllt, an den Füßen trugen sie Doc Martens Stiefel. Sie trotteten zum Wagen, als wäre es eine Art offizielle Zeremonie. Ich sah zu, wie sie sich anschließend auf den Weg machten und dabei nicht ein einziges Mal trödelten. Die nächsten drei Tage wartete ich vor dem Einkaufszentrum auf ihre Ankunft, die jedes Mal zwischen 16:33 und 16:36 Uhr stattfand. Der Fahrer blieb, wo er war, aber der Wachmann, der einen Schutzhelm mit einem Visier für die Augen trug, stieg aus, wobei er in jeder Hand einen schweren Koffer aus dickem Kunststoff trug, und machte sich auf den Weg ins Einkaufszentrum. Zuerst hielt er bei Boots, der Drogerie, wo er nie länger als sechs Minuten blieb. Anschließend ging es weiter zu WH Smith, dann zu Primark. Spätestens um 17:11 Uhr verließ er das Einkaufszentrum wieder, das um diese Zeit immer voller Menschen war. Nachdem er die Koffer, jetzt randvoll mit Geld, in eine Luke hinten am Transporter geschoben hatte, stieg er um 17:13 Uhr wieder in den Transporter. Anders als erwartet, machte er die Koffer nie mit Handschellen an seinen Handgelenken fest. Solche Vorsichtsmaßnahmen waren wohl eher im Film als im wirklichen Leben üblich. Er war ein großer Mann mittleren Alters. Seine Nase verriet, dass er dem Alkohol nicht abgeneigt war, und er sah nicht aus, als wäre ihm sein Job wichtiger als sein Leben. Nachdem er sich wieder auf den Beifahrersitz gesetzt hatte, fuhren er und der Fahrer los und erreichten gegen 17:58 Uhr, spätestens aber um 18:01 Uhr, wenn der Verkehr besonders dicht war, die Bank. Dann ging es gegen 18:30 Uhr zurück zum Depot. Wenn er sich auf den Nachhauseweg machte, jetzt nicht mehr in Uniform und merklich ungepflegter, in seinen BHS-Jeans und dem Pullover von Primark, die Zigarette schräg im Mund, schritt er zielstrebig zu seinem ersten Glas Bier und einer Packung Chips (Salt and Vinegar). Jetzt war er kaum wiederzuerkennen, schien älter, weniger kraftvoll und so, als würde er sich einen Dreck um irgendetwas scheren. Wegen ihm brauchte ich mir also keine großen Sorgen zu machen. Wenn nötig, konnte ich ihn aus dem Verkehr ziehen.

Ich fing an, Bill im Zentrum für zeitgenössische Kunst von Dundee Bericht zu erstatten, wo uns an der Bar niemand erkennen würde und ich mir sicher sein konnte, seine ungeteilte Aufmerksamkeit zu haben. Er hörte mir ernsthaft zu, während ich meine Notizen vortrug, meine Berechnungen, den eingeplanten Spielraum für Fehler und unsere möglichen Fluchtmöglichkeiten. Aber ich wurde das Gefühl nicht los, dass er das alles nicht so ernst nahm wie ich. Natürlich wies er das weit von sich, und um mir seine Ernsthaftigkeit zu beweisen, versicherte er mir, dass es sich ja nur um ein Bagatelldelikt handeln, niemand verletzt würde und wir mit größter Wahrscheinlichkeit ungeschoren davonkommen würden. Aber dann ging ein Mädchen an uns vorbei, und weg war er. Im Nachhinein ist mir klar, wie vollkommen bescheuert wir waren, an so etwas auch nur zu denken. Aber ich war so verzweifelt darauf versessen, mich mit meiner Musik durchzusetzen, dass ich bereit war, über alles nachzudenken, was mich meinem Ziel näher bringen würde. Einen Geldtransporter zu überfallen, schien mir damals die perfekte Lösung unserer Probleme zu sein.

»Du hast die Knarre noch, oder?«

Bill, der immer noch dem Mädchen hinterherstarrte, blinzelte mich einen Moment verwirrt an.

»Was? Oh, das. Ja. Ich brauche aber neue Munition.«

Nachdem ich auch die nächste Woche über den Transporter allein beobachtet hatte, bestand ich darauf, dass Bill mich begleitete. Jeden Nachmittag folgten wir ihm, so gut wir konnten, auf seinem Weg durch die Stadtmitte. Bills neueste Errungenschaft, ein Fiesta, war nicht wirklich als Fluchtfahrzeug geeignet, aber er war noch nicht angemeldet und er hatte ihn bar bezahlt, sodass wir ihn einfach loswerden konnten. Unser Plan war es, den Wagen ein paar Straßen weiter stehen zu lassen, dann einfach in den nächsten Bus zu steigen und in der Menschenmenge der Hauptgeschäftszeit zu verschwinden.

Wir gingen den Schlachtplan immer und immer wieder durch.

Ich würde den Wachmann überraschen und ihn ganz einfach zu Boden werfen, wenn er aus dem Einkaufszentrum kam. Dann würde ich mir die Koffer greifen, die während des Angriffs sicher zu Boden fallen würden und zum Fiesta zurückkehren, in dem Bill auf mich wartete; all das in weniger als sieben Sekunden. Und weg wären wir. Ich müsste nicht einmal die Pistole einsetzen, um den Wachmann zu überzeugen. Bill würde die Fenster offen lassen, ich die Koffer auf den Rücksitz werfen und mich auf den Beifahrersitz schwingen, wie in »Ein Duke kommt selten allein« – woraufhin Bill uns in Sicherheit bringen würde, ohne dass wir auch nur eine Sekunde vergeudet hätten.

Das war zumindest mein Plan.

»Bill, Bill... hast du das mitbekommen?«

»Kein Problem, Fenster offen, alles klar«, wiederholte er und wirkte dabei so gelassen, dass ich nicht wusste, ob ich ihn beneiden oder hassen sollte.

»Und, plant ihr immer noch den großen Coup?«

Brian, der zu uns stieß, als wir uns draußen vor dem Kunstzentrum ein letztes Mal wegen des Überfalls besprachen, war überzeugt davon, dass wir es nicht ernst meinten, dass das nur wieder eins von Gavins üblichen Spinnereien war und zog mich die ganze Zeit damit auf.

Ich fühlte mich seltsam, als der große Tag kam, ein wenig wie vor einem wichtigen Fußballspiel, nervös, aufgeregt und gespannt. Ich schlief schlecht und wachte schließlich aus dem schlimmsten Albtraum seit Monaten auf. Aber nachdem ich geduscht hatte, fühlte ich mich bereit für alles, was kommen mochte. Schließlich taten wir es für einen höheren Zweck, für Silibil N' Brains. Jetzt war der Name offiziell, der Name, mit dem wir ganz bestimmt Erfolg haben würden. Niemand würde heute verletzt werden. Die Pistole feuerte keine echte Munition ab. Der Wachmann war älter und unbeweglicher als ich. Wir würden davonkommen.

Ich aß weder Frühstück noch Mittagessen, arbeitete stattdessen ein bisschen an meiner Musik. Das beruhigte mich. Am frühen Nachmittag stieg ich in meine Trainingshose, zog mir meine Kapuzenjacke an und steckte mir die Pistole in den Hosenbund. Das Metall lag kalt an meiner Haut. Meine Hände waren schweißnass. Ich war so voller Energie, dass ich die ganze Strecke schon eine Stunde früher joggte, weil ich keinen Moment länger zu Hause bleiben konnte. Ich schaute mich in den Läden um, kaufte mir einen Doughnut, und ging dann nach draußen und in Position. Von Bill keine

Spur. Ich rief ihn auf dem Handy an, erreichte aber nur seine Mailbox und hinterließ ihm eine Nachricht.

»Ich bin auf dem Tennisplatz, Bill«, sagte ich. »Wo steckst du? Es ist jetzt fünf. Wir haben gleich ein Spiel. Du willst doch nicht kneifen, oder?«

Das klang selbst für mich total unecht, als würde es aus einem billigen Hollywood-Drehbuch stammen, aber etwas anderes fiel mir nicht ein. Nach zehn Minuten war der Fiesta immer noch nirgends zu sehen. Durch den Verkehr kam der Geldtransporter gefahren. Er parkte und der Wachmann stieg aus, in jeder Hand einen leeren schwarzen Koffer. Ich saß auf einer Mauer ganz in der Nähe und sah zu, wie er sich auf den Weg machte. Er sah so gelangweilt aus wie immer. Es wimmelte nur so von Kauflustigen. Schulkinder, die das gleiche Outfit trugen wie ich, hingen am Eingang des Vorplatzes herum, sprangen sich gegenseitig an und spielten Fußball mit ihren Taschen.

Ich sah noch einmal auf die Uhr. 17:07 Uhr. Vier Minuten. Ich suchte im dichten Verkehr verzweifelt nach dem Fiesta. 17:10 Uhr. Der Wachmann kam eine ganze Minute früher aus dem Einkaufszentrum als jemals zuvor. Da drang das Geräusch eines Wagens an mein Ohr, der zu schnell auf den Bürgersteig fuhr, ein Quietschen, ein dumpfer Schlag. Bill. Endlich. Der Wachmann hatte schon die Hälfte des Wegs zum Transporter zurückgelegt. Ich machte mich bereit. Ich hatte fünfzehn Sekunden. Ich sah mir noch einmal den Wagen an, las zum ersten Mal die Aufschrift: *SmartWater Überfallabwehrsystem im Einsatz. 100% Verurteilungsrate.* Wieso war mir das bisher nicht aufgefallen? Egal, zu spät. Ich lief auf den Wachmann zu.

Auf einmal spürte ich, wie jemand meinen Hals umklammerte, ich hart zurückgezogen wurde und eine Armbeuge auf meinen Adamsapfel drückte. *Das ist ein Überfall,* war mein erster Gedanke. Ich drehte mich zu meinem Angreifer um, bereit für einen Kampf. Es war Brian.

»Es ist zu deinem Besten, Alter«, sagte er und zog mich zu Boden.

Ich wehrte mich, versuchte mich zu befreien, aber er hatte mich im Griff. Ich schaute hoch. Vom Wachmann keine Spur mehr, der Transporter verschwand gerade im Verkehr. Ich spürte eine heiße, blinde Wut. Brian zog mich zum Wagen, in dem Bill saß und verlegen grinste. Oskar saß auf dem Rücksitz. Er schien ziemlich enttäuscht von mir. Ich sackte zusammen und Brian ließ mich los. Ein paar Minuten später waren wir unterwegs. Niemand sagte etwas. Dann sprach Oskar.

»Bist du bescheuert?« Er wandte sich mir zu. »Du als großer Verbrecher? Verdammte Scheiße, Gav. Was hast du dir denn dabei bloß gedacht?«

Brian drehte sich im Beifahrersitz um. »Wir dachten, du machst Witze, Mann, bis Bill uns gestern erzählt hat, dass du es ernst meinst. Wir konnten dich das nicht durchziehen lassen, Gav. Wir haben dir gerade zwanzig Jahre Knast erspart, du solltest uns dankbar sein.«

Bills Blick traf meinen im Rückspiegel. »Er hat Recht.«

Ich lehnte mich vor und verpasste ihm einen Schlag auf den Hinterkopf. Bill riss das Steuer in Richtung Bordstein, trat in die Eisen und drehte sich um, um es mir zurückzuzahlen. Jetzt brüllten wir uns alle gegenseitig an. Ein Klopfen am Fenster ließ uns verstummen. Wir sahen einen Ehering, Wurstfinger und eine blaue Uniform. Bill drehte sich um und kurbelte das Fenster herunter. Ein Polizist beugte sich zu uns herunter. Prüfend sah er jeden von uns einzeln an.

»Gibt's hier ein Problem, Jungs?«

Bill grinste. »Nö, kein Problem, Herr Wachtmeister. Nur ein bisschen häuslicher Unfrieden.«

»Euch ist klar, dass ihr hier nicht parken dürft, oder? Papiere und Führerschein bitte.« Er richtete sich auf, um einen genaueren Blick auf den Fiesta zu werfen, der völlig verrostet war.

Während Bill versuchte, den Polizisten zu bezirzen, sank ich besiegt in meinen Sitz zurück. Brian und Oskar sahen mich immer noch mahnend an. Sie verstanden einfach nicht, was das alles für mich bedeutete. Niemand verstand das.

Ein paar Wochen später, nachdem ich Zeit gehabt hatte, mich zu beruhigen, bestand Oskar darauf, sich auf ein Bier zu treffen, um das Kriegsbeil zu begraben und die ganze Geschichte zu vergessen. Ich sträubte mich erst, gab dann aber nach. Als ich die Bar erreichte, war Bill gut gelaunt wie immer, als hätte ihm der Vorfall nichts bedeutet, was sehr wahrscheinlich auch so war. Er umarmte mich wie einen verloren geglaubten Freund. Wir soffen an diesem Abend was das Zeug hielt, doch trotz der guten Stimmung konnte ich das Grübeln nicht lassen. Ich beobachtete Bill, wie er durch die Bar spazierte, in der einen Hand ein Bier, an der anderen eine neue Frau, so unkompliziert und zufrieden mit den belanglosesten Dingen. Wie war ich eigentlich ausgerechnet an diesen Typen geraten? Wie kam es, dass er ein so wichtiger Teil meiner Zukunftsplanung geworden war? Er sah nicht so aus, als würde er auch nur einen Scheiß auf unser gemeinsames Schicksal geben. Alles was Bill wollte, war noch ein Bier, noch ein Fick. Er ist der unkomplizierteste Mensch, dem ich unglücklicherweise je begegnet bin. Ich hörte, wie er wieder mal zum Besten gab, wie man uns unter Gelächter aus den Pineapple Studios in London gejagt hatte – als wäre das auch nur im Entferntesten witzig. Er konnte nicht aufhören zu reden, bis sich Speichel in seinen Mundwinkeln sammelte. Alle lachten über seine Geschichten, weil es das war, was man mit Bill erleben konnte: Man verbrachte eine gute Zeit und lachte sich dabei halbtot. Auf einmal wurde ich wütend. Langsam und behutsam stellte ich mein leeres Bierglas ab und dann ging ich auf ihn los.

Es war kein besonderer Kampf und niemand regte sich groß darüber auf. Es war mehr ein betrunkenes Ringen und wir purzelten schnell raus auf die Straße. Bill umklammerte mich mit beiden Armen, sodass ich es nicht schaffte, ihm richtig eine zu verpassen, ihn zu Boden zu werfen und die Scheiße aus ihm rauszuprügeln. Während wir über den Bürgersteig rollten, hörte ich ihn lachen. Ich fing an, wild um mich zu schlagen.

Es war Oskar, der nach draußen kam und uns trennte. Ich wusste sofort, dass etwas nicht stimmte. Er war leichenblass. Ich ließ Bill los und rollte von ihm weg. Da lagen wir, Seite an Seite, und starrten Oskar an.

»Ozzy, was zum Teufel, wer ist gestorben?«, fragte Bill.

Seine Antwort war wie ein Stich mitten ins Herz.

»Brian ist tot.«

Brian, der an diesem Abend in Dundee nicht bei uns war, trieb sich mit anderen Freunden zu Hause in Arbroath rum, wo er, wie ich ihn kannte, gerade dabei war, sich die Hucke zuzusaufen. Bill sah weiter zu Oskar hoch, wartete darauf, dass der ihm den Witz erklärte. Aber Oskar meinte es offensichtlich ernst. Schnell stand ich auf.

»*Was?*«

»Ein Unfall. Er ist tot. Brian ist tot.«

Eine Stunde zuvor, vor einem Pub namens The Cairnie in Arbroath, hatte Brian mit einem Freund rumgeblödelt, aus

Spaß mit ihm gekämpft, ähnlich wie Bill und ich es gerade noch getan hatten. Brian fiel dabei aber so unglücklich, dass er unter seinem Freund landete, der ihm beim Sturz auf seinen Hals den Kehlkopf zerquetschte. In den Minuten, die Brian blieben, rief sein Freund weder den Krankenwagen noch sonst jemanden, der ihm hätte helfen können. Stattdessen verfiel er komplett in Panik und rannte weg. Er ließ Brian einfach liegen, und Brian erstickte an seinem eigenen Blut.

Brian hatte schon immer an uns und unsere Musik geglaubt. Als wir das letzte Mal miteinander sprachen, sagte er mir, wie gut ihm unsere neuesten Songs gefielen und unterstützte die Entscheidung, nach London zu gehen. Wir wollten uns irgendwann auf ein Bier treffen, aber jedes Mal wenn er anrief, war ich zu beschäftigt. Ich hatte sogar seine Einladung abgelehnt, das Wochenende bei ihm zu verbringen, Musik zu hören, zu skaten und mich mit ihm zu betrinken. Und nun war Brian tot. Mit gerade mal zweiundzwanzig.

Das war zu viel für uns. Bill und ich sahen uns entsetzt an, die Fäuste noch geballt, aber kraftlos. Es gab nichts, was wir jetzt sagen konnten, gar nichts. Wir gingen einfach in entgegengesetzte Richtungen davon, während ein versteinerter Oskar uns nachsah. Ich lief die ganze Nacht durch die Straßen, blind und taub für alles um mich herum. Ich kam zu Hause an, als gerade die Sonne aufging. Zum ersten Mal seit Wochen schaltete ich nicht sofort den Computer an. Stattdessen saß ich mit angezogenen Beinen auf dem Bett und hielt meine Knie umklammert. Ich sah mich im Zimmer um, als sei es das eines Fremden, ein Miniaturuniversum, voller Kram, von dem ich geglaubt hatte, er würde mir eines Tages zur Flucht verhelfen. Die Wände mussten gestrichen werden, überall fiel der Putz ab. Ich stand auf und riss so viel davon runter, wie ich mit meinen verzweifelt nach Halt greifenden Händen konnte.

Brians Beerdigung fand eine Woche später statt. Hunderte Menschen kamen, darunter fast alle Skater aus der Umgebung. Wir waren immer noch sprachlos angesichts dieser sinnlosen Tragödie. Das Weinen so vieler Menschen während des Gottesdienstes klang irgendwie obszön. Ich sah Brians Familie in der ersten Reihe und wusste, dass ich unter keinen Umständen in der Lage war, diesen Leuten gegenüberzutreten. Was konnte ich schon sagen, das ihnen helfen würde? Oskar stand stumm neben mir. Als wir schließlich mit dem Rest der Trauergemeinde die Kirche verließen, kam Bill auf mich zu. Oskar ließ uns beide allein. Bill nickte mir zu. Wir hatten nicht ein Wort gewechselt seit jener Nacht und es war seltsam, ihn wiederzusehen. Gemeinsam verließen wir den Friedhof und gingen zu dem Baum, neben dem Brian gestorben war. Ich zog einen Zettel aus der Jackentasche, auf den ich ein Gedicht für ihn geschrieben hatte. Zu meiner großen Überraschung hatte Bill auch eins vorbereitet. Wir sahen uns an und lächelten. Ich glaube, es war dieser Akt, die Gedichte an den Baum zu heften, über all den Blumen, die für ihn niedergelegt worden waren, der uns zum Weinen brachte. Ich hatte Bill noch nie so offen seine Gefühle zeigen sehen.

»Wir müssen das jetzt durchziehen«, flüsterte er. »Das ist unser Schicksal. Wir müssen hier weg, Gav. Wir müssen irgendwas aus uns machen.«

Wir hatten uns entschieden. Wir würden Dundee verlassen.

Vier

Die Wochen, bevor wir nach London zogen, erlebte ich ein geradezu erhebendes Gefühl von Bedeutung. Alles fügte sich plötzlich. Jeden Abend setzten wir uns an einen Ecktisch in der Bar des Kunstzentrums, wo uns niemand stören würde, und gingen unermüdlich immer und immer wieder unseren Plan durch. Wenn wir wie echte Amerikaner rüberkommen wollten, müssten wir verdammt überzeugend sein. Wir mussten uns mit wissenschaftlicher Präzision darauf vorbereiten. Unser Akzent musste glaubhaft wirken und unsere Geschichte authentisch und nicht zu konstruiert klingen; was ernsthaftes Recherchieren bedeutete.

»Ich habe Verwandtschaft in Kalifornien«, schlug Bill vor.
»Wo?«
»In Hemet, so einem Kaff.«
»Und wo ist das?«
»Keine Ahnung.«
»Egal, wird schon passen.«

Ich besorgte uns einen Termin bei einem Anwalt in Glasgow, der in der Musikbranche arbeitete, so ein aalglatter Typ Mitte dreißig, mit Hornbrille, die ihm die Nase abklemmte. Wir saßen in den Ledersesseln seines Büros und kamen uns vor wie Schulkinder. »Wie kann ich Ihnen helfen, meine Herren?«, fragte er. Ich räusperte mich und fragte, wie ehrlich man denn genau sein müsse, wenn man einen Plattenvertrag unterschrieb. Könnte man vorgeben, jemand anderes zu sein? Er schaute mich verwirrt über den Rand seiner Brille hinweg an. »Aber warum sollten Sie vortäuschen wollen, jemand zu sein, der Sie nicht sind?«, wollte er wissen. »Nicht ich, ein – ein Freund. Es geht um einen Streit«, sagte ich ihm. Immer noch verwirrt, meinte er, dass es juristisch gesehen nie eine gute Idee sei, sich für jemand anderen auszugeben. »Das stimmt«, gab ich ihm Recht, »aber was für Konsequenzen hätte es, falls wir – ich meine jemand – zuerst falsche Informationen angeben und später sein Geheimnis zufällig aufgedeckt würde?« Ich spürte, dass er ungeduldig wurde. Trotzdem bemühte er sich, uns zu erklären, dass die vorsätzliche Angabe falscher Informationen bei einem Vorgang, der die Unterzeichnung eines offiziellen Dokuments erforderte, auf jeden Fall rechtliche Schritte nach sich ziehen würde. »Sie müssen verstehen, dass ein Vertrag bindend ist.« Es war ihm jetzt ernst. »Ich schlage vor, dass Sie Ihren Freunden sagen, dass sie sich das Kleingedruckte genau durchlesen und sich dann auf das Schlimmste vorbereiten sollen, denn genau das wird auch eintreten.«

Das war nicht wirklich das, was ich hören wollte, aber zum Teufel damit, ich würde nicht zulassen, dass so eine Kleinigkeit wie das Gesetz uns jetzt noch aufhielt.

Zurück in Dundee verbrachten Bill und ich jeden Abend in meiner Wohnung, schlossen uns in meinem Schlafzimmer ein und zappten durch die Kanäle, bis wir etwas Amerikanisches fanden: amerikanische Filme, amerikanische Talkshows, um so oft und so intensiv wie möglich den amerikanischen Akzent zu studieren. Ich war zuversichtlich, dass das weder ihm noch mir große Schwierigkeiten bereiten würde. Wenn Schauspieler verschiedene Akzente lernen konnten, konnten wir das auch. Mir war es ja auch schon mal gelungen, von meinem südafrikanischen Akzent zum schottischen zu wechseln, da sollte der kalifornische kein Problem sein.

Und Bill hatte vom Wesen her eh was typisch Amerikanisches. Wir sahen uns alle möglichen Sendungen an und sprachen jede einzelne Textzeile nach. Nach einer Weile beschlossen wir, uns auf bestimmte Persönlichkeiten zu konzentrieren, Schauspieler wie Michael J. Fox und Matthew Perry, die unserer Ansicht nach eine gute Aussprache hatten. Ich mochte, wie sie die Wörter betonten, sie waren leicht zu verstehen und einfach zu imitieren. Wir sahen uns *Zurück in die Zukunft* so oft an, bis wir den Dialog von Marty McFly auswendig konnten, dazu zahllose Episoden von *Friends*. Wir übten ständig. Ich war Michael J. Fox, Bill Matthew Perry, und wir unterhielten uns über das Wetter, über Mädchen, Sport, unser Lieblingsbier, die Strände von Kalifornien und warum wir gerne ein Attentat auf George W. Bush verüben würden. Wir stellten uns gegenseitig Fragen, machten uns übereinander lustig, sangen Lieder und rappten. Wir husteten und niesten mit amerikanischem Akzent, sagten Gesundheit beziehungsweise *gesuundheit*. Wir bereiteten uns so sorgfältig vor, wie wir es in der Schule oder auf dem College nie getan hätten. Und wir waren diszipliniert, ließen einander nichts durchgehen. Wir waren gnadenlos. Und schon bald zeigte unsere hingebungsvolle Mühe Wirkung. Wir sprachen nur noch mit unserem amerikanischen Akzent. Selbst wenn ich mir einen runterholte, hatte ich diese dreckige Stimme in meinem Kopf, die von sexuellen Fantasien erzählte, ein amerikanischer Kommentar aus dem Off. Wir sagten jetzt nicht mehr *aye*, sondern *sure*. Nicht mehr *mate* oder *man*, immer *dude*. Unsere erste Testperson war Oskar. Er hielt uns zwar für völlig bescheuert, war aber beeindruckt.

Jetzt brauchten wir natürlich noch neue Persönlichkeiten, denn nur mit einem amerikanischen Akzent würden wir niemals durchkommen. Nein, wir mussten *ganz andere Menschen* werden. Na ja, nicht ganz: Bill war jetzt schon so redselig wie ein Amerikaner. Aber *ich* würde zu einer ganz anderen Person werden. Ich würde den neurotischen, zwanghaften, an Schlaflosigkeit leidenden Gavin Bain endlich verbannen und zum überlebensgroßen Brains McLoud werden. Ich konnte es kaum erwarten, meinem neuen Ich zu begegnen.

Ich wusste auch schon, wer ich sein wollte: Jim Carrey. Brains McLoud würde zu Jim Carrey werden, laut und gesellig, ständig übertreibend, das Gesicht andauernd zur Grimasse verzogen. Ich würde witzig sein können, verrückt und stur, einfach völlig unberechenbar und über ein schier übermenschliches Selbstvertrauen verfügen. Bill wäre mein Spiegelbild und zusammen würden wir ein unschlagbares Energiebündel sein. Alle würden sie ein Stück von uns haben wollen. Eigentlich taten wir als Silibil N' Brains nicht mehr, als in der Gegend herumzudissen, so wie Eminem es als Slim Shady getan hatte. Obwohl wir davon überzeugt waren, dass wir ein Talent für geschicktes und *raffiniertes* Rappen besaßen, waren wir uns nicht zu schade, über alles und jeden, einschließlich uns selbst zu lachen. Genau deshalb war Jim Carrey die perfekte Vorlage für uns beide. Mrs. Leonard hatte immer gesagt, dass ich das Talent zum Schauspieler hätte. Mein Erfolg in dieser Rolle sollte ihr Recht geben.

Ich hatte Wochen und Monate damit verbracht, das Internet nach Plattenfirmen, A&Rs und Bandblogs zu durchforsten, um herauszufinden, wonach genau die Manager suchten, wenn sie eine neue Band unter Vertrag nahmen. Ich las alle Branchenhandbücher, zum Beispiel *Wie man an einen Vertrag kommt* und *Eine Einführung in die Musikindustrie*. Ich hätte auch gleich *Wie man sich von einem Geschäftsmann in den Arsch ficken lässt* lesen können. Aber immerhin lernte ich so, mich in die Gedanken des Gegners zu versetzen. Ich kapierte schnell, dass es nicht wirklich um Talent oder die Musik ging. Um genau zu sein, musste man einfach gut verkäuflich sein, eine Ware, die dem Mainstreampublikum gefiel. Je mehr ich las, desto überzeugter wurde ich, dass wir unser Ding durchziehen mussten. Nicht nur, um gehört zu werden, sondern auch, um zu zeigen, dass wir das Richtige taten. Wir würden in der Presse genauso viel Eindruck hinterlassen wie mit unserer Musik. Wir würden nach London gehen und die Weltherrschaft übernehmen. Niemals zuvor war ich mir einer Sache so sicher gewesen.

Eine Woche, bevor wir nach London gingen, nahmen wir jeden Track in unserem Arsenal noch einmal auf, diesmal aber mit amerikanischem Akzent. Der Rest blieb, wie er war. Das Ergebnis war unglaublich, jeder Song hörte sich auf einmal viel natürlicher an, hatte dieses gewisse Etwas. Indem wir uns zu Amerikanern gemacht hatten, klangen wir auf einmal wie richtige, authentische Rapper – das beste Hip-Hop-Duo der Welt, das noch nicht unter Vertrag stand. London hatte keine Ahnung, was es erwartete.

Natürlich hätten wir uns nicht gleich als Amerikaner ausgeben brauchen, wir hätten auch – durch und durch schottisch – wir selbst bleiben und einfach mit anderem Akzent weiter *rappen* können. Doch obwohl genau dies so gut wie jeder andere Band tat und mit amerikanischem Akzent sang – mit Ausnahme der Proclaimers und neuerdings The View, Glasvegas und Biffy Clyro –, war Rap genau das musikalische Genre, in dem das nicht funktionieren würde. Das Wesen des Rap entstand in den Schwarzenvierteln der Großstädte, Musik aus dem Ghetto, *from da hood,* von Leuten aus dem Ghetto für Leute aus dem Ghetto. Der Erfolg des Rap, zumindest an der Basis, hängt von seiner Glaubwürdigkeit ab. Und während Bill und ich meinten, wir hätten das gleiche Recht wie Eminem (weiße Arbeiterklasse) oder Kanye West (schwarze Mittelklasse), im Hip-Hop-Geschäft unterwegs zu sein, würden die Käufer das nicht so sehen. Das hatten uns die Leute in den Pineapple Studios und Dave Smith unmissverständlich klargemacht. Beide Male hatte man in uns nicht mehr gesehen als einen Scherzartikel. Rap war *vorzugsweise* schwarz, aber *definitiv* amerikanisch. Das eine konnten wir nicht sein, aber das andere mit Sicherheit umso besser: zwei dreiste kalifornische Skater, die, wie so viele Amerikaner seit Rap Mainstream geworden war, wünschten, sie wären in *da hood* geboren. Dann übernahm Bill das Kommando und besorgte uns Klamotten, die unseren Erfolg vielleicht nicht garantieren, auf jeden Fall aber dafür sorgen würden, dass wir auffielen. Es war seine Idee, die schwarzen und khakifarbenen Tarnklamotten der Untergrund-Hip-Hop-Szene gegen die grellen, leuchtenden Farben des kommerziellen Rap und R&B einzutauschen. Dieses Outfit, sagten wir uns, war aber ausschließlich für Bühne, Branchenevents und Meetings bestimmt. Der Gedanke, die ganze Zeit so rumzulaufen, war zu schrecklich; das Letzte, was wir wollten, war, über unsere Kleidung definiert zu werden. Nein, das sollte nur eine vorübergehende Maßnahme sein, damit wir auffielen, die Leute sich an uns erinnerten. Bill riet mir, meine Haare wachsen zu lassen, während er seine in zahllosen Farben, aber zum Großteil blond, färbte. Wir experimentierten mit Gesichtsbehaarung, Armbändern und Kappen, wie sie Trucker tragen, und versteckten unsere Augen hinter Sonnenbrillen, die das ganze Gesicht bedeckten. Wir sahen großartig aus, lächerlich, einfach cool – wie Popstars eben.

»Wir sehen aus wie die kleinen Brüder von Ali G«, sagte ich, während ich uns im Spiegel anstarrte. »Perfekt.«

Niemand würde unsere Motivation zu rappen hinterfragen oder uns ins Gesicht lachen. Tief im Innersten wusste ich, dass wir uns eigentlich dafür schämen sollten, uns der engstirnigen, voreingenommenen, gequirlten Kacke einer ignoranten Branche anzupassen. Aber wenn es uns schon nicht gelang, das System von außen zu verändern, dann würden wir wenigstens unser Bestes geben, es von *innen* heraus zu tun, indem wir sie anlogen und sie die Lüge auch noch schluckte.

Meine letzte Nacht in Dundee verbrachte ich mit Alison. Wir schliefen ein letztes Mal miteinander. Danach lagen wir lange nur da und sahen einander in die Augen, als würden wir stumm dem anderen die Angst mitteilen, dass London für uns der Anfang vom Ende sein könnte.

Ich traf Bill um fünf Uhr morgens in der Innenstadt, und während der Rest von Dundee noch schlief, flohen wir aus der Stadt. Im gelblichen Licht der Straßenlampen blieben wir stehen, um ein letztes Mal zurückzuschauen. Dann guckten wir uns an und stießen unsere Fäuste gegeneinander.

»Yo.«

»Yo.«

»Lass uns von hier verschwinden, okay?«

Wir verbrachten die erste Hälfte der Fahrt damit, uns auszumalen, wie großartig alles werden würde, während wir die

Möglichkeit zu scheitern komplett ausblendeten. Was, wenn es wirklich funktionierte? Was, wenn wir es wirklich schaffen sollten? Wir waren wie elektrisiert und felsenfest davon überzeugt, in London einzuschlagen wie eine Bombe. Als Sieger würden wir zurückkehren, unsere wahre Geschichte enthüllt, unsere Namen reingewaschen, und dann ginge es erst richtig los. Wir würden Helden sein, nicht nur für unsere Freunde und Familien, sondern fürs ganze Land.

Während der Fahrt wurde mir auch noch mal bewusst, warum Bill und ich eigentlich so gute Freunde geworden waren, ein so perfektes Team, warum wir so gut zusammenpassten, uns so gut ergänzten. Allein mit ihm zusammen zu sein, führte dazu, mich wohler in meiner Haut zu fühlen. Stundenlang versicherten wir uns unserer Freundschaft und mit jedem Bier wuchs unsere Zuversicht.

Doch dann, als das Bier irgendwann schal zu schmecken begann, sank auch unsere Stimmung. Was, wenn wir doch nie einen Vertrag bekämen? Wenn wir einfach abstürzten? Oder, schlimmer noch, was, wenn wir einen Vertrag bekämen und sofort enthüllt würde, wer wir wirklich waren? Was dann? Unser Ruf wäre für immer zerstört, unsere Freundschaft würde zerbrechen. Unsere Freunde und Familien würden beschimpft. Beleidigungen, Klagen, Prozesse oder noch Schlimmeres würden so sicher folgen wie das Amen in der Kirche.

»Ach was, wir kriegen das schon hin«, sagte Bill.

Wir durften einfach nicht versagen.

Aber warum sollten wir ans Versagen denken, wenn wir schon den ersten kleinen, aber wichtigen Erfolg zu verzeichnen hatten? Als wir gerade an Birmingham vorbeifuhren, erzählte ich Bill, dass ich in letzter Zeit ab und zu Radio 1 gehört hatte. Die hatten einen neuen Musikwettbewerb, Talente ohne Plattenvertrag, alle Genres. Ich hatte keine Sekunde gezögert. Kaum hatten wir unser Material aufgenommen, schickte ich denen ein Demotape von »Shut Your Mouth« und erhielt sofort eine Antwort. Sie liebten den Song. Und so wurde »Shut your Mouth« bereits landesweit im Radio gespielt, während wir noch auf dem Weg in die Hauptstadt waren – und das würde täglich so weitergehen. Am Abend vor unserer Abreise hatte ich noch mal meine E-Mails gecheckt. Ein A&R-Typ von Sony hatte den Song am Tag zuvor im Radio gehört. Ich hatte keine Ahnung, dass er schon gelaufen war, sonst hätte ich sicher den ganzen Tag am Radio geklebt. Aber »Shut Your Mouth« hatte bereits den gewünschten Effekt. Man sprach schon über uns, wir wurden gehypt. Der Sony-Mann war beeindruckt. Sollte uns unser Weg jemals nach London führen, schrieb er, dann sollte ich ihn doch auf jeden Fall mal besuchen. Ich schrieb zurück, täuschte einen lässigen, relaxten, *kalifornischen* Tonfall vor und ließ ihn wissen, dass wir zufällig gerade in London wären. Wann würde es ihm denn passen?

All das berichtete ich nun Bill und rechnete schon mit einem Streit, weil ich das nicht vorher mit ihm abgesprochen hatte. Ich hatte nichts gesagt, weil ich erstmal sehen wollte, wie der Song ankam – und zwar ohne Publikum. Vielleicht hatte ich auch Angst vor negativen Reaktionen. Aber jetzt waren meine Befürchtungen wie weggeblasen.

Und Bill war kein bisschen wütend, sondern grinste breit übers ganze Gesicht

»Scheiße Mann, das ist fantastisch.« Er umarmte mich, erdrückte mich dabei fast und brüllte vor Begeisterung laut los. Der Busfahrer beobachtete uns misstrauisch im Rückspiegel.

Den Rest der Fahrt konzentrierten wir uns nur noch auf

unser gemeinsames Ziel, sprachen alles bis ins kleinste Detail durch. Wenn Bill sich konzentrierte, konnte er geradezu genial sein, und jetzt war er hundertprozentig bei der Sache. Mittlerweile war der Bus voll besetzt und Bill bemerkte eine Gruppe Mädchen, die ein paar Reihen vor uns saß. »Unsere ersten Versuchskaninchen«, flüsterte er. Wir rutschten auf den Knien den Gang hoch und grinsten sie an, die ersten Mädchen, bei denen wir als Amerikaner zu landen versuchten. Sie fuhren sofort auf uns ab. Sie liebten unseren Akzent, sagten sie, und wollten wissen, woher wir kämen. Wir erzählten ihnen die ganze Geschichte und sie glaubten uns jedes einzelne Wort. Natürlich taten sie das. Bis wir London erreichten, hatten wir ihre Nummern. Sie erzählten uns, dass sie noch dieses Jahr einen Kalifornienurlaub geplant hätten. Wir versprachen, sie dann zu treffen. *Ruft uns an,* sagten wir und hielten uns die Finger ans Ohr, als würden wir telefonieren. Wir küssten sie auf die Wange, zwei Mal, weil man uns ja gesagt hatte, dass das in Europa so üblich war, richtig? Sie kicherten verzückt.

Damit waren wir jetzt offiziell Yankees. Es war schon fast zu einfach.

Manchmal glaube ich, meine Schwester Michelle hat ihr ganzes Leben lang versucht, mir zu entkommen. Sie war es, die North Motherwell zuerst verließ und nach Dundee zog. Aber ich war ihr schon bald auf den Fersen, und als ich dort schließlich einen Collegeplatz bekam, zog ich gleich bei ihr ein. Ein paar Jahre später ging sie dann nach London, wo sie allein in einem kleinen Apartment in Walthamstow wohnte. Bis Bill und ich kamen. Sie war so nett, uns für die ersten paar Nächte einen Platz auf ihrem Fußboden anzubieten, für eine Woche, maximal zwei, bis wir etwas gefunden hätten. Aber wir waren mit insgesamt nur knapp dreihundertfünfzig Pfund in London angekommen und es dauerte nicht lange, bis ihre Wohnung, ohne dass einer von uns das zugegeben hätte, unser Zuhause wurde. Michelle war eine wunderbare Gastgeberin. Im Kühlschrank waren immer Bier und Milch und solange wir unseren Dreck aufräumten und uns ab und zu an den Rechnungen beteiligten, ertrug sie uns.

Obwohl wir nie dazu kamen, »Shut Your Mouth« auf Radio 1 zu hören, taten dies viele andere – und nach nur einer Woche bescherte uns das unseren ersten Gig. Wir hatten es ins Line-up eines Klubs namens Sound geschafft, der mitten zwischen den Fast-Food-Läden und Kinos am Leicester Square lag. Die Buchung kam per E-Mail; ein Talent-Booker hatte den Song gehört und unsere E-Mail-Adresse auf der Website des Senders gefunden. Der Track gefiel ihm und er lud uns ein, vorbeizukommen. Sie würden sich freuen, wenn wir auftreten würden.

Es war eine kalte Nacht im März und wir zitterten in unseren Parkas, als wir im Klub ankamen, zwei Typen aus Kalifornien, die den englischen Winter nicht gewohnt waren. Das Sound war eine Kellerbruchbude, und von draußen war bis auf eine nichtssagende Tür, die ein bulliger Türsteher bewachte, nichts vom Klub zu sehen. Wir sagten ihm, wir würden auf der Gästeliste stehen. Er suchte in aller Seelenruhe nach unseren Namen, während unser Atem in der Luft gefror, bevor er uns dann endlich reinließ. Unten war es brechend voll, überall Möchtegernpopstars, aber auf deutlich höherem Niveau als in den Pineapple Studios. Junge, schöne und talentierte Menschen, und alle waren sie hier, um die Konkurrenz auszuchecken, zu sehen, was die anderen machten. Das Ganze erinnerte mich irgendwie an eine

Schauspielklasse. Alles, worüber backstage gesprochen wurde, war das gestrige Vorspielen oder das, das morgen anstand, und wie ihr Agent sie wieder mal enttäuscht hatte; und überhaupt, hassten wir nicht alle unsere Agenten? Auf einmal lief ein Mädchen splitterfasernackt in der Gegend herum und fragte alle, ob sie nicht die Tasche gesehen hätten, in der ihr Kleid für den Auftritt war. Ich selbst hatte noch nie zuvor ein Mädchen nackt backstage herumlaufen sehen. Sie war schlank und geschmeidig und ihre Rippen waren deutlich zu sehen. Kein Mensch interessierte sich für sie, als ob das ganz normal wäre, aber Bill und ich konnten nicht anders, als sie anzustarren. Sie fand ihre Tasche und zog sich ein Glitzerkleid über die Hüften. Sie schaute auf und stellte fest, dass wir sie anstarrten. Selbst Bill hatte es die Sprache verschlagen.

»Hallo«, sagte sie nur.

Bill kam als Erster wieder zu sich. Er machte ihr ein Kompliment zu ihrem Outfit. »Das Beste, was ich dieses Jahr gesehen habe«, erklärte er.

»Oh!«, rief sie, während sie sich dann doch das Kleid über die Brüste zog. »Ihr seid Kanadier! Ich habe Verwandte in Ontario!«

Sobald wir auf der Bühne standen, fühlten wir uns wesentlich wohler und sicherer – hier waren wir zu Hause. Wir verspotteten unser Publikum und rappten spontan einen Song über die Mädchen, die uns von der Bühne herab gefielen – und natürlich über die, die wir scheiße fanden. Unter den restlichen, ziemlich professionellen Bands hier, die größtenteils gradlinigen Pop und Balladen spielten, waren wir die glorreiche Ausnahme. Wir konnten gar nicht anders, als aufzufallen. »Hard To Smile« löste sofort Beifallsstürme aus, sie liebten «Accident Prone« und bei »Shut Your Mouth« schrien alle, als sie den Song wiedererkannten. Eigentlich hatten wir nur zwanzig Minuten, aber wir spielten dreißig. Wir freestylten zwischen den Songs, nahmen sie auseinander, während wir sie performten, machten sie zu etwas ganz Neuem, mit neuem Text, Wechselgesängen und Publikumsbeteiligung. Wir waren genial, sie liebten uns. Am Ende des letzten Songs verschwanden wir nicht hinter die Bühne, sondern sprangen direkt in die Menge und bahnten uns den Weg zur Bar. Die Leute kamen auf uns zu, gaben uns die Hand oder ihre Karte. Vier oder fünf brüllten uns ein *»Ruf mich an«* über den Lärm hinweg zu. Einer davon war Robbie Bruce, der A&R-Typ von Sony, der per E-Mail Kontakt mit mir aufgenommen hatte. Wegen seines Namens hatte ich schon befürchtet, dass er vielleicht Schotte wäre. Als ich dann ein paar kurze Worte mit ihm wechselte, bestätigte sich meine Befürchtung.

Erst nach Mitternacht stolperten wir betrunken und in Feierlaune aus dem Klub. Silibil N' Brains, egal in welcher Version, hatte in Dundee Furore gemacht, aber dass es hier in London so gut lief, wo wir vor Kurzem noch ausgelacht worden waren, das war schon überwältigend. Die Reaktion des Publikums in dieser Nacht bewies, dass wir uns nichts vormachten, dass wir auf jeden Fall etwas Besonderes waren – und dass ich geboren war, um Brains zu sein, nicht Gavin Bain. Wir rannten schreiend, brüllend und jubelnd durch Soho. Wir erschreckten die Prostituierten und Obdachlosen und warfen uns gegen die Fenster der chinesischen Restaurants, hinter denen krebsrote Enten an Stahlhaken hingen. Die Köche, die riesigen Wiegemesser in der Hand, sahen uns unbeeindruckt und ausdruckslos an, während das Partyvolk die Straßenseite wechselte, um uns auszuweichen. Wir waren wie berauscht und hatten uns noch nie so lebendig gefühlt.

Zwei Tage später wurden wir zum ersten Mal richtig auf die Probe gestellt. Robbie Bruce war so schottisch wie ein frittierter Mars-Riegel. Die wenigen Plattenfirmentypen, denen ich bis dahin begegnet war, hatten auf mich keinen besonders intelligenten Eindruck gemacht. Aber Bruce war schlau, gewieft und hellwach. Ich wünschte mir, er wäre Australier, Skandinavier; alles – bloß nicht ausgerechnet Schotte.

Unser geplantes 11-Uhr-Meeting mit ihm am nächsten Tag trug nicht gerade zu einer ruhigen Nacht bei. Ich war erschöpft, angespannt und meine Augen waren gerötet. Entspannen war unmöglich. Bruces Büro war kleiner, als ich es mir vorgestellt hatte. Es war so eng, dass ich kaum Luft bekam, und ich kam mir viel zu bunt vor in meinem Ghetto-Outfit, das mein Konto tief in die roten Zahlen gestürzt hatte, es letzten Endes aber wohl wert war. Bruce beugte sich über seinen Schreibtisch und wir gaben uns die Hand. Die Stille, die folgte, dauerte nur eine Sekunde an, maximal zwei, aber sie schien sich ins Unendliche zu dehnen. *Bleib ruhig,* sagte ich mir immer wieder und versuchte, das auch auf Bill zu übertragen. *Bleib ruhig, verdammte Scheiße. Verpatz das jetzt nicht, bevor es überhaupt losgeht.* Ich spürte, wie mir der kalte Schweiß ausbrach. Unter meiner Kappe waren meine Haare klitschnass, und unter meinen Armen wurden die Schweißflecke immer größer. Wenn ich gehofft hatte, Robbie Bruce würde jungen, frischen und unerfahrenen Talenten wie uns etwas Verständnis entgegenbringen, dann hatte ich mich schwer getäuscht. Sein misstrauischer Blick und der verkniffene Gesichtsausdruck signalisierten, dass dieser Mann ganz aufs Geschäft konzentriert war. Er war ganz und gar nicht der Typ, der sich gern verarschen ließ. Wir waren geliefert.

Neben mir fing Bill an, total zu übertreiben. »Echt gut hier zu sein, Baby, echt gut hier zu sein.« Ich zuckte peinlich berührt zusammen.

Zu meiner Erleichterung schien Bruce sich über unsere Anwesenheit zu freuen. Er beugte sich vor und stützte die Arme auf den Tisch.

»Also, aus welchem Teil der Staaten kommt ihr Jungs denn?«

Fuck, das ging ja gut los.

Wir sagten es ihm.

»Aha, okay. Ich dachte, ich hätte ein bisschen was Kanadisches gehört, aber was weiß ich schon?« Ich bildete mir ein, dass sich hinter seinem Lachen Misstrauen verbarg. Ein Schweißtropfen rann meinen Rücken in Richtung Arschritze hinunter.

»Yeah, nun ja, wir sind ganz schön herumgekommen«, sagte Bill. Bevor Bruce die nächste Frage stellen konnte, richtete Bill eine an ihn. »Und du?«

»Glasgow«, antwortete er.

»Aye?«, machte Bill. Und lachte laut. Genau wie Bruce. Wir alle lachten. Und dann, ganz unvermittelt, verstummte das Gelächter. Bruce zeigte wenig Interesse daran, die CD abzuspielen, die wir ihm gegeben hatten, zumindest nicht vor uns. Hauptsächlich schien er daran interessiert, mehr über unseren Hintergrund zu erfahren. Erst als er anfing zu fragen und gar nicht mehr damit aufhören wollte, ging mir auf, wie viele Löcher noch in unseren zusammengebastelten Biografien klafften. Warum waren wir gerade in London? Hatten wir schon irgendeine Art von Vertrag in den USA? Hatten wir jemanden, der uns vertrat, Management, hier oder drüben? Warum wollten wir hier einen Deal und nicht zu Hause? Mit was für einem Visum reisten wir?

Es war furchtbar; reine Folter. Wir waren auch nicht ansatzweise auf ein Verhör dieser Art vorbereitet, und während ich mich bemühte, seine Fragen so weit zu beantworten, wie Silibil N' Brains – wir waren schließlich nur zwei kiffende Skater – bereit dazu wäre, wuchs in mir die Überzeugung, dass wir aufgeflogen waren, dass unser falscher Akzent nicht einmal die erste Hürde geschafft hatte. Unsere Geschichte hatte mehr Löcher als die Strumpfhose einer Nutte. Ich versuchte so cool und beiläufig wie möglich zu antworten. Ich erzählte ihm, dass wir Urlaub in Europa machten, dass wir uns, um genau zu sein, durch die Welt schnorrten, seit Bush 2004 wiedergewählt worden war. Unsere Visa waren schon lange abgelaufen, aber zum Teufel, Alter, wir waren schließlich Hippies! Ich erklärte ihm, dass wir geradezu magisch nach England getrieben wurden, angezogen unter anderem von der Skaterszene, die hier gerade entstand, dass wir echt auf die Musik in seinem Land standen (»Britpop, richtig? Cool!«) und dass wir glaubten, dieses Land hätte neue, unverbrauchte Talente wie uns verdient. Das war nicht so weit hergeholt, wie es sich anhörte. The Killers aus Las Vegas waren auch zuerst in Großbritannien durchgestartet, bevor sie es in Amerika taten. Na also, genau das wollten wir auch, nur eben mit Rap.

Es schien, als hörte sich Robbie Bruce das alles mit großem Interesse an. Er machte sich ein paar Notizen und nahm dann unsere CD in die Hand, zuerst, um sich die Tracklist anzusehen, dann, um sie in der linken Hand zu halten und damit seine Aussagen zu unterstreichen. Auf jeden Fall nahm er uns ernst, und das war schon mal gut. Bill machte ein paar geschmacklose Witze und Bruce lachte. Er bot uns Tee, Kaffee und Wasser an und lachte erneut, als Bill Bier, Koks und Nutten vorschlug.

Und dann, ganz plötzlich, ohne ein Wort über einen Vertrag oder irgendetwas Ähnliches zu verlieren, stand er auf einmal auf und dankte uns. Er streckte uns die Hand entgegen und sagte, es hätte ihn sehr gefreut. Er wollte die CD den Leuten im Büro vorspielen, erklärte er uns, um deren Reaktion abzuschätzen. Er würde sich sehr bald bei uns melden. Plötzlich zweifelte ich wieder an der ganzen Geschichte.

»Ich ruf euch an«, sagte er.

Robbie Bruce hat uns nie angerufen. Aber um ehrlich zu sein, fiel uns das kaum auf. Wir wussten, dass wir ernsthaft an unserer Geschichte arbeiten mussten. Und das kriegten wir ziemlich gut hin.

Hallo, hi. Ich bin Brains, Brains McLoud. Das hier ist Silibil. Sag hallo, Sili. Wir sind aus Kalifornien, aus einer echten Kleinstadt, von der ihr wahrscheinlich noch nie was gehört habt, nennt sich Hemet. Ist echt klein, Hemet. Wer hier Urlaub macht, merkt schnell, dass das ein Fehler war. Es passiert rein gar nichts in Hemet, 's ist einfach eine Durchschnittsnachbarschaft mit echt netten Familien, echt netten Kindern und echt netten Autos in der Auffahrt. Die Leute hier pflegen ihren Rasen und ihren weißen Lattenzaun. Wer den Rasen unbefugt betritt, wird erschossen. Nachbarschaftspatrouille, alles klar? Dad arbeitet bei der Versicherung, irgendein Schreibtischjob. Er könnte dir Lebensversicherungen verkaufen, Reiserücktrittsversicherungen oder dir vielleicht helfen, wenn dein Cadillac von einem betrunkenen Latino zu Schrott gefahren wurde. Mom? Mom ist Hausfrau. Sie hilft in der Kirche und unterstützt die alten Leute in der Nachbarschaft. Wenn du die Wahrheit wissen willst, fickt sie wahrscheinlich auch den Typ von nebenan, aber darüber wollen wir jetzt lieber nicht sprechen.

Wollen wir doch? Na, okay. Hinter der Kekse backenden Fassade unseres kleinen Dörfchens Hemet befindet sich eine Brutstätte von Sex, Alkohol, Drogen und Ehebruch. Redet nur keiner drüber. Wenn du nach Hemet kommst, siehst du nur gute, solide, republikanische Menschen. Kenny G ist die Musik der Wahl hier, der Soundtrack unserer Sonntagabende. Was bedeutet, dass das hier ein Ort voller Geheimnisse und Sünden ist, an dem man fast erstickt. Du hast ‚Twin Peaks' gesehen, oder?

Okay, also mitten in dieser oberflächlichen Eintönigkeit steckt Silibil N' Brains. Sili und ich haben uns in der Highschool schnell gefunden. Wir mochten einfach die gleichen Dinge: Skateboards, Rock, Rap, Entfremdung; und wir hatten gemeinsame Hassobjekte: die Arschlöcher und Schlampen aus der Schülervereinigung. Leute, die die Abkürzung BFF benutzen. Sportcracks. Jeden, der einen Toyota Prius fuhr. Wir waren Hemets Jugend ohne Tugend und es gefiel uns, die Leute zu verarschen. Nach dem Columbine-Massaker fingen Bill und ich an, uns Eric Harris und Dylan Klebold zu nennen, zu Ehren der Mörder, nur um alle zum Ausrasten zu bringen. Es funktionierte prima. Und brachte uns eine Woche Suspendierung und eine psychologische Untersuchung ein. Keiner lud uns zum Abschlussball ein. Und man vermisste uns nicht.

Sobald wir konnten, verschwanden wir aus dem Kaff und gingen nach Huntington Beach. Schon mal da gewesen? Sehr geil zum Skaten und um Hühner abzugreifen. Sehr beliebt. Man kann da echt gut Urlaub machen. Wir suchten uns eine Wohnung, Teilzeitjobs und stiegen fett in die Skaterszene, die Kifferszene ein. Die Kids hatten alle Tattoos und die Bands spielten auch alle hier. Rage Against The Machine im Surf

City Saloon, damals '93, ein Geheimkonzert, eine voll krasse Nacht, Alter. Werd' ich nie vergessen.

Und dann kam der Rap, aber richtig, Mann. Eminems erste Platte '96, 'Infinite', alles, was Tupac gemacht hat, bevor er starb und der ganze Kram, der danach kam. Mal ein echt produktiver toter Typ. Biggie Smalls und, noch davor, NWA und der Wu Tang Clan. Silibil und ich fingen '98 / '99 an zu rappen. Nichts Ernstes, nur ein bisschen Slackerspaß, alles Teil der Szene, während wir hier auf dem Campus abhingen, Drogen und Mädchen durchzogen, den Spring Break, Bier und Pussys und als Souvenir ein paar Geschlechtskrankheiten.

Wir traten hauptsächlich in den Bars und Schuppen vor Ort auf, aber schon bald hatten wir eine Fangemeinde. Die Kids sagten, dass wir gut wären, so gut wie Eminem, sogar besser. Aber wir haben das nicht weiter verfolgt, einfach, nun ja, einfach weil wir so nicht drauf waren. Wir wollten uns nur amüsieren, verstehst du?

Dann kamen wir auf den Beatnik-Trip, nahmen den Zug quer durch dieses großartige Land und schließlich nach New York, von dort aus per Flieger über den Atlantik, wo wir Paris, Frankreich und irgendeine Stadt in Italien aufmischten, bevor wir nach London kamen. Wir traten noch ein paar Mal auf und lernten jede Menge Mädels kennen. Und die Komplimente? Die hörten einfach nicht auf. Uns gefiel das. In London gibt es eben jede Menge Möglichkeiten, live zu spielen, also sind wir erstmal einfach hiergeblieben.

Yeah, das ist es so ungefähr, deshalb sind wir hier in deinem Büro, Mann. Entschuldigung, wenn ich das so sage, aber du siehst nicht aus wie jemand, der einem geschenkten Gaul ins Maul schaut. Das sagt ihr Briten doch so, oder – einem geschenkten Gaul ins Maul schauen? Was du hier siehst, ist die verdammt nochmal beste, noch nicht unter Vertrag genom-

mene Rap-Band der Welt. Hallo. Erfreut, Sie kennenzulernen. Wir sind Silibil N' Brains und wir stehen zu Ihrer Verfügung!

Ein paar Wochen später, nachdem ich die Promoter in London mit E-Mails bombardiert hatte, schaffte ich es, dass wir in letzter Sekunde ins Line-up von Madame JoJo's rutschten, einem klaustrophobisch engen Klub mitten in Soho, der besonders bei Transsexuellen und bei Drag-Künstlern im Federboa-Outfit beliebt war. Wir wussten nach dem Auftritt im Sound, dass wir unseren Einsatz deutlich steigern mussten, denn während im Sound hauptsächlich Möchtegernpopstars herumhingen, ging es hier ausschließlich um R&B und Urban. Backstage trieben sich diese düster dreinblickenden Typen rum, die die Fäuste aneinanderschlugen und sich gegenseitig *Blood* nannten. Wir bekamen schnell mit, dass das Publikum voller A&R-Typen war. Heute konnten wir einen entscheidenden Schritt vorwärtskommen. Bei den Leuten um uns bemerkten wir eine Disziplin, wie wir sie noch nie gesehen hatten. Alle waren voller Ehrgeiz und hoch konzentriert. Im ganzen Raum drehte sich alles nur um den einen Gedanken: *Ich werde berühmt, und zwar schnell. Und heute Abend könnte der Anfang davon sein.* Der Konkurrenzdruck machte die Atmosphäre schroff, fast brutal, und trotzdem hatte ich mich nie besser gefühlt als hier. Diese Leute waren ebenso besessen wie ich.

Bill und ich hatten unsere Performance mittlerweile perfektioniert. Seit Wochen sprachen wir nur noch mit amerikanischem Akzent. Michelle hielt uns für verrückt, nahm aber regen Anteil an unserem Leben und wollte jeden Abend wissen, was wir jetzt schon wieder getrieben hätten. Dies hier, hoffte ich, würde unser bisher größter Auftritt werden.

Bevor es losging, gönnten wir uns noch ein paar Biere und

tigerten in unserer Ecke des Backstagebereichs auf und ab. In einer Plastiktüte, die ich nicht aus der Hand gab, hatte ich einen BH, eine Perücke und ein großes Küchenmesser. Als ich mir die Konkurrenz ansah – die meisten wirkten extrem cool und nahmen sich absolut wichtig –, war mir klar, dass wir *auf jeden Fall* Eindruck machen würden. Vielleicht würden sie uns nicht lieben, aber ich würde dafür sorgen, dass wir zumindest in Erinnerung blieben. Bill sah mich an und deutete auf die angespannten Gesichter um uns herum. Wir saugten die Atmosphäre regelrecht auf und zogen Kraft daraus. Ein Mädchen kam nach hinten und rief unseren Namen. Es ging los.

Der Weg vom Backstagebereich zur Bühne war nur drei Meter lang, aber auf dem Weg dorthin verwandelten wir uns plötzlich in die *Dumm und Dümmer*-Roadshow. Bill, auf einmal total aufgekratzt, sprintete volle Kanne los. Ich kramte das Küchenmesser aus der Tüte, hielt es hoch und jagte ihm nach. Er schrie. Ich schrie. Das Publikum erstarrte einen wundervollen Moment lang, bis der Groschen fiel. Dann begannen sie, zunächst vorsichtig, dann befreit, zu lachen. Wir fingen direkt mit einem Song namens »Stalker« an, der Parodie eines Liebeslieds, in dem zwei Männer das Mädchen ermorden, das sie verfolgen. Ich hatte in allen Blogs gelesen, dass das Londoner Publikum nicht leicht zu beeindrucken war, aber das hier war, als würden wir in einem Klub zu Hause in Dundee spielen. Die Menge fraß uns aus der Hand, feuerte uns lauthals an und nickte zum Beat. Sobald der Song vorbei war, widmeten wir uns unserer Lieblingsbeschäftigung, dem Freestylen. In der ersten Reihe standen ein paar echt heiße Mädels, also fing ich an, »Like a Virgin« von Madonna zu singen, änderte aber den Titel in »I Like Virgins«. Auf einmal sangen alle mit. Nach dem nächsten Song, dem überragenden »Headcases«, fing Bill an, einen Typen zu dissen, der direkt vor den Boxen stand. Er nahm ihn einfach auseinander, seinen Klamottenstil, seine Chefbrille und die miese Frisur. Der Typ nahm es locker und lachte mit, auch wenn er ziemlich rot wurde. Ich zog den BH an und als wir »Shut Your Mouth« zur Hälfte durchhatten, schob mir Bill langsam die Träger von den Schultern, bevor er ihn öffnete und in die Menge warf. Die Leute fingen sofort an, um den BH zu kämpfen, als wäre es ein Brautstrauß. Insgesamt spielten wir sechs Songs. All die anderen, langweiligen R&B- und Garage-Acts, die vor uns aufgetreten waren, waren vergessen. Die Leute brüllten nach einer Zugabe. Ich sprang von der Bühne, ließ mich auf Händen tragen und stolzierte zur Bar, wo ich mit der Faust auf die Theke schlug und nach Bier verlangte. Sie *stürmten* auf uns zu.

Ihr Jungs wart unglaublich! Ich weiß, sagte ich, ich weiß. *Und, wo kommt ihr her?* Ich sagte es ihnen und Bill spielte mit. Mittlerweile waren wir so textsicher, dass wir die Sätze des anderen mühelos zu Ende bringen konnten. *Ruft mich an, lasst uns was essen gehen. Ihr beide habt eine große Zukunft vor euch, ganz im Ernst. Wir sollten uns unbedingt treffen.* Wir zuckten mit den Schultern, als gäbe es nun wirklich wichtigere Dinge für uns. *Ihr geht aber erstmal nicht in die Staaten zurück, oder?* »Entspannt euch«, sagte ich, »immer mit der Ruhe. Wir werden hier noch 'ne ganze Weile rumhängen.«

Vor Kurzem hatte man uns noch beleidigt, uns als »rappende Proclaimers« beschimpft und ausgelacht. Jetzt waren wir auf einmal der heißeste neue Act im Land.

Ich liebe es, wenn ein Plan funktioniert.

Der nächste Tag fing früh an. Ich hatte kaum geschlafen und stieg um fünf Uhr morgens völlig aufgedreht aus dem Bett. Bill kam eine Stunde später in die Küche gewankt, nackt bis auf die Unterhosen und war sich seiner Morgenlatte offenbar nicht bewusst. Er hatte einen fürchterlichen Kater, aber mir ging es genauso. Wir hatten jede Menge getrunken nach unserem triumphalen Auftritt im Madame JoJo's und nicht ein einziges Mal bezahlt. Wenn man so talentiert ist wie wir, ist das natürlich normal.

»Haben wir heute wirklich ein Meeting?«, krächzte Bill, »oder hab ich das bloß geträumt?« Er grinste. »Verdammt geiler Traum.«

Ich zeigte ihm die Visitenkarte: Ray Stone, Island Records. Mit Kugelschreiber war eine Uhrzeit darauf gekritzelt: zehn Uhr dreißig.

Ray Stone, ein großer Mann mit Charakter, war hinter die Bühne gekommen, als wir gerade unsere Sachen zusammensammelten und uns auf den Weg machen wollten. Er stellte sich vor, indem er mir seine Karte gab. Ich las sie, sah zu ihm auf und nickte.

»Wo genau aus den Staaten kommt ihr denn her?«, fragte er und wegen der Art, wie er das sagte, oder vielleicht eher wegen der Art, wie es bei mir ankam, hörte es sich für mich mehr nach einer Anschuldigung als nach einer Frage an. Wollte er uns auffliegen lassen? Ich glaube, ich zögerte eine Sekunde zu lang.

»Kalifornien«, antwortete ich. »Hemet, Kalifornien.«

»Und Huntington Beach«, fügte Bill hinzu.

»Wir sind umgezogen«, erklärte ich unnötigerweise und fing an zu schwitzen.

Ray Stone lächelte. »Ich kann euch kleinen Kiffern bestimmt einige Türen öffnen.«

Kleine Kiffer?

Er nahm mir seine Karte aus der Hand und kritzelte etwas drauf, bevor er sie mir wieder gab.

»Ich seh' euch dann morgen früh.«

Wir frühstückten, zogen uns an und saßen eine halbe Stunde später bereits in der U-Bahn, die uns mitten in der Rushhour quer durch London zu unserem Meeting und sehr wahrscheinlich auch unserem Schicksal ein Stück näher bringen sollte. Unterwegs sprachen wir nicht viel, hingen unseren Gedanken nach. Wir hatten uns wieder in Schale geworfen: XL-Basketballtrikots, auf den Hüften sitzende Hosen und nagelneue And1s. Wir hatten keinen Cent in der Tasche, aber weil Bill bei seinen ehemaligen Kollegen aus dem Skaterladen jede Menge Klamotten geschnorrt hatte, sahen wir aus, als würden wir im Geld schwimmen.

Ich hätte ja gedacht, dass eine der größten Plattenfirmen ihren Sitz im Herzen der Stadt hinter einer beeindruckenden Glasfront, Drehtüren und Sicherheitsleuten hat, aber die Büros von Island lagen an einem hübschen, grünen Platz in einem schicken Stadtteil außerhalb. Während wir die blitzsauberen Gehsteige entlangstapften, kamen wir regelmäßig an schwer gestylten, heißen Muttis vorbei, die ihre Kinderwägen vor sich herschoben, während ihnen ein Rattenschwanz von Hunden und Nannies folgte.

Wir waren eine Viertelstunde zu früh. Das Mädchen am Empfang erfüllte unsere Erwartungen voll und ganz: Sie war unglaublich schön. Wir erklärten ihr, dass wir ein Meeting mit Ray Stone hatten. Bill beugte sich über die Rezeption, um ihr die Hand zu schütteln. Sie kicherte. Wir trugen uns auf der Besucherliste ein und sie sagte uns, dass Stone gleich Zeit für uns haben würde. Wir machten es uns auf einem Ledersofa vor einem riesigen Plasmafernseher bequem. Es lief natürlich MTV und sie spielten – was sonst? – ein Eminem-Video. Das war kein Zufall, das war Schicksal.

Irgendein bekannter Popstar schlenderte durch die Lobby. Niemand, den wir besonders bewundert hätten, aber ein Leben wie er hätten wir schon gern geführt. Er nickte uns zu. Bill stand auf und salutierte. Der Typ runzelte die Stirn und hatte es auf einmal ziemlich eilig. Ray Stone ließ uns eine gute halbe Stunde warten. Aber das war mir egal, ich hätte auch für immer auf dem Sofa sitzen bleiben können. Mir gefiel es hier: die Atmosphäre, die Musik, die Frauen, die Stars, die hier rumliefen, vor allem aber liebte ich dieses Gefühl der gespannten Erwartung.

»Ray hat jetzt Zeit für euch.«

Wir sahen auf und merkten, dass die Empfangsschönheit mit uns sprach. Bill fiel vor ihrem Tisch auf die Knie. »Schatz, willst du mich heiraten?«, fragte er sie.

»Lass uns erstmal sehen, wie das Meeting läuft, okay?«, entgegnete sie trocken.

Bill grinste. »Ich mag, wie du denkst.«

Sie führte uns in ein leeres Besprechungszimmer, das von einem großen ovalen Tisch beherrscht wurde, um den mehrere lederne Chefsessel gruppiert waren. In der einen Ecke stand ein Gummibaum, gegenüber eine riesige Musikanlage. Das Fenster gab den Blick frei auf einen kleinen Zementgarten. An den Wänden hingen silberne, goldene und Platinplatten von U2, Grace Jones und Bob Marley.

Wir betrachteten noch Bob Marleys Dreads, als sich hinter uns die Tür öffnete. Ray Stone kam herein und begrüßte uns herzlich. Ihm folgten vier Männer und eine Frau. Er stellte uns allen vor und dann kamen nach und nach immer mehr Leute aus den angrenzenden Büros, aus der Presseabteilung, Werbung und Marketing. Wir schüttelten allen brav die Hände und winkten. Gleichzeitig vermieden Bill und ich uns anzusehen. So selbstbewusst wir nach außen wirkten, innerlich packte uns die Angst. Ray Stone erzählte den Leuten, wie gut wir letzte Nacht gewesen seien. Wir stimmten ihm natürlich lauthals zu und sagten allen, sie hätten dabei sein sollen. »Und warum wart ihr das eigentlich nicht?«, fragte Bill in das allgemeine Gekicher hinein. Die Stimmung hier war gut, viel besser als bei Robbie Bruce und Sony, dass ich jede Sekunde mit Beifall rechnete, sobald unsere Musik aus den Lautsprechern drang. Ray aber hatte offensichtlich andere Pläne. Ich sah, wie er einem seiner Assistenten eine CD gab, die von einem ihrer eigenen Produzenten stammte. »Das müsst ihr gehört haben«, sagte Ray zu den versammelten Leuten. Bill und ich sahen uns kurz an und schluckten.

»Dann mal los, Jungs«, sagte er, als der Beat aus der Anlage dröhnte.

»Äh, was jetzt, Freestyle?«, fragte Bill und verschaffte uns damit Zeit zum Nachdenken.

»Yeah, ihr wisst schon, was ihr gestern zwischen den Songs gemacht habt.«

»Oh, okay, cool«, sagte ich, versuchte meine Nervosität zu überspielen und hatte gleichzeitig Angst, dass jemand das Zittern in meiner Stimme bemerkte. Bill fing an, vorsichtig, nicht sicher, wie weit wir gehen konnten.

»Hey yo, is' es euch recht so? Mit fetten Beats sind wir am Start, Sili geht ab, fett und hart. Ich bin euer Terminator, ihr macht mir hier nichts vor...«

»Nein, nein, nein ...«, sagte Ray und stoppte den Beat. »Ich meinte das, was ihr gemacht habt, als ihr das Publikum gedisst habt, das war zum Brüllen«, erklärte er und nickte in Richtung seiner Mitarbeiter – was wir als »Lizenz zum Loslegen« interpretierten. Ich sah zu Bill hinüber und er zuckte nur die Achseln, als wolle er sagen, scheiß drauf, lass uns die Penner fertigmachen. Ich nahm den Faden da wieder auf, wo er aufgehört hatte, genau wie bei einer Runde *Porcupine*.

»Okay, vielleicht bin ich ein Schwein, aber von mir aus könnte jede Lady hier gern nackt sein, stell' mir vor ich wär' bei ihnen mit'm Gesicht mitten in ihren Titten, schau ihnen in die Augen, während sie blasen und saugen... (Bill ging dazwischen und näherte sich einer der Frauen im Raum.) *Ihr könnt mich alle dafür hassen, aber ich werd' nachher den Raum mit der hier verlassen.* (Er legte den Arm um das Mädchen, bevor er sich seinem nächsten Opfer näherte.) *Oh Mann, sieh dir die Schuhe von dem Typen an, die hat er von 'nem Penner, ein echter Kenner, mit seinen braunen Hosen und dem fiesen Hemd, hat deine Mami heute verpennt?«*

Mittlerweile lachten sie alle; wir hatten sie in der Hand und unser Selbstvertrauen wuchs mit jeder Zeile. Irgendwann fingen wir an, durch den Raum zu hüpfen wie Leichtathleten auf Anabolika. Das Gelächter war Musik in unseren Ohren. Unsere Performance dauerte vielleicht fünf Minuten, aber es fühlte sich wesentlich länger an. Wir hätten weitermachen können, aber Ray hob die Hand.

»Danke erstmal, Jungs«, sagte er.

Ray dankte allen für ihr Kommen. Das musste wohl ein Signal gewesen sein, denn nun erhoben sich alle aus ihren Stühlen. Einige kamen zu uns und schüttelten uns die Hand, worauf Bill sie heftig umarmte. »Ich werd' dich vermissen Mann, ich werd' dich vermissen. Schreib mir mal, okay?«

Dann waren wir nur noch zu dritt im Besprechungszimmer. Ray stellte uns ein paar Fragen über Management, die Musikergewerkschaft und die GEMA. Er sagte, wir sollten wirklich darüber nachdenken, uns ein Management zu besorgen, bevor es weiterging. Der Satz gefiel mir, *bevor es weiterging*. Bevor er uns nach draußen begleitete, gab er uns nicht nur seine Büro- sondern auch seine Handynummer.

Bill erklärte der Schönheit am Empfang noch, das Meeting sei so gut gelaufen, dass er jetzt losmüsse, um den Verlobungsring zu besorgen. Draußen schien uns der Wintertag auf einmal hell und warm, pulsierend und voller Möglichkeiten. London, beschloss ich, war ein magischer Ort, an dem Träume wahr wurden. Ich liebte diese Stadt. An der U-Bahn-Station rannten wir um die Wette die Treppen rauf und runter und schrien all das aufgestaute Adrenalin heraus, bis jemand vom Sicherheitspersonal zu uns kam und uns bat, damit aufzuhören. Wir würden unseren Mitreisenden auf die Nerven gehen.

Ray Stone stand zu seinem Wort. Er rief uns in den folgenden Wochen mehrmals an. Er organisierte Gigs für uns und ließ uns vor weiteren Kollegen auftreten. Außerdem lud er einige mögliche Manager ein, uns anzuhören. Ich konnte nicht verstehen, warum er uns nicht auf der Stelle unter Vertrag nahm, aber ich war einfach noch zu naiv, was die Musikbranche anging. Mittlerweile weiß ich, dass Leute wie Ray Stone sich nur ungern zu weit aus dem Fenster lehnen. Man konnte schließlich nie wissen, ob sich todsicher erscheinende Hits nicht doch als Flops erweisen würden. Wenn er uns unter Vertrag nahm und wir nicht sofort einschlugen, konnte ihn das seinen Job kosten. Und so war niemand in der Branche jemals dazu bereit, irgendeine Entscheidung alleine zu treffen. Sie handelten als Rudel und zeigten nur Interesse, wenn es die anderen auch taten; dann aber musste es auf einmal ganz schnell gehen mit der Unterschrift. Schafe. Aber bis es so weit war, mussten wir in unserem eigenen Saft schmoren. Keiner hatte den Mut, zu seiner Meinung zu stehen, keiner. Es war erbärmlich.

Nichtsdestotrotz unterstützte Stone uns auch weiterhin. Mittlerweile hatten wir uns mit einigen Managern getroffen, die sich alle positiv äußerten, aber bisher hatte uns noch niemand ein konkretes Angebot gemacht. Manager in der Musikbranche, das lernte ich ziemlich schnell, waren ein wenig wie Boxmanager: Man ging ihnen nachts besser aus dem Weg. Viele von ihnen trugen teuren Schmuck, der einfach scheiße aussah. Oder sie hatten einen Pferdeschwanz, der ihnen nicht stand. Und alle hatten dieses wächserne Aussehen von Männern mittleren Alters mit Hang zum Exzess. Für sie waren wir – und andere wie wir – nur ein Produkt, das verkauft werden musste. So wie es aussah, waren sie nicht daran interessiert, sich um die Details zu kümmern. Wichtig war ihnen nur die Verpackung: zwei gut aussehende, übertrieben selbstsichere junge Männer, die ein Talent dafür hatten, sich die Aufmerksamkeit eines Publikums zu sichern, dem das Geld locker in der Tasche saß. Viele von ihnen schienen überzeugt, dass wir Platten verkaufen würden, viele Platten. Einer schlug vor, uns mitten in London ein Penthouse mit allem Schnickschnack zu besorgen. Der nächste wollte uns mit einigen der talentiertesten Hip-Hopper Amerikas zusammenbringen, aber als wir ihn aufforderten, ein paar Namen zu nennen, kam er ins Stottern. Der nächste fragte, ob wir schon mal darüber nachgedacht hätten, Balladen aufzunehmen, Coverversionen. Wir trauten keinem von denen und ausstehen konnten wir sie noch viel weniger.

Dann empfahl Ray Stone uns Jonathan Shalit von Shalit Global. Natürlich hatte ich schon von ihm gehört. Er war einer der bekanntesten Musikmanager Londons, der bereits zahlreiche Acts unter Vertrag hatte, die es in den Charts ganz nach oben geschafft hatten. Ray Stone meinte, dass wir uns unbedingt mit Shalit treffen sollten. Und auch Shalits Nummer zwei, einen jüngeren Typen, der nur mit seinen Initialen, JD, gerufen wurde, müssten wir auf jeden Fall kennenlernen.

»JD wird euch gefallen«, sagte Ray. »Er ist genau auf eurer Wellenlänge.«

»Echt?«, fragte Bill ausdruckslos.

Trotz unserer Bedenken, einen Mann zu treffen, der sich deutlich besser mit Pop-Opern auskannte als mit Rap, gingen wir zu dem Meeting. Ray Stone hatte Recht. Wir mochten JD sofort. Er war ein netter Typ – natürlich letzten Endes genauso voller Scheiße wie der Rest der Branche, aber es schien, als könnte man ihm, was Musik anging, vertrauen. Zudem war er ein großer Rap-Fan. Endlich jemand, zu dem wir einen Draht hatten, mit dem wir vielleicht sogar arbeiten konnten. Das Erste, was er zu uns sagte, war »Ich weiß, wer ihr seid«, und eine Sekunde lang dachte ich, er wüsste, dass wir in Wirklichkeit keine Amerikaner waren. Doch es war nur seine Art zu sagen, dass er unsere Songs mochte, selbst die über Jungfrauen und Großmütter. Wir wussten seinen Respekt zu schätzen und sagten ihm das auch. Als Beweis dafür stießen wir die Fäuste aneinander. Dann kam uns auf einmal eine andere Faust entgegen, die von Jonathan Shalit. Er war zu spät zu unserem Meeting gekommen, aber jetzt kam er zur Tür herein wie der sprichwörtliche Sonnenschein, ein wackeliges Lächeln im Gesicht und ein rauchiges Lächeln in der Stimme. Ich betrachtete ihn von unten bis oben und musste sofort an den Pinguin aus *Batman* denken. Shalit war genauso klein wie breit, gekleidet wie eine Mischung aus Zuhälter und Zirkusclown, jede Menge glänzende Seide, jede Menge Protz. Aber an seiner anscheinend angeborenen Begeisterungsfähigkeit war nichts auszusetzen. Seine Augen flackerten, während er sprach, und, obwohl man das Gefühl hatte, er würde sich Musik nur anhören, wenn ihm jemand eine Pistole an den Kopf hielt, bestand er darauf, dass er Musik liebte, einfach liebte, und dass er, wenn er Musik hörte, Dollarzeichen vor Augen hätte. Für uns klang das gut. Er sagte, er wolle uns vertreten, nicht weil er uns zu Stars machen könnte, sondern einfach, weil wir einen richtig guten Manager wie ihn verdient hätten.

Bill sah mich an. Wir nickten einander kaum merklich zu. Wir mochten den Kerl. Ihn nicht zu mögen, war auch schwierig.

Wie sich herausstellte, kannte sich JD in der Rap-Szene wirklich gut aus und die Ideen, die er uns zu Positionierung und Marketing vortrug, klangen einleuchtend und vielversprechend.

Offiziell geschah erstmal nichts, aber die nächste Zeit hingen wir viel mit JD ab, gingen in Klubs, ließen uns volllaufen und taten Dinge, die sich damals unglaublich anfühlten – wenn auch nicht immer legal. Mit anderen Worten: Wir hatten Spaß. Bald hatten wir eine richtig gute Beziehung zu JD. Er sagte uns immer wieder, Shalit wäre kurz davor, uns ein Angebot zu machen. Dass er seine Fühler in der Branche ausstreckte und die Reaktionen mehr als positiv wären. Unser Name sprach sich herum, wir waren in aller Munde, gewannen neue Freunde, flirteten mit allen möglichen Typen aus der Branche, lernten fleißig Namen auswendig und eigneten uns eine Menge Insiderwissen an. Die wichtigste Eigenschaft eines guten Lügners ist es, zuhören zu können. Wenn wir sonst nichts konnten, aber das konnten wir mittlerweile wirklich.

»Es ist jetzt nur noch eine Frage der Zeit«, sagte Shalit. Gott sei Dank, denn wir waren völlig pleite. Das war auch einer der Gründe, weshalb wir so viel mit JD abhingen: Er zahlte immer.

Eines Morgens rief Shalit an und machte uns ein Angebot. Ich erinnere mich daran, als sei es gestern gewesen. Das war der Moment, in dem sich unser Leben endgültig änderte, zum Guten wie zum Schlechten.

Es war noch früh, noch nicht mal zehn und ich schlief noch. Mein Handy vibrierte neben mir auf dem Boden. Unbeholfen griff ich danach, krächzte ein Hallo – und musste das Ding erstmal wieder vom Ohr weghalten, als Shalit mit dem für ihn typischen Begrüßungssingsang loslegte. Meiner Meinung nach hätte er damit auch als Moderator beim Frühstücksradio anfangen können. Er teilte mir mit, dass er unser Manager sein wollte, und dass er uns eine Unterkunft besorgen würde, wie sie zwei aufstrebende Rap-Stars verdient hätten. Natürlich würde er alle Kosten übernehmen, während wir an unserer Musik arbeiteten. Dann würde er sich daranmachen, uns – ohne Zweifel – den Plattenvertrag des Jahres zu beschaffen. Wir müssten nur noch vorbeikommen und unterschreiben. Wann könnten wir da sein?

Ich rieb mir den Schlaf aus den Augen. Michelle, das wusste ich, brauchte ihre Wohnung wieder für sich. Und Bill und ich brauchten *mehr* Platz. Das Timing war also perfekt. Ich sagte ihm auf meine großspurige, amerikanische Art, er solle doch erstmal übers Geld reden.

»Okay«, fing er an, »zusätzlich dazu, dass ich alle Spesen übernehme ... 30 000 Pfund Vorschuss.«

Ich sah mich nach Bill um, der aber noch tief und fest schlief. Ich streckte das Bein aus und stieß ihn so lange mit den Zehen an, bis er aufwachte. Er sah mich mürrisch an. Ich warf einen Schuh nach ihm und sagte lautlos »Shalit«, worauf er plötzlich ganz schnell wach war und herübergerutscht kam, bis er direkt neben mir saß und sein Ohr ans Handy drückte.

Hatte Shalit uns allen Ernstes gerade 30 000 Pfund geboten? Das war mehr, als ich je für möglich gehalten hätte. Shalit hörte zum Glück nicht, wie ich schlucken musste.

»Hey, Mann«, sagte ich in meinem breitesten amerikanischen Akzent, »für weniger als 70 000 steh ich erst gar nicht auf.«

Ich hatte keine Ahnung, was ich da sagte. Bill sah aus, als würde er mir gleich den Kopf abreißen. Ich klappte das Handy zu.

Bill und ich hatten immer diese unausgesprochene Vereinbarung gehabt: Egal wie sehr wir uns kloppten, wir würden uns nie ins Gesicht schlagen, denn unsere Gesichter waren unser Vermögen. Alles andere war okay, aber nicht ins Gesicht. Stattdessen nahm er mich nun in den Schwitzkasten und versuchte, mich mit dem Kopf voran in den Boden von Michelles Apartment zu rammen.

»Verdammte *Scheiße,* was tust du denn?« Er war fuchsteufelswild und eine dicke Ader pulsierte mitten auf seiner Stirn. »Du lehnst 30 000 Pfund ab! Bist du völlig bescheuert? Wir sind pleite!« Mittlerweile stand er vor mir, mit einer Nachttischlampe in der Hand und war kurz davor, sie mir über den Schädel zu ziehen. »Du beschissener Idiot, ich bring dich um.«

Das Handy klingelte wieder. Ich krabbelte an Bill vorbei und ging ran. Shalit.

Er war kurz angebunden, aber entschlossen. »Okay«, sagte er. »70 000 sind ein Deal.«

Ich ließ das Telefon fallen, Bill die Lampe. Wir umarmten uns und sprangen auf Michelles Schlafcouch herum, bis wir herunterfielen und dabei diverse Möbelstücke umwarfen. Mir schossen die Tränen in die Augen, wir lachten schrill und ungläubig.

»Hallo...?«, tönte Shalits Stimme aus einer Zimmerecke.

Fünf

The Dairy in Brixton war unser erstes, professionelles Studio. Dreihundert Pfund pro Tag, alles bezahlt von unserem frisch angeheuerten Management-Team. Es war großartig dort, klein aber gemütlich, und JD hatte uns einen jungen Toningenieur zur Verfügung gestellt, der quasi Tag und Nacht für uns bereitstand. Jetzt waren wir professionelle Musiker, standen auf der Gehaltsliste. Wir tauchten immer erst am späten Morgen auf und blieben oft über Nacht. Das Zimmer, in dem sich das Sofa befand, wurde unser Hauptquartier. Dort stand auch der Fernseher, auf dem wir alles schauten, von MTV bis zu den Pornos spät nachts. Wir stellten dort auch die Xbox auf, um auch mal eine kleine Pause von der ganzen fieberhaften Produktivität machen zu können. In der Küche stand ein Kühlschrank, den wir mit Jack Daniels und Bier, Sandwiches und – in Erinnerung an meine Kindheit in Südafrika – mit Biltong-Dörrfleisch füllten.

Produzenten aus New York, Los Angeles und Stockholm begannen, uns Tracks zu schicken, zu denen wir die Lyrics schreiben sollten. Aber ich war ihnen allen schon einen Schritt voraus. Ich hatte bereits zahllose Beats erstellt, die mir allesamt besser vorkamen als das, was diese sogenannten Profis zu bieten hatten. Unsere Köpfe quollen fast über vor lauter Wörter und Satzfetzen. Im Studio flossen sie ins Mikro und landeten dann auf dem Band. Bald schafften wir einen Song pro Tag. Wir stellten »Tongue Kung Fu«, »Let's Get it On« und »I've Drunk Too Much« fertig. Wir nahmen ein Finetuning an »Stalkers« vor und kreierten zwei unserer wichtigsten Songs, »I Play With Myself« und »Losers«. Vor allem Letzterer klang auf Anhieb wie eine großartige Hymne, ein eiskalter, subversiver Klassiker.

Wir waren damals unglaublich produktiv. Wenn wir nicht im Studio waren, traten wir bei jedem Battle-Rap-Wettbewerb an, den wir finden konnten. Wir dachten, dass wir uns auf diese Art in der Untergrundszene einen Namen als Texter machen könnten, während wir gleichzeitig Hits für den Mainstream produzierten. Ohne uns anstrengen zu müssen, gewannen wir jeden Wettbewerb. Aber schon nach ein paar Auftritten waren wir nicht mehr willkommen. Unsere Erfolge in der Londoner Szene endeten eines Abends abrupt in der Oh! Bar in Camden. Alles lief perfekt – bis zum Finale, als ich, ohne groß darüber nachzudenken, den Brustumfang, oder besser gesagt den fehlenden Brustumfang eines Mädchens in der ersten Reihe thematisierte. Das Mädchen fand das offensichtlich gar nicht witzig und fing an, in meine Richtung zu spucken. Und ich meine jetzt keine kleinen Speicheltröpfchen, oh nein, sie feuerte eklige, tennisballgroße Schleimkugeln auf mich ab. Als ich diese Geste erwiderte, stürmten ihr Freund und seine Crew die Bühne. Es kam zu einer Schlägerei und meine Cousins Warren und Byron (die mittlerweile in London wohnten) mussten mir zu Hilfe kommen. Bill, der am anderen Ende der Bar war, arbeitete sich zu uns durch, schlug wild um sich und brüllte dabei wie Begbie in *Trainspotting*. Er schien sich köstlich zu amüsieren. Und dann war da auf einmal ein Geräusch, das ich noch nie zuvor gehört hatte, zumindest nicht im wirklichen Leben. Es knallte zwei Mal so laut, dass mir fast das Herz stehen blieb. Schüsse. Ich erstarrte, war wie betäubt und versuchte zu verstehen, was da gerade passiert war. Stell dich tot, nein, scheiße, schlechte Idee, steh auf und lauf um dein Leben. Jetzt rannten sie alle in Panik zu den Ausgängen. Warren zog mich am Kragen hoch und Sekunden später waren wir draußen und sprinteten an Bill und Byron vorbei, die bereits zur U-Bahn-Station Mornington Crescent rasten. Noch Wochen später hörte ich das Geräusch der Schüsse. Das war echt knapp, eine völlig unnötige, potenziell tödliche Erfahrung, die uns wieder bewusst machte, wo wir waren; in der Großstadt London, wo die Gewalt täglich zunahm. Bei Hip-Hop geht es für die meisten Kids von der Straße nicht nur um die Musik, die Kunst des Reimens oder darum, Beats zu produzieren. Am wichtigsten ist es, tough zu erscheinen, ein Gangster zu sein, krumme Dinger zu drehen, Drogen zu verticken und Geld zu verdienen, indem man die Klischees des amerikanischen Gangsterrapp aufrechterhält. Bill und ich wollten aber einfach nur Musik machen, die Leute unterhalten und Spaß haben. Wir hatten kein Interesse daran, dass man uns in die Brust schoss, egal wie viele Street-Credits man für seinen Tod dann bekam.

Also zurück ins Studio. Unsere Überzeugung, genial zu sein, wirkte wie ein Aphrodisiakum. Ich bekam schon eine Erektion, wenn ich nur mein Spiegelbild in der Fensterscheibe der Aufnahmekabine sah, und Bill – Bill war auf einem noch viel krasseren Egotrip. Er benahm sich wie eine Karikatur seiner selbst. Manchmal schien es, als würde sein Ego jeden Zentimeter des Studios ausfüllen, bis man nichts anderes mehr sehen, hören, fühlen, riechen und schmecken konnte. JD liebte alles, was er hörte. Wir waren seiner Mühen *würdig*. Rapstars lebten schon immer von ihrer Arroganz. Im Vergleich zu ihnen wirken Rockstars wie die reinsten Mauerblümchen. Sie hielten es sogar für unnötig, den eigenen Namen in ihren Songs unterzubringen. Aber Rapper, die bis dahin überwiegend ausgegrenzt und nicht anerkannt worden waren, taten fast nichts anderes. Wir jedenfalls taten es eigentlich immer. Das Recht auf diese Sprechversion von Leuchtreklame hatten wir uns erarbeitet. Bald würde *jeder* unsere Namen kennen. Wir würden Superstars sein.

In der Zwischenzeit arbeitete JD unermüdlich an unserem Erfolg. Er präsentierte uns einer Plattenfirma nach der anderen und besorgte uns eine Reihe von unangekündigten nächtlichen Auftritten in den verschiedensten Klubs. Tagsüber spielten wir vor den Bossen der Plattenfirmen, nachts vor den Kids der Stadt. Für uns machte das keinen Unterschied, ein anerkennendes Publikum hatten wir so oder so. Jedes Mal zogen wir wieder unsere Show ab und hämmerten es auch dem Letzten ins Hirn: Wir sind Silibil N' Brains, die Zukunft der Musik. Inzwischen wurden wir immer häufiger mit Eminem verglichen, es wurde schon fast zur Gewohnheit. Und überall, wo wir hinkamen, wollten sie, dass wir unser Ding abzogen, »dieses Freestyle-Zeug«. Fast täglich spielten wir also unser Lieblingsspiel *Porcupine,* oder zumindest eine Art davon. Einmal sagte ein Mädchen aus dem Publikum, wir wären so unterhaltsam, dass wir eigentlich auch unsere eigene Fernsehshow haben sollten. Diese Idee fanden wir *ganz ausgezeichnet*.

Wir lebten unseren Traum und wollten damit angeben. Wir wollten nach Dundee zurückkehren, damit sie eine Party für uns schmeißen und eine Parade zu unseren Ehren abhalten konnten. Aber natürlich ging das nicht und wir stießen damit auf ein Problem, das dabei war, uns zu bestimmen, und das uns irgendwann das Genick brechen sollte.

Es mochte ja stimmen, dass Silibil N' Brains Begabung und Talent im Überfluss besaß, aber unsere ganze Anziehungskraft beruhte auf einer Lüge, auf einem Betrug. Wir waren Schotten, die vorgaben, Amerikaner zu sein. Natürlich hatte uns genau diese Täuschung so weit gebracht und wir hielten sie rund um die Uhr aufrecht, selbst wenn wir allein waren. Wir zeigten eine Disziplin, die alle, die uns kannten, überrascht hätte. Anders ging es auch nicht, denn sobald wir aufdecken würden – oder schlimmer noch, falls ein anderer das tat –, wer wir wirklich waren, wäre alles vorbei. Shalit, das wusste ich, würde ausflippen bei dem Gedanken, sein Geld in etwas gesteckt zu haben, das es niemals wirklich gegeben hatte. Das Interesse der Plattenfirmen würde augenblicklich erlöschen. Sie würden sich totlachen und uns aus der Stadt jagen. Sie würden uns verklagen. So mussten wir die Lüge um jeden Preis aufrechterhalten. Wir mussten unser neues Leben leben, als hätte es das alte nie gegeben. Das war *unser* Geheimnis.

Jedenfalls war es das, bis wir uns dazu entschlossen, es mit jemandem zu teilen. Um eine derart große Lüge aufrechterhalten zu können, glaubten wir, uns zumindest die Hilfe unserer engsten Freunde sichern zu müssen. Wir brauchten Menschen um uns, denen wir vertrauen konnten. Zumindest wären wir dann nicht allein, wenn doch einmal alles herauskam. Und so weihten wir Oskar, meine Cousins Warren und Byron und ein paar Kumpels aus Südafrika, die mittlerweile in London lebten, ein. Als wir sie alle versammelt hatten und ihnen unser Geheimnis anvertrauten, war die Reaktion bei allen dieselbe: Ihnen klappte die Kinnlade runter.

»*Was* tut ihr?«

»Und die haben euch das abgekauft?«

»Aber was passiert, wenn ihr auffliegt?«

»Ihr wisst schon, sobald die erste Single ein Hit wird«, erklärte Warren langsam, als würde er mit Idioten sprechen,

»wird halb Dundee am Telefon hängen, um der Presse zu erzählen, dass ihr keine Amis seid. Und was dann?«

»Hey, Alter«, sagte Bill und klopfte ihm auf die Schulter. »Du musst positiv denken. Das Wichtigste ist doch: Wir werden verdammte *Superstars!*«

Wir baten alle um unbedingte Geheimhaltung, die nur bei Todesgefahr gebrochen werden dürfte. Ich weihte auch Alison ein, die sich mittlerweile immer mehr von mir entfernt hatte. Sie war ganz und gar nicht begeistert und prophezeite, dass alles ein böses Ende nehmen würde. Sie versprach aber, nichts zu verraten und wünschte mir Glück. Würden wir den anderen trauen können? Es blieb uns nichts anderes übrig, als abzuwarten und einfach darauf zu hoffen.

Mein Cousin Byron war *begeistert* und wollte unbedingt an diesem Spaß teilhaben. Die nächsten zwölf Monate wohnte er in unserem neuen Haus in London. Wir ernannten ihn zu unserem Gelegenheits-DJ und verliehen ihm den Titel Stretch Jr., unseres Mixologen. Er filmte alles, was wir taten. YouTube steckte damals noch in den Kinderschuhen. Aber man konnte schon damit arbeiten, um eine Online-Kampagne zu fahren, die die Leute für uns begeistern sollte, vielleicht sogar weltweit. JD betonte immer wieder, wie wichtig das wäre. Mit 70 000 Pfund in der Tasche wurde London für uns auf einmal zur riesigen Spielwiese. Nichts konnte uns aufhalten. Wir wollten uns amüsieren wie noch nie zuvor. Natürlich filmten wir alles, denn wir dachten schon einen Schritt weiter, und zwar an die aufklappbare Premium-CD unseres ersten Albums, jetzt, nur für kurze Zeit mit DVD *The Making of Silibil N' Brains.* JD hielt das für eine weitsichtige Idee. *Weitsichtig!* Nicht schlecht, oder?

Shalit finanzierte unseren Umzug in ein frei stehendes Haus in Arnos Grove, am Ende der Welt, nicht weit entfernt von der völligen Einöde Cockfosters', wo sich Londons Bodensatz versammelte. Unsere neue Bleibe war groß und geräumig, mit drei Schlafzimmern, zwei Badezimmern, einer riesigen Wohnküche und einem großen, verwilderten Garten. Wir tauften sie Eagle's Nest, richteten sie nach unseren Vorstellungen ein und müllten sie in den folgenden Wochen systematisch zu, indem wir sie zur Partyzentrale machten. Wir brachten alle möglichen Leute mit nach Hause: aus der Branche, aus Bars und Klubs, manchmal auch einfach aus dem letzten Bus, der uns zurückbrachte. Wir tranken, rauchten und fickten die ganze Nacht. Der Kühlschrank voller Alkohol und an der Wand die Flyer der örtlichen italienischen, chinesischen und indischen Take-aways, gleich neben den Handynummern der Dealer, die bereit waren, uns so weit außerhalb zu beliefern. Michelle war erleichtert, dass wir endlich ihre Bude verließen, kam aber regelmäßig zu unseren Partys. Wir hatten sie eingeladen, jederzeit vorbeizukommen. Das war das Mindeste, was wir tun konnten.

»Gute Neuigkeiten, Jungs. Sieht aus, als hätten wir bald ein ernst gemeintes Angebot auf dem Tisch.«

Jedes Mal, wenn Shalit uns damals anrief, verkündete er uns irgendwelche frohen Botschaften. Diese war aber mit Abstand die beste.

»Ich schicke euch einen Wagen. Seid abfahrbereit.«

Zwei Stunden später waren wir in einem Studio unter der London Bridge und performten ein Set von sechs Songs vor ein paar hochrangigen Managern einer Plattenfirma – offensichtlich die Art von Typen, die auch im Haus Sonnenbrillen trugen. Das war der bisher härteste Test für uns. Denn das hier waren Amis, Geschäftspartner von Shalit, die zufällig in der Stadt waren. Sie wollten sich sein Versprechen, dass er ihnen den besten, noch nicht unter Vertrag stehenden Hip-Hop-Act Amerikas ausgerechnet im alten England vorführen wollte, natürlich nicht entgehen lassen. Den Akzent nahmen sie uns sofort ab und unsere Geschichte gefiel ihnen auch.

»Okay, dann zeigt mal, was ihr draufhabt.« Dave Clansey war um die fünfzig, korpulent, hatte silbergraues Haar, einen gepflegten Spitzbart und war offensichtlich Stammgast im Solarium. Er sah aus wie ein Mann, der sich morgens einen Tropfen Eau de Cologne hinter die Ohren träufelte und Kokain nur kiloweise bestellte. Sein Partner, Michael Feldstein, war groß und dünn und vielleicht auch älter. Er verbarg seinen Blick hinter einer Sonnenbrille und trug ausgewaschene Jeans und Leder, dazu Mokassins mit Quasten, aber ohne Socken. Seine Schienbeine, die er uns präsentierte, als er auf einem Barhocker saß, waren komplett enthaart.

Wir performten »Let's Get Naked« und »I Play With Myself«, einen Song über Masturbation und die sexuellen Defizite von Silibil N' Brains. Wir präsentierten ihn dermaßen aggressiv und mit so großen Gesten, dass Shalit die ganze Performance über stand und mitklatschte, wie einer dieser betrunkenen Onkels auf der Hochzeitsparty nach Mitternacht.

»Beeindruckend, Jungs, beeindruckend.« Clansey gefiel unsere Performance. »Aber eins kapier' ich nicht. Was zum Teufel treibt ihr mit der Musik hier in London? Eigentlich solltet ihr doch zu Hause in den Staaten sein, oder?«

Ich öffnete gerade den Mund, um zu antworten, aber Clansey ließ sich offensichtlich nicht gerne unterbrechen. Er sprach einfach weiter und erklärte, dass er uns nach Amerika mitnehmen wollte, *nach Hause,* und zwar jetzt, sofort, wenn möglich noch morgen. Dort würde er die Verträge mit Sony US unter Dach und Fach bringen. Silibil N' Brains würde in Amerika viel besser funktionieren als hier, wo die Charts von Boy-Bands und Indie-Acts mit fransigen Frisuren beherrscht wurden. Der britische Markt, erklärte er, sei klein und unbedeutend. Wir könnten ja später noch mal wiederkommen, aber erst, wenn wir Amerika erobert hätten.

Shalit zitterte quasi vor Aufregung. Bill seltsamerweise auch.

»Er hat Recht«, verkündete Bill mir zugewandt, bevor er sich wieder zu Clansey drehte und ihm schwungvoll die Hand schüttelte. »Du hast Recht, Dave. Diese britischen Scheißkerle gehen mir langsam sowieso auf die Nerven – nichts für ungut, Mr. Shalit, Sir.«

Clansey lachte. Michael Feldstein verschränkte die Arme vor der Brust und nickte knapp.

»Wann könnt ihr aufbrechen?«

Bill sah auf die Uhr. Jetzt musste auch Shalit lachen.

Clansey erklärte, dass er die Reisevorbereitungen gleich in den nächsten Tagen treffen würde. Dass Bill einen Privatflieger verlangte, wäre zur Kenntnis genommen, erklärte er, aber letzten Endes würde daraus nichts werden. »Erstmal müsst ihr euch mit der Businessclass begnügen, sorry. Die Privatflugzeuge kommen dann später, aber ich mag es, wie du denkst, Kumpel.« Wir klatschten diese Männer ab, die alt genug waren, um unsere Väter zu sein, dann machten sie sich vom Acker.

Anschließend führte Shalit uns in eine Bar in der Nähe, um auf unseren Erfolg anzustoßen. Während Bill und er feierten und über spätere Partys mit Gästen wie Paris und Nicky Hilton spekulierten, beobachtete ich Bill mit wachsender Verwirrung. Welcher Teil seines Hirns hatte denn jetzt schon wieder ausgesetzt? Wie tief hatte er sich in dieser Geschichte verloren? Ich war dankbar, als Shalit sagte, dass er jetzt zu einem anderen Meeting müsse. Er umarmte uns und ging. Als wir allein waren, wandte ich mich mit finsterem Blick an Bill.

»Was?«, fragte er.

»Was soll das heißen, *was?* Was zum Teufel hast du denn da drinnen für 'ne Show abgezogen? Wir können nicht nach Amerika gehen!«

Und dann erklärte ich es ihm, als wäre er ein Kleinkind, dem ich beibringen musste, dass es keinen Weihnachtsmann gab. Wir konnten nicht nach Amerika zurückgehen, weil wir nie da gewesen waren. Wir kamen nicht aus Kalifornien, sondern aus Schottland. Oder hatte er das schon vergessen? Wir hatten britische Reisepässe. Wenn wir in die Staaten reisen wollten, müssten wir uns Visa besorgen, und selbst wenn wir welche bekämen, dürften wir nicht länger als drei Monate dort bleiben. War ihm denn nicht klar, dass das ein klitzekleines Problem darstellte?

Seine Miene wurde immer düsterer, während er mir zuhörte und ich konnte zusehen, wie er rot anlief.

»Scheiße, sorry Mann. Was soll ich sagen, ich hab mich einfach mitreißen lassen.« Er war völlig geknickt. »Aber trotzdem ganz schön aufregend, oder? Die haben uns für Genies gehalten!«

Wir tranken aus und bestellten nach. Eine Stunde später hatte ich mir genug Mut angetrunken, um ein unangenehmes Gespräch mit unserem Management zu führen. Ich suchte mir eine ruhige Ecke und wählte JDs Nummer.

»Hi Jonathan. Gavin hier. Ich denke, wir passen.«

Er brüllte in den Hörer: *»Was?«*

»Ich denke, wir verzichten auf Clanseys Angebot.«

»Warum in aller Welt solltet ihr das tun?«

Ich schluckte. »Ich bin nicht sicher. Irgendwie waren wir nicht auf einer Wellenlänge.«

»Nicht auf einer Wellenlänge ...?«

Bill griff sich das Handy.

»Genau, und außerdem sah er irgendwie seltsam aus.«

»Seltsam? Wie, seltsam?«

Bill wandte sich an mich. »Könnte er vielleicht schwul sein, Gav?«

Jetzt griff ich mir wieder das Handy. »Aber so was von schwul, Mann. Ich hatte das Gefühl, er hat mich angemacht.«

»Was zum Teufel faselt ihr zwei da?«

Bill schnappte sich noch einmal das Handy und machte laute knisternde Geräusche. »Ups, Tunnel«, sagte er und legte auf.

Dann standen wir da und schnauften schwer.

Bill pfiff leise. »Phuu. Das war knapp.« Aber dann hellte sich seine Miene sofort wieder auf und er klatschte in die Hände. »Wer holt die nächste Runde?«

Eine Woche später geschah ein Wunder – Sony UK wollte uns.

Erst im Nachhinein ist mir klar geworden, wie verhängnisvoll es war, dass wir dort ausgerechnet an einem Freitag dem 13. unterschrieben. Wenn ich an meine zahllosen Neurosen denke, überrascht es mich selbst, dass ich deswegen nicht mehr Theater gemacht habe. Später, als dunklere Zeiten folgten, verschreibungspflichtige Medikamente, der Bruch mit Alison, Nächte voller Drogen und Selbstmordgedanken am Morgen danach, musste ich immer und immer wieder an dieses verdammte Datum denken. Es war eine bequeme Ausrede, auf die ich alle Schuld abwälzen konnte. Manchmal, wenn ich besonders tief in meinen Traumwelten versinke, male ich mir aus, dass alles anders gekommen wäre, hätten wir nur am Zwölften unterschrieben. Oder an einem ganz gewöhnlichen anderen Wochentag. Aber nein, es musste ja ein Freitag sein, Freitag der 13., der schlimmste Tag in jedem Kalender. Schon am Morgen dieses verhängnisvollen Tages, während des Frühstücks, hatte der Toaster einen Kurzschluss, schoss ein Blitz aus seinem Inneren hervor, der Bill fast erledigt hätte. Ich denke nicht, dass das ein Zufall war.

In der Nacht zuvor hatte ich verzweifelt um Schlaf gerungen, vor allem als Bill anfing, zu schnarchen. Ausnahmsweise waren wir mal vernünftig gewesen und zu Hause geblieben, hatten einfach in die Glotze gestarrt und es sorgsam vermieden, über den nächsten Tag zu sprechen. Wir hatten beide Angst davor, dass es diesen nächsten Tag sonst vielleicht gar nicht geben könnte. Dass sich das alles, sobald wir anfingen, ernsthaft darüber zu sprechen, als Hirngespinst erweisen könnte. Es ist gut und schön, einen Traum zu haben, aber wenn dieser Traum Wirklichkeit wird, wird es kompliziert. Jedenfalls war ich um Mitternacht bereits im Bett, lag stocksteif unter meiner Decke und starrte an die dunkle Zimmerdecke. Einen wunderbaren Moment lang genoss ich die Stille. Dann ging das Konzert los.

Es fing mit Bill an, der im Nachbarzimmer so laut schnarchte, dass die Wand kein Hindernis darstellte und die Geräusche meine Gehörgänge durchfluteten wie ein Tsunami. Dann gesellte sich das Ticken der Uhr auf meinem Nachttisch dazu, eine winzige, rhythmisch schlagende Trommel, die Bills schrille Bläser begleitete. Um zwei war ich immer noch unglaublich wach und langsam packte mich die Panik, dass man mir bei der Unterschrift die schlaflose Nacht ansehen würde. Und das war nur noch – wie lang? – zehn kurze Stunden hin. Ich stand auf und tappte in die Küche, um mir ein Gelpack aus dem Kühlschrank zu holen, ein Geschenk meiner Mutter, die nur zu gut wusste, wie schlimm meine Nächte sein konnten. Wieder im Bett, legte ich mir die schleimigen Plastiksäcke auf die Augen. Aber nur Minuten später warf ich sie auf den Boden, auf einmal überzeugt davon, dass die Kälte meine Krähenfüße sichtbar machen würde. Und wer konnte es sich schon leisten, mit dreiundzwanzig Krähenfüße zu haben?

Draußen kämpften die Katzen, deren langgezogenes Miauen anhielt, bis es endlich und abrupt abriss – um dann wieder einzusetzen. Und war das wirklich eine Motte an der Glühbirne über mir, eine Motte, mitten im Februar?

Irgendwie verging die Zeit dann doch und auf einmal war es sieben Uhr morgens. Offenbar hatte ich wenigstens ein paar Stunden geschlafen. Ich duschte, verzichtete aber bewusst darauf, mich zu rasieren – heute nicht, heute wollte ich Kontur –, und ging dann in die Küche, wo Bill, der sich noch von der Toasterexplosion erholte, damit beschäftigt war, eine Scheibe Brot runterzuschlingen, die er später schön wieder auskotzen würde. Es war interessant, meinen sonst so unglaublich selbstbewussten Freund so unglaublich nervös zu sehen. Er sah mich an, mein Komplize, aber er sagte nichts. Ich stürzte ein Glas Milch hinunter. Dann gingen wir nach oben, um uns für den wichtigsten Tag in unserem Leben in Schale zu werfen.

Arnos Grove um acht Uhr morgens war uns neu, schließlich schliefen wir sonst um diese Zeit noch, oder dachten gerade erst daran, ins Bett zu gehen. Aber die Straßen waren voller schlechtgelaunter Menschen und gestresster Anzugträger auf dem Weg in die Stadt. Bill und ich fielen auf wie Sonnenstrahlen, die durch Sturmwolken brachen – wie auf diesen Bildern in der Bibel. Wir hatten uns angezogen, wie man sich eben so anzieht, wenn zwei weiße Kids so tun, als seien sie schwarz – zwei amerikanische Rapper auf Erfolgskurs. Bill begrüßte jeden, der seinem Blick nicht auswich, mit einem *Yo* und amüsierte sich königlich darüber, dass niemand seinen Gruß erwiderte.

»Ach, ihr Briten«, sagte er, ohne jemand Bestimmten anzusprechen. »Immer so verklemmt.«

Wir hatten mehrere Schichten weiter Klamotten an, alles ein paar Nummern zu groß. Unsere Oberkörper waren in leuchtend rote und gelbe Basketballtrikots gehüllt und die Jeans hingen uns fast in der Kniebeuge, sodass unsere Boxershorts hervorlugten. An den Füßen trugen wir importierte Skaterschuhe. Wir waren Silibil N' Brains und stolzierten wie Zuhälter auf dem Weg zur U-Bahn die Straße entlang, vorbei an den unvermeidlichen Internetcafés, abgewrackten Secondhandläden und schlaksigen Schulkindern. Nichts konnte uns aufhalten – bis auf die Tatsache, dass Bill alle paar Meter anhalten musste, um zu kotzen. Als wir die U-Bahn-Station erreichten, gerieten wir in ein Menschengedränge. Alle versuchten gleichzeitig, sich durch die Türen zu zwängen. Ein Securityman flehte um Ruhe und Besonnenheit und ließ immer nur zwei Leute gleichzeitig durch, wie ein Noah des britischen Verkehrsverbundes. Die U-Bahn war gerammelt voll, als wir endlich losfuhren. Wir waren umringt von Typen in Nadelstreifenanzügen und Frauen in engen Businessröcken. Platz, um sich zu bewegen, gab es nicht. Das Gesicht einer der Frauen steckte quasi in Bills Achselhöhle.

»Keine Sorge, Lady«, beruhigte er sie. »Old Spice. Sie haben nichts zu befürchten.«

Sechs Haltestellen später fing Bill an zu schwitzen. Je länger ich dabei zusah, wie sein Gesicht sich in unkontrollierter Panik verzog, desto mehr versuchte ich für uns beide ruhig zu bleiben. Alle zehn Sekunden sah er auf die Uhr. Ich hatte das Gefühl, mich um ihn kümmern zu müssen.

»Wir werden zu spät kommen, Gav.«

»Bleib cool«, sagte ich. »Wir schaffen es noch.«

Aber schon als wir an der Caledonian Road hielten, war klar, dass wir uns verspäten *würden*. Die unvorhergesehenen Aufenthalte zwischen den Stationen wurden immer länger und als sich einer davon auf fünfzehn Minuten ausdehnte, ohne dass der Penner von Fahrer eine Ansage gemacht hätte, und gleichzeitig die Lichter flackerten, fiel mir auf einmal wieder ein, dass ich Platzangst hatte.

Ich kriegte keine Luft mehr, meine Lungen fühlten sich an, als würden sie zusammenkleben und schmerzten. Und dann kam die Panik.

»Wenn dieser Zug sich jetzt nicht *sofort* in Bewegung setzt, dann schwöre ich, dreh' ich durch. Bill, ich krieg' keine Luft mehr, ich...«

Bill sah nur trocken zu mir herunter. »*Cool bleiben*«, empfahl er mir.

Aber ich konnte sehen, dass er ebenfalls blass wurde.

»Oh Gott, du musst nicht schon wieder kotzen, oder?«, fragte ich. Und plötzlich hatten wir in einer U-Bahn, die so voll war, dass man sich nicht einmal umdrehen konnte, jede Menge Platz. Die anderen Passagiere drängten sich zusammen, bloß um von uns wegzukommen.

Bill grinste. »Viel besser so, die Damen und Herren. Wir wissen das zu schätzen.«

Der Zug machte ein furzendes Geräusch, ruckelte, kam wieder zum Stehen und fuhr dann endlich wieder los. Als wir schließlich die Rolltreppe am Leicester Square hochfuhren, waren wir tatsächlich viel zu spät. Aber das war uns jetzt egal, unsere Nervosität hatte sich verflüchtigt. Mittlerweile waren wir wirklich die arroganten Arschlöcher, die wir bisher nur gespielt hatten. Wir strotzten vor Selbstvertrauen in unseren bunten Klamotten und hatten wieder dieses zuhältermäßige Schlendern drauf. In den darauffolgenden Monaten sollte mir das noch oft passieren. Es fühlte sich an, als hätte ich eine Maske aufgesetzt, die es mir ermöglichte, Gavin Bain in den Keller zu verbannen, um komplett zu Brains McLoud zu werden. Und jedes Mal fühlte ich mich unglaublich mächtig. Jetzt jedenfalls waren wir hoch konzentriert wie Profisportler. Hätten wir Zuschauer gehabt für das, was sich gleich ereignen würde, dass wir diese Plattenfirma *ausspielen* würden, wären diese sicher beeindruckt gewesen. Wir liefen durch die Straßen von Soho und trafen uns wie vereinbart an einer Straßenecke mit Shalit und JD. Shalit sah übertrieben deutlich auf die Uhr und drohte uns mit dem Finger. Wir grinsten ihn an – *reg dich ab, Mann* – und dann machten wir uns gemeinsam auf den Weg, gingen nebeneinander auf dem Bürgersteig wie vier ungleiche Reservoir Dogs.

Schnell wurde klar, dass ich doch noch nicht zu einhundert Prozent Brains McLoud war, denn während wir unterwegs waren, schien sich auf einmal alles um mich herum zu drehen. Ich konnte kaum noch geradeaus schauen und spürte, wie sich pure Angst in mir breitmachte. Ich wurde immer langsamer, und während unser Management-Team voranging, ließ ich mich zurückfallen und zog Bill mit.

»Unsere Story«, sagte ich. »Wir müssen unsere Story noch mal durchgehen, nur zur Sicherheit.«

Aber jetzt war es an Bill, mich zu beruhigen. Er lächelte mich voller Wärme, fast liebevoll an. Wir steckten gemeinsam in dieser Sache drin, waren Partner, ein Team. Wir hatten sie bisher alle verarscht und das würde uns auch heute mit Sony gelingen. Wir waren Herren unseres Schicksals.

»Lass es uns einfach wie bei *Porcupine* machen, okay? Wenn einer von uns in Schwierigkeiten kommt«, flüsterte Bill, »dann springt einfach der andere ein, wechselt das Thema und bringt uns wieder zurück in die Spur.«

Zurück in die Spur. Das sollten die wichtigsten Worte des Tages werden.

Als wir in die Great Marlborough Street einbogen, hatten wir Shalit und JD wieder eingeholt. Shalit strahlte geradezu in seinem metallicblauen Anzug mit silbernen Nähten und grellroten Socken, war voll und ganz aufs Geschäft konzentriert. Für ihn war das nichts Neues, er war ganz in seinem Element. Seine Augen erschienen klein und fokussiert hinter seiner randlosen Brille und er starrte unerschütterlich nach vorn. JD war schon eher auf unserem Niveau, hatte coole Jeans und ein T-Shirt unter einer fetten Puffa-Jacke an und grinste wie ein Honigkuchenpferd. Während Bill und er sich der Erinnerung an eine Nacht hingaben, in der wir vor Kurzem einen drauf gemacht hatten, spürte ich auf einmal einen Frosch im Hals. Mein Mund war trocken wie die Wüste Gobi.

Als wir ankamen, erkannten wir sofort die Drehtüren und den glänzenden Linoleumfußboden wieder, der sich bis zum Empfangstresen streckte. Dahinter saß diesmal aber keine gut aussehende Frau, sondern ein Sicherheitsmann mit versteinertem, von Aknenarben übersätem Gesicht. Ich schluckte. Da waren wir also, das war jetzt der entscheidende Moment. Wir mussten es durchziehen, was auch immer passieren mochte. Wir trugen uns ein und steckten die Besucherpässe an. Jetzt gab es kein Zurück mehr.

Für einen Klaustrophobiker wie mich war der Aufzug viel zu eng. Trotzdem gelang es mir, den Schalter in meinem Inneren wieder umzulegen. Zumindest ein Großteil meiner Panik wurde von einer Welle aus Adrenalin und etwas, das sich verdächtig nach purer Freude anfühlte, hinweggeschwemmt. Ich war Brains McLoud und hatte meinen Verbündeten Silibil an meiner Seite. Der Aufzug hielt mit einem sanften »Ping«.

»Bereit?«, fragte Shalit. JD stieß noch einmal seine Faust an unsere. In der Aufzugtür strahlte mich mein Spiegelbild an. Dann öffnete sie sich und wir stürmten los wie eine Mischung aus Beavis & Butthead, Bill & Ted und Ren & Stimpy. Wir stürzten uns in einen Raum voller Menschen, die sehr konzentriert auf ihre Bildschirme starrten und legten los.

»Yo, yo. Hey Meister! Yo.« Alle hoben sie die Köpfe und begrüßten uns mit einem Lächeln. »Silibil N' Brains sind in diesem beschissenen Haus!«

Seltsam, wie einfach es ist, wie ein echter Rapper zu klingen, wenn man ihn eigentlich nur schamlos parodiert. Für die Leute im dritten Stock von Sony Records waren wir ein heller kalifornischer Sonnenstrahl, der ihren elenden Wintertag im Büro aufhellte. Wir waren eine Dreiviertelstunde zu spät und auch noch stolz darauf. Wir spazierten auf die Leute zu, klatschten jeden ab, der uns die Hand entgegenstreckte, verpassten ihnen leichte Schläge auf den Hinterkopf, wuschelten Frisuren durcheinander und machten hier und da einen Witz auf ihre Kosten. Sollten wir jemanden gestört haben, ließ sich das jedenfalls keiner anmerken. Aber schließlich war das hier eine Plattenfirma, und die Angestellten wurden dafür bezahlt, zu lächeln und ihren *Talenten* zu schmeicheln, ganz egal, was sie wirklich dachten oder wie es ihnen privat ging. Bis wir den Besprechungsraum erreichten, waren sie alle aufgestanden und ignorierten ihre klingelnden Telefone.

Das Zimmer war nicht besonders groß. Wahrscheinlich nicht groß genug für Popstars wie Mariah Carey, aber das war schon in Ordnung. Sobald wir drin waren, füllte es sich schneller als eine Kirche am Jüngsten Tag. Ich zählte zehn, fünfzehn Leute, die sich hineindrängelten. Alle wollten sie ein Stück von uns abhaben. Es fühlte sich an wie eine Party in der Besenkammer. Viele der Gesichter kannte ich schon von unseren Shows und Promoauftritten. Glücklicherweise war Robbie Bruce, der A&R-Typ, den wir erst vor ein paar Monaten in genau diesem Gebäude besucht hatten und der nicht zurückgerufen hatte, nirgends zu sehen. Wahrscheinlich hatte er den Betrug gewittert. Viele von denen, die jetzt hier waren, hatten mir nach einem unserer Gigs ihre Karte gegeben und große Versprechungen gemacht. Unter ihnen war auch Ruth Adams, die unsere nachsichtige und geduldige A&R-Frau werden sollte. Sie war eine blonde, attraktive Mittdreißigerin mit einem gesunden Selbstvertrauen. Ich mochte sie. Leider war sie verheiratet. Die Tür öffnete sich und irgendjemand brachte einen Kühler mit einer Flasche Champagner herein, dann einen zweiten. Champagner ist nicht wirklich mein Getränk – keiner meiner Freunde aus Dundee hätte das Zeug freiwillig angefasst –, aber in diesem Augenblick hätte ich für ein Glas davon morden können.

Eine etwas zu freundliche Hand legte sich auf meine linke Schulter, sanft und schlank, die Nägel gepflegt und bemalt.

»Oh, hey. Hi.« Ich sah auf und wurde rot. Ich hatte keine

Ahnung, wer sie war, aber sie war weiblich und auch noch hübsch, das reichte mir. »Es ist so toll, dass ihr jetzt hier seid«, sagte sie, während ich sie anstarrte. Sie hatte große Augen, schöne Zähne und ihr Haar war unendlich lang. »Ich liebe eure Musik«, fuhr sie fort. »Ihr Jungs bringt mich jedes Mal zum Lachen, ihr seid so witzig ...«

Ich kam nicht dazu, ihr zu antworten, weil sich jemand anderes zwischen uns drängte. So wie der Typ aussah, aus der A&R-Abteilung. Ein Arschloch eben.

»Alsoooo«, sagte er und zog dabei die Os in die Länge wie ein Gummiband. »JD hat mir erzählt, dass ihr, du und Silibil, euch zum ersten Mal in San Diego getroffen habt, richtig? *Ich liebe* San Diego, Mann, super Stadt. Bist du mal im...«

Das Herz rutschte mir in die Hose. Wir hatten doch San Diego gesagt – *oder vielleicht doch nicht?* Nein, bestimmt nicht. Hemet, Hemet in Kalifornien, dann Huntington Beach, oder? Meine Gedanken gerieten völlig durcheinander, während der Typ einfach weiterschwafelte. Irgendwann hatten Bill und ich einen Skatewettbewerb in San Francisco erwähnt. Aber San Diego kam in unserer Geschichte ganz sicher nicht vor. Ich fühlte mich wie benebelt. Zurück in die Spur, Brains, *zurück in die Spur*. Ich rief nach Bill, Silibil, und zeigte auf die vielen gerahmten Fotos an der Wand von den Pop- und Rockhelden, die wir schon immer bewundert, verehrt und verspottet hatten: Michael Jackson, Pearl Jam, Celine Dion. Bill bemerkte den Ausdruck in meinem Gesicht und legte sofort mit einem Verarschungsrap über Michael Jackson los, wie dieser was mit Celine Dion anfing. Ich übernahm den zweiten Vers und plötzlich waren wir mitten in einem Song, als hätten wir das vorher geprobt. Und vor allem schafften wir es, weitere Fragen dieses Idioten zu vermeiden.

Es war cool, alles war cool. Wir hatten alles im Griff. Hatten wir wirklich.

Danach kam der Smalltalk, aber das war kein Problem. So verging die Zeit wenigstens schneller. Wir begannen, uns über unsere Musik zu unterhalten, vor allem über unser Freestyling, unsere Battleraps und das faszinierende Rapspiel *Porcupine,* für das wir mittlerweile bekannt waren. Nachdem wir das Spiel erklärt hatten, mussten wir es natürlich gleich vorführen, was offensichtlich allen gefiel – es gab Ohs und Ahs, Gelächter und Komplimente. Dann verglichen sie uns mit Eminem und fragten, was wir denn von ihm hielten. Gefielen uns seine Musik, seine Texte? Hatten wir ihn je getroffen? Ich war inzwischen so in Schwung, dass ich antwortete: »Ja sicher, wir kennen uns schon ewig. Ich meine, ich war wohl enger mit Proof, ihr wisst schon, seinem Wingman. Aber stimmt schon, wir waren echt eng.« Ich hatte keinen Schimmer, warum und was ich da sagte, aber als ich die Aufregung in ihren Augen sah, diesen Blick, wie ihn Kinder vorm Schokoladenregal haben, konnte ich nicht anders, als es zu genießen. Ich verlor mich in meinem eigenen kleinen Traum, in dem das Desaster in den Pineapple Studios nie stattgefunden hatte. Das Seltsame war nur, dass sie es mir einfach so abkauften. Aber warum auch nicht? Schließlich war ich Brains McLoud. Näher würden sie den Besten der Besten nicht kommen. Und sie dachten ja, dass sie genau diese jetzt unter Vertrag nehmen würden.

Schließlich kamen ein paar leitende Manager dazu. Man konnte ihren Rang an dem durchdringenden Geruch von Aftershave und dem ihnen entgegengebrachten Respekt erkennen. Wie Dave Clansey und sein stummer Handlanger waren auch das Männer mittleren Alters, die durch ihre bisherigen Erfolge hochmütig geworden waren. Man sah es an ihren Blicken, an ihrem verstohlenen Lächeln und an den Manschettenknöpfen, in denen sich das Licht spiegelte. Wenn einer von denen jemals bei einer unserer Shows gewesen war, so hatte keiner den Weitblick besessen, sich uns vorzustellen.

Einer der Männer hatte den Vertrag dabei und als mein Blick darauf fiel, begannen meine Hände so stark zu zittern, dass ich sie in die Hosentasche schob und mich an allem festhielt, was ich dort zu fassen bekam. Die attraktive junge Frau mit den gepflegten Fingernägeln blickte zu mir herüber und ich zog die Hände wieder heraus, um sie vor der Brust zu verschränken. Ich zwinkerte ihr zu und lächelte breit. Sie lächelte zurück und errötete. Einen kurzen Augenblick lang sorgte ich mich, dass sie meine Angst und die Gründe dafür gespürt haben könnte. Aber in ihrem Blick konnte ich kein Misstrauen erkennen, nur sehr viel Wärme und vielleicht sogar Gefallen. Die Leute hier im Besprechungszimmer sahen nur unser überdimensionales Selbstvertrauen. Ich bete stumm: Bitte mach, dass jetzt nichts schiefgeht, mach, dass uns nicht aus Versehen ein *Aye* herausrutscht. Ich wollte nicht auffliegen, noch nicht, nicht hier. Ich fühlte mich wie ein Mörder auf der Anklagebank.

Dann breitete man den Vertrag vor uns auf dem Tisch aus. Kein blutrotes Siegelwachs, kein Wappen. Er war nicht annähernd so spektakulär, wie ich es mir vorgestellt hatte, nur ein paar einfache DIN-A4-Blätter. Trotzdem erschien er mir wunderschön – und voller Kleingedrucktem, das ich nicht zu lesen beabsichtigte. Plötzlich war Bill an meiner Seite. Ich griff mir den Kuli, als er in meine Reichweite kam, und unterschrieb sofort. Shalit wies darauf hin, dass ich aus Versehen in der Zeile für das Datum unterschrieben hatte. Bill lachte, nahm mir den Stift ab und machte es genauso. Jetzt lachten alle und klopften uns auf die Schultern. Auf einmal knallte es und ein Champagnerkorken schoss an die Decke. Als man mir ein Glas reichte, stürzte ich mich verzweifelt darauf.

Um halb zwei Uhr mittags, am 13. Februar 2004, standen Silibil N' Brains offiziell bei Sony unter Vertrag. Sofort wurden Pläne geschmiedet. Wir sollten gleich in der darauffolgenden Woche im Studio unsere erste Single aufnehmen. Das Budget für die ersten zwei Singles betrug 50 000 Pfund, das für das schon geplante Album würde bei über 100 000 Pfund liegen. Aber die Anzugträger von Sony hatten bereits größere Pläne mit uns: Europa, Amerika, Asien und mehr. Damit eine Band den weltweiten Durchbruch schaffte, sagten sie, wären Millionen nötig. Die Sonys versicherten uns, dass sie *mindestens* eine Million in uns investieren würden – und lächelten aufgeräumt.

»Ihr werdet Superstars, Jungs.«

Ich schaute Bill an, dessen Blick getrübt war vom Champagner. Astronomische Zahlen waren das. In den paar Monaten, die wir jetzt in London waren, hatten wir einen Management-Deal über 70 000 Pfund abgeschlossen und jetzt einen Plattenvertrag, bei dem schon bei der Unterschrift 120 000 Pfund fällig wurden. Wir waren reicher, als wir es uns je erträumt hatten. Und das war erst der Anfang. Schon jetzt legten sie eine Million für uns zur Seite. Und dann waren da ja noch die Gewinne aus den Plattenverkäufen und Tourneen, T-Shirts, Downloads und Klingeltönen. Sie hatten recht. Wir würden Superstars werden.

Bald war der Champagner alle und nach und nach trieb es die Leute wieder an ihre Schreibtische zurück, um die mittlerweile zahlreichen Mailboxnachrichten abzuhören und die Wirkung des Champagners mit Kaffee zu bekämpfen, sie durch Kokain zu verstärken oder beides. Diejenigen, die noch da waren, wurden vertraulich.

»Ich habe mal einen Sommer in Huntington Beach verbracht.«

Das kam von einem aus der Marketing-Abteilung. Er war jung und hatte ein offenes Gesicht, schien nett zu sein.

»In welcher Straße habt ihr denn gewohnt?«

Nett mochte er ja sein, der kleine Arsch, aber so leicht würde er mich nicht drankriegen, wenn das sein Spielchen war. Ich hatte Huntington Beach in den letzten Wochen so oft gegoogelt, dass ich das Straßennetz kannte wie meine Westentasche. Ich sagte ihm den Straßennamen, sogar die Hausnummer, und dann auch noch die Adresse von dem Skaterladen, in dem wir gearbeitet hatten. Er schluckte alles, was ich sagte, mit naivem Eifer. Anschließend wollte er wissen, ob wir auch in einem bestimmten Klub waren, auf den ich bei meinen Recherchen nicht gestoßen war. *Scheiße.* Und sofort füllte sich mein Kopf wieder mit Nebel. Panik setzte ein, Brains McLoud schrumpfte zu einem unbedeutenden Staubkorn zusammen und ließ nur den zitternden Gavin Bain zurück. Was sollte ich diesem Typen sagen? Dass ich den Klub kannte und oft dort gewesen war? Oder versuchte er mich zu überführen? Vielleicht hatte er den Klub ja nur erfunden, um herauszufinden, wer ich wirklich war. Mir wurde ganz schwindelig. Wo war Bill? Wo *zum Teufel* war Bill?

Im Hintergrund fiel ein Champagnerglas wie in Zeitlupe aus einer nachlässigen Hand und fiel zu Boden, wobei es an eine Tischkante prallte und in tausend Stücke zerbarst. *Bill.* Er entschuldigte sich übertrieben bei der Runde – ups, ich

Tollpatsch, ich – und grinste dann zu mir herüber. Ich wandte mich wieder meinem jungen Inquisitor zu. »Was machst du eigentlich genau?« Da er schon wieder vergessen hatte, worüber wir vor der Unterbrechung durch Silibil gesprochen hatten, ließ er mich das nur zu gerne wissen.

Perfekt, zurück in der Spur. Aber bei der ersten Gelegenheit flüsterte ich Bill ins Ohr: »Lass uns hier endlich abhauen, verdammte Scheiße.«

Dies mochte der schönste Tag in unserem Leben sein, aber mir reichte es; ich brauchte frische Luft. Shalit, der das zu spüren schien, begann unseren Abschied einzuleiten, und wir verbrachten die nächste Viertelstunde damit, Hände zu schütteln, die Leute abzuklatschen und mit den Fäusten aneinander zu stoßen. Als wäre das an diesem Tag noch nicht geschehen, gratulierte man uns überschwänglich. Aber dann ließen sie uns zum Glück doch gehen: ab in den Aufzug, durch die Lobby und die sich schnell drehende Tür, raus in den klaren, scharfen Februarwind, der uns auf den Wangen brannte und uns erfrischte.

Shalit gratulierte uns mit echter Zuneigung. JD witzelte, dass wir um diese Zeit im nächsten Jahr alle Bentleys fahren würden. Wir umarmten uns. Dann gingen wir in verschiedenen Richtungen auseinander. Mit Mühe hielten wir uns zurück, bis wir die Kreuzung an der Poland Street erreichten. Kaum waren wir abgebogen, fiel ich auf die Knie und lachte und schrie, bis ich völlig heiser war. Fast wäre ich in Tränen ausgebrochen. Ich zitterte am ganzen Körper. Bill zog mich hoch und wir taumelten, umarmten uns wild und brüllten wieder los.

Dann rannten wir wie die Irren immer weiter, auf die Oxford Street, bahnten uns unseren Weg durch die Touristen, bei Rot über die Ampel, mitten durch den Verkehr. In der Regent Street gingen wir in einen Pub, den wir kannten. An der Bar, völlig außer Atem, aber immer noch lachend, stürzten wir ein paar Kurze auf ex hinunter, bestellten gleich nach und reihten die dickbauchigen, kleinen, nass glänzenden Gläser säuberlich auf der Theke auf.

Wir hatten eine Menge zu feiern.

Wir hoben ab, verloren jegliches Zeitgefühl. Ich erinnere mich noch an eine Reihe von Bars in Soho, darunter The Crobar, unser favorisierter Heavy Metal-Laden. Der Gestank von Jägermeister und Bierlachen auf dem Boden gehörten zum Markenzeichen Londons berühmtester Rockbar, eng, dunkel und gerammelt voll. Die Crobar war dreckig, berauschend, genau richtig, um zu feiern. Der Alkohol floss in Strömen. Wir waren laut und amerikanisch und die Mädchen flogen auf uns, wie sie schon immer auf laute Amerikaner geflogen waren. Nach der Crobar landeten wir in einem Klub in der Regent Street. Mittlerweile war es bestimmt schon nach Mitternacht, da geschah es. Wir quatschten mit ein paar Typen, die uns für Mitglieder der Jackass-Crew hielten. Sah einer von uns vielleicht aus wie Johnny Knoxville? *»Seid ihr die Jungs von Jackass?«*, fragten sie uns. *»Zum Teufel, yeah, sicher! Warum nicht?«*, blafften wir zurück und wurden prompt in den VIP-Bereich geführt, wo man uns Alizé Likör, das bevorzugte Getränk jedes Hip-Hoppers, gratis einschenkte. Wir kippten auch das runter, fummelten an noch mehr Mädels rum, lachten und brüllten, um die laute Musik zu übertönen, während die Lichtblitze zuckten. Mein Kopf schmerzte – und dann wurde es plötzlich dunkel.

Auf einmal merke ich, dass die Musik gedämpft klang, wie hinter einer Wand. Der eintönige, schwere Bass wummerte heiß in meiner Magengrube. Ich hatte keine Ahnung, wie viel Zeit vergangen war. Ich leckte den klebrigen Alkoholbelag von den Zähnen und öffnete die Augen. Sehen konnte ich nichts, aber es stank wie in einer Toilette. Ich setzte mich auf und dann wurde mir klar, wo der Geruch herkam. Ich befand mich in einer Damentoilette, wie ich aus dem Anblick des übervollen Behälters in der Ecke schloss. Ich warf einen Blick in die Schüssel, zuckte entsetzt zurück und spülte schnell. Dann stand ich auf. Mein Kopf dröhnte. *Kate lutscht Schwänze,* hatte jemand an die Wand geschrieben. Und: *Größe ist doch* wichtig. Meine Armbanduhr war verschwunden. Dann stellte ich fest, dass auch mein Portemonnaie weg war. Ich öffnete die Tür und schleppte mich mit wackligen Beinen zum Waschbecken, um mir kaltes Wasser ins Gesicht zu spritzen.

Auf der Tanzfläche hatte sich die Menge deutlich gelichtet. Wie lange war ich denn weg gewesen? Von Bill weit und breit keine Spur. Wo waren die Mädels? Auf einmal tauchte unmittelbar vor mir ein Mann auf. Irgendwie kam er mir bekannt vor; es war einer von denen, die uns mit Gratisdrinks versorgt hatten. Aber jetzt wirkte er größer und deutlich weniger freundlich.

»Yo, Alter«, sprach ich ihn an.

Er versetzte mir einen Stoß. »Du bist nich' bei Jackass. Beschissener Lügner! Du schuldest mir die Kohle für die Drinks.«

Okay, ich war nicht wirklich in der Verfassung, um zu kämpfen, aber das hielt mich nicht davon ab, es doch zu tun. Ich verpasste ihm eine. Irgendwie gelang es mir, auf die Straße zu gelangen und endlich abzuhauen. Ich entdeckte eines der Mädchen, die früher am Abend an unserem Tisch gesessen hatten. Sie hielt gerade ein Taxi an und ließ mich einsteigen. »*Los, los, los!*«, brüllte ich.

Ich wurde erst wach, als wir vor unserem Haus hielten. Dass ich eingeschlafen war, hatte ich gar nicht mitbekommen. Ich war der einzige Fahrgast. Wo war meine Begleiterin? Ich hatte kein Geld für das Taxi und blickte Hilfe suchend aus dem Fenster. Und da war sie auch schon, wenn auch nicht so, wie ich es erwartet hatte. Bill, anscheinend komatös, lag auf den Stufen vor unserer Tür.

»Eine Sekunde«, vertröstete ich den Taxifahrer und wankte zu Bill. Ich durchwühlte seine Taschen und fand ein volles Portemonnaie. Ich nahm mir drei Zwanziger, zahlte und schleifte ihn in den Flur, um ihn dort liegen zu lassen. Er atmete schwer und aus seinen Nasenlöchern blubberte die Rotze. Dann begab ich mich in die Küche und nahm mir eine Flasche Jack Daniels aus dem Kühlschrank. Ich war schon jenseits von Gut und Böse, aber immer noch durstig. Nach einer Weile kam Bill in die Küche gestolpert wie ein Statist aus *Die Nacht der lebenden Toten,* das Gesicht übersät mit frischen blauen Flecken. Ich goss ihm ein und wir stießen an – ein berührender Moment, der keiner Worte bedurfte.

Das nächste Mal wachte ich wegen der Magenkrämpfe auf. Oder weil mich Michelle hart auf den Rücken schlug. War sie denn die ganze Zeit über hier gewesen? Jetzt wurde ich schnell richtig wach, musste mich ständig übergeben. Ich spie Gallenflüssigkeit ohne Ende. Sie ergoss sich auf den Küchenboden und sah aus wie ein riesiger Blutfleck. Ein schrecklicher Anblick, der mir in die Augen stach. Michelle wählte den Notruf und plötzlich fand ich mich in einem Krankenwagen wieder, der mit heulenden Sirenen zur nächsten Notaufnahme raste.

Im Krankenhaus wurde ein schreckliches Getue um mich gemacht, aber ich erinnere mich an absolut nichts mehr. Ich sehe nur noch ein Bett auf Rädern, das eilig den Gang entlanggerollt wurde. Über mir zogen die Deckenlampen vorbei, verschwammen, und dann war da ein grelles, blendendes Licht. Der Himmel?

Es war Samstag, der 14. Februar, Valentinstag. Ich, Brains McLoud, in Amerika geboren und deshalb eigentlich nicht im Geringsten in der Verantwortung des britischen Gesundheitssystems, wurde trotzdem vom Krankenhauspersonal absolut freundlich behandelt. Na ja, hauptsächlich pumpten sie mir immer wieder den Magen aus, bis nichts mehr kam. Ich erwachte unter einer gestärkten Bettdecke und sah, wie helle Wolken am kleinen, ungeputzten Fenster meines Zimmers vorbeizogen. Es war früher Nachmittag. Jede Bewegung tat mir weh. Meine Innereien fühlten sich an, als hätte sie in der letzten Nacht jemand abgebrannt und alles, was noch davon übrig war, ein paar Klumpen Kohle, schwebte irgendwo zwischen Knochen und Gedärmen.

»Haben Sie überhaupt eine Ahnung, wie viel Alkohol Sie gestern zu sich genommen haben?«

Ich blickte auf und sah in das strenge Gesicht einer Schwester, das mich sehr an meine Schulzeit erinnerte. Ich erklärte ihr mit krächzender Stimme, dass ich mich an Champagner zu Mittag erinnern konnte, an den Rest weniger. Ich versuchte zu lächeln, was sie aber völlig kalt zu lassen schien.

»Man hat Sie heute Morgen als Notfall eingeliefert.« Sie sah wirklich stinksauer aus, so, als hätte ich sie persönlich enttäuscht. »Alkoholvergiftung. Ihr Magengeschwür wäre wegen des ganzen Alkohols fast geplatzt. Ihr Arzt hat Ihnen doch bestimmt gesagt, dass Sie wegen des Geschwürs nicht trinken sollen?«

Bis jetzt hatte ich von diesem Magengeschwür gar nichts

gewusst, und das sagte ich ihr auch. Bevor sie zu ihrem nächsten Opfer im Bett nebenan ging, beugte sie sich zu mir herunter und meinte ruhig, aber dennoch herablassend: »Sie haben sehr großes Glück gehabt, junger Mann.«

Die Erinnerung an den vorangegangenen Tag kehrte Stück für Stück zurück, wie das Auf und Zu einer Kamerablende, gefolgt vom Blitz: der Vertrag, das Geld, die Aussicht auf eine unvorstellbar erfolgreiche Zukunft. So ganz Unrecht hatte sie nicht, diese Schwester. Ich hatte wirklich Glück.

Langsam atmete ich aus und ließ mich wieder in die Matratze sinken. Auf einmal war ich völlig down. Wenn die vergangene Nacht der Gipfel gewesen war, dann war das jetzt der totale Absturz. Und beides waren Bestandteile dieses Spiels. Das wurde mir jetzt klar – ich wusste, dass unser Glück nicht von Dauer sein würde. Die Tage von Silibil N' Brains waren gezählt.

Einen kurzen Augenblick lang versuchte ich, mir den Tag vorzustellen, an dem unsere Lügengeschichte auffliegen würde. Was würde dann mit uns geschehen? Würden wir die Kurve kriegen, würden alle, die wir verarscht hatten, mit uns lachen, unseren Wagemut bewundern, uns Schlauköpfe nennen, verschrobene Genies? Aber dann fiel mir eine Klausel in unserem Vertrag ein, die mir unter all den nichtssagenden Paragrafen aufgefallen war. Nämlich die, die besagte, dass die Plattenfirma im Falle eines Täuschungsversuches, durch den unser kommerzieller Wert Schaden nehmen würde, dazu berechtigt sei, ihre Verluste von uns einzufordern – sie, die größte Plattenfirma der Welt, gegen uns, zwei Jungs aus Schottland, die es ein klein wenig übertrieben hatten. Wie in Gottes Namen sollte ein ängstlicher Neurotiker wie Gavin Bain mit so etwas fertigwerden?

Aber dann blinzelte ich und die Angst verflog.

Lächelnd schlief ich wieder in meinem Krankenhausbett ein. Trotz der Kopfschmerzen und des brennenden Magens lag mir die Welt zu Füßen. Seht mich doch an, auf dieser Krankenhausstation voller alter und kranker Leute, langweilige Normalos mit ihrem gewöhnlichen, unspektakulären Leben. Ich fühlte mich, als wäre ich der größte Glückspilz der Welt – wie im Himmel.

Sechs

Ein paar Tage danach waren wir schon wieder zurück im Studio und noch schneller war ich wieder bei Jack Daniels. Ohne Alkohol ging jetzt gar nichts mehr. Er entspannte mich, gab mir das Gefühl, kreativ zu sein. Wenigstens kannte ich endlich den Grund für meine Magenschmerzen und hatte nun Pillen dagegen verschrieben bekommen. Wenn ich die mit dem Alkohol mischte und das Verhältnis stimmte, fühlte ich mich, als könnte ich den Himmel berühren.

Alison besuchte mich, während ich noch high von den vergangenen Partys war. Ich beschloss, die Überdosis Alkohol lieber nicht zu erwähnen und mich auf das Positive zu konzentrieren. Ich hätte sie mit einem riesigen Blumenstrauß am Busbahnhof abholen sollen, doch das tat ich nicht. Stattdessen nahm ich sie mit auf eine Partytour mit den Jungs durch Bars und Klubs. Ich warf in dieser einen Nacht mehr Kohle zum Fenster raus, als ich in Dundee in einem ganzen Monat verdient hätte. Es war mir vor allem wichtig, dass Alison verstand, dass ich Schottland aus gutem Grund verlassen hatte. Die meiste Zeit schaute sie allerdings nur ziemlich verwirrt drein. Hier war ihr Freund, in der Hauptstadt Englands, auf Partytour mit Popstars, Schauspielern und anderen drittklassigen Berühmtheiten, genau jener Sorte von Leuten, die er in seinen alten Songs immer verspottet hatte – und es machte ihm Spaß. Es schien, zumindest sah Alison es so, dass der Antrieb, der mich hierhergeführt hatte, zu etwas komplett anderem geworden war.

Wir hatten eine wilde Nacht, aber auf dem Heimweg warf Alison mir einen so mitleidigen Blick zu, dass es mir schier die Sprache verschlug.

»Ich kann's nicht glauben«, flüsterte sie.

»Was?«

»Du hast die ganze Nacht mit amerikanischem Akzent mit mir gesprochen ...«

Ich zuckte die Achseln. »Und?«

Sie seufzte tief. »Warum nur?«

Noch ein Achselzucken. »Ich identifiziere mich einfach nur mit einer Rolle, Alison, mehr ist es nicht. Lass uns nicht aus einer Mücke einen Elefanten machen, okay? Ist doch nur Spaß, bleib *cool*.«

Sie schüttelte den Kopf und sprach so leise, dass ich mich zu ihr beugen musste, um sie zu verstehen. »Du siehst anders aus. Du verhältst dich anders. Du bist ... du bist zu einem Monster geworden.«

Ich tat mein Bestes, um diese Worte zu verdrängen, aber das war nicht leicht. Konnte sie denn diese neue Welt nicht einfach genießen, die sich mir, die sich *uns* auftat? Als wir wieder im Eagle's Nest waren, holte ich uns einen Drink und gab den Amiakzent auf. Irgendwie fühlte es sich unangenehm an, so, als wäre ich plötzlich nackt.

Ohne es zu wollen, zweifelte ich auf einmal an der Echtheit ihres beruhigend gemeinten Lächelns. Mir schien, dass sie sich hier nicht amüsierte, dass sie der ganze Luxus nicht im Geringsten interessierte. Im Nebenzimmer ging gerade eine Party zu Ende. Bill hatte die üblichen unerwünschten Personen mitgebracht, Leute, die er einsammelte, wo auch immer er sich tagsüber aufhielt. Die meisten hatten auf die eine oder andere Art mit der Musikbranche zu tun, Promoter und Booker. Diese vampirartigen Typen wurden erst nachts richtig lebendig. Da saßen sie nun, qualmten vor sich hin, die Füße auf meinem Tisch, und tranken mein Bier. Ein paar Gesichter erkannte ich wieder und winkte kurz. Normalerweise hätte ich mich dazugesetzt, aber im Wohnzimmer stand der Qualm und es stank. Ich führte Alison so schnell wie möglich daran vorbei. Es war nicht der richtige Zeitpunkt, um ihr das Haus zu zeigen. Ich brachte sie nach oben. Aus Bills Zimmer drangen Geräusche, die ich in den letzten Wochen zu ignorieren gelernt hatte. Alison warf mir einen missbilligenden Blick zu. Ich zuckte wieder nur die Achseln und grinste.

In meinem Zimmer fuhr ich den Laptop hoch und gab ihr die Kopfhörer. Ich rief die letzten Tracks auf, an denen wir gearbeitet hatten. Mit etwas Hilfe unseres Toningenieurs waren sie wirklich unglaublich geworden. Ich blieb neben Alison sitzen und hörte, wie die Musik blechern aus den Hörern drang. Ich drehte immer lauter auf, bis sie die Hand hob, um zu signalisieren, dass es reichte. Aus den Augenwinkeln beobachtete ich, wie sie meiner Musik lauschte, mein Herz und meine Seele hörte. Verzweifelt wünschte ich mir ihre *Anerkennung*. Sie lächelte, hob die Daumen und brüllte über die Musik hinweg, dass es ihr gefiel. *Sie mochte meine Songs*. Fürs Erste war das alles, was ich hören wollte. Die Anspannung fiel von mir ab.

Am nächsten Morgen dachte ich, es wäre klug, Alison von Bill fernzuhalten. Denn wenn sie schon nichts von Brains McLoud hielt, dann würde ihr Silibil noch weniger gefallen. Der einstige Billy Boyd hatte mittlerweile die Kunst der Ausschweifungen neu erfunden. Ich führte sie zum Frühstück aus. Anschließend zeigte ich ihr die Londoner Sehenswürdigkeiten. Wir schauten uns ein paar Brücken an, spazierten die Themse entlang und besuchten zwei Kunstausstellungen. Ich war bereit, ihr alle Wünsche zu erfüllen, sie hätte mich nur zu fragen brauchen. Doch sie war müde, wollte einen Kaffee und sich ausruhen. Mehr nicht.

Dann klingelte mein Handy beziehungsweise eines meiner Handys. Ich hatte drei davon. Habe ich das schon erwähnt? Zugegeben, es war schon etwas kompliziert, aber wirklich notwendig. Eins war für die Leute von zu Hause, Familie, Freunde, Verbündete; eins für die Leute aus der Branche und Partner hier in London und auf dem dritten waren lauter falsche Nummern gespeichert, sehr nützlich für kleine Schwindeleien und Betrügereien in der Branche. Das Adressbuch las sich wie eine Art Branchenführer: Simon Cowell, Simon Fuller und alle möglichen anderen Manager aus der Plattenindustrie sowie eine Menge Schauspieler.

Alison sah zu, wie ich mit meinen Handys jonglierte und stöhnte.

»Wo bist du da nur reingeraten, Gav?«

Sie war alles andere als beeindruckt. Aber der Anruf war echt: Ich musste schnell ins Studio, um den Remix eines unserer Songs zu beaufsichtigen. Und so ließ ich sie allein zurück, um sich in London umzuschauen. Dann organisierte ich ein Treffen mit ein paar Freunden für sie, um sie zu beschäftigen, bis ich fertig wäre. Aber das sollte noch bis nach Mitternacht dauern. Unsere gemeinsame Zeit war schon fast abgelaufen.

Ich glaube, wir waren beide erleichtert, als es Zeit für sie wurde, nach Hause zu fahren. Wir spielten unsere Rollen an der Victoria Station, ein Mann und eine Frau, traurig, weil sie sich nun trennen mussten. Ihr Körper fühlte sich steif in meiner Umarmung an. Sie versprach, anzurufen. Ich kündigte an, sie zu einer der großen Shows nach London einzuladen, die demnächst anstanden, und danach mit ihr in ein richtig piekfeines Fünf-Sterne-Hotel zu gehen. Sie lächelte und sagte, ja natürlich, das würde ihr gefallen. Ihre Augen drückten aber etwas anderes aus. Dann stieg sie in den Bus und ich hatte plötzlich das Gefühl, dass es ein Fehler gewesen war, sie gehen zu lassen. Der Bus verschwand in einer Wolke von Dieselabgasen und hinterließ einen großen, dreckigen Ölteppich. Als ich ihr nachwinkte, drückte sie eine Hand an die Fensterscheibe, bis ich nur noch ein kaltes, gespenstisches Weiß davon sehen konnte.

Kaum war der Bus in der Straßenbiegung verschwunden, vermisste ich sie schon schmerzhaft. Fünf Jahre lang waren wir zusammen gewesen und nun war sie mir völlig fremd geworden. Bedrückt und mit einem Kloß im Hals machte ich mich auf den Rückweg.

Glücklicherweise war es ruhig im Eagle's Nest, als ich zu Hause ankam. Bill lümmelte vor dem Fernseher im Wohnzimmer herum. Er grinste erschöpft und war völlig fertig, aber immer noch irgendwie stylisch, obwohl er noch denselben Klamotten anhatte wie gestern. Er sah mich an, lächelte mitleidig und schüttelte den Kopf.

»Kopf hoch, Alter. Könnte auch alles gutgehen.«

Die Plattenfirma vergeudete keine Zeit. Ein paar Monate, nachdem sie uns unter Vertrag genommen hatten, sollten wir zusammen mit anderen Sony-Neuverpflichtungen (Kasabian, Bloc Party und Natasha Bedingfield) bei MTV auftreten. Wir waren zu Recht zuversichtlich, dass die Oasis-Verschnitte, Indie-Kunst-Poser und das blonde Pop-Starlet nicht annähernd so weit kommen würden wie wir. Die Show hieß *TRL*, der Sendeplatz Brand Spanking New Music.

Bill feierte das, indem er sich kolossal betrank. »Wir kommen ins Fernsehen«, wiederholte er immer und immer wieder. Er machte sich nicht die geringsten Sorgen. Ich aber befürchtete, dass dieser Auftritt unsere Tarnung sofort auffliegen lassen würde. Wie viele Haushalte in Dundee, fragte ich mich, hatten wohl eine Satellitenschüssel? *Jeder Einzelne.* Aber wie viele davon sahen regelmäßig MTV, speziell *TRL,* das unter der Woche und mitten am Tag gesendet wurde? Aller Wahrscheinlichkeit nach sehr viele. Nach unserer Performance würde es nur Minuten dauern, bis die Telefone in der MTV-Zentrale in Camden zu klingeln anfangen würden. *Ich hab' Neuigkeiten für euch,* würden sie sagen. Der Produzent würde sich mit mordlüsternem Blick an uns heranpirschen und wir wären gezwungen zu fliehen. Raus durch den Notausgang, die Treppe runter, über den Kanal ins nächste Taxi, dann Heathrow und ab in den Flieger. Noch waren wir aber noch nicht bereit, uns in den Sonnenuntergang zu verabschieden.

Bill war wie immer vollkommen unbekümmert. »Es wird schon nichts passieren, Gav. Lass uns das einfach genießen, okay?«

Dann war es so weit. Am Morgen der Aufnahme stürmte Bill in mein Zimmer, weckte mich mit einem Sprung auf mein Bett, hüpfte auf und ab und sang den üblichen Refrain: »Wir kommen ins Fernsehen! Yeee ha!«

Er trank Bier zum Frühstück, im Wagen, den MTV uns geschickt hatte, und hinter der Bühne. Ich trank mit. »Holländischen Mut« nannte er das. Zehn Minuten vor unserem Auftritt konnte Bill schon nicht mehr geradeaus schauen. Als ich versuchte, mit ihm zu reden, blickte er ständig auf einen imaginären Punkt über meiner linken Schulter.

»Ich komm schon zurecht«, prophezeite er.

Und dann standen wir auf einmal auf dem glänzenden Boden des Studios. Das grelle Scheinwerferlicht stach uns in die Augen und ein Mikrofon wurde uns vors Gesicht gehalten, während das Studiopublikum mechanisch applaudierte.

»Hier bei uns im Studio sind jetzt Silibil N' Brains, yeah, die neueste Rap-Sensation aus den USA.« Dave Berry, mit seiner perfekten Bräune, den strahlend weißen Zähnen und der einschmeichelnden Art eines Hare-Krishna-Jüngers, drehte sich weg, um vom Teleprompter den Text abzulesen, bevor er sich uns wieder zuwandte. Er wartete, bis der übliche begeisterte Applaus abgeklungen war. »Also, ich habe schon eine Menge von euch Jungs gehört. Wo kommt ihr noch mal ursprünglich her?« Das war's, jetzt würden wir das ganze Land anlügen.

»Vom Planeten Zordon«, sagte ich und das Publikum kicherte. Dave lächelte.

»Und in Wirklichkeit?«

Er ging nicht auf unseren Spruch ein, und so beeilte ich mich, unsere mittlerweile schon ziemlich abgenudelte Story schnell abzuhandeln, während Bill improvisierte Kommentare dazu beisteuerte. Als wir unsere fragwürdige Geschichte durchhatten, entstand eine betretene Pause, die Bill abrupt mit einem bierseligen Rülpser und einem ungehobelten Lallen beendete. Dave Berry wechselte das Thema. Dass Bill überhaupt noch stehen konnte, verblüffte mich. Während ich zusah, wie er mit dem Studiopublikum scherzte, dachte ich, dass wir vielleicht doch eine Chance hätten – falls er nicht zu früh umfiel.

Als wir aber richtig loslegten, wirkte Bill auf einmal gar nicht mehr betrunken, sondern frisch, hellwach, nüchtern und sprühte vor Enthusiasmus. Wir performten »Losers« und sprangen im Studio herum, als wäre es eine Gummizelle. Die Kameras kamen uns kaum hinterher. Wir machten unsere Witzchen mit Dave Berry, dem anderen Moderator und dem Publikum und wir fluchten nicht ein einziges Mal. Wir waren brave Jungs. Sie liebten uns. Während der Werbepause kamen Regisseur und Produzent zu uns geeilt. Es folgten Umarmungen, Küsschen und die uns mittlerweile wohlbekannten Lobpreisungen. Sie begannen stets mit *Ihr Jungs seid...* Für uns war das alles die reinste Droge. Wir wollten mehr, immer mehr. Wir demonstrierten dem Publikum *Porcupine,* nur um noch mehr begeistertes Gelächter zu ernten. Der Regisseur drehte fast durch.

»Das ist unglaublich! Fantastisch! Macht das noch mal, wenn wir wieder auf Sendung sind, am besten in diese Kamera hier«, er zeigte mit dem Finger darauf, »das ist einfach nur genial, Jungs, einfach genial!« Neben ihm hob ein Typ mit Kopfhörern die Hand. »Fünf, vier, drei...«

Die Kameras liefen wieder und ich fing wie verlangt an zu freestylen.

»Sie sagen Gewalt verkauft sich, na gut, ich schlag mir selber ins Gesicht, schmeiß 'ne Granate ins Klo, bevor Silibil draufkriecht. Es ist nicht vorbei, bis die fette Lady singt, aber dass mir jetzt keiner Daves Mutter hier reinbringt.«

Das Publikum im Studio explodierte förmlich vor Begeisterung. Dave Berry konnte nicht anders, er musste lachen, entschuldigte sich dann aber bei seiner Mutter, während der Abspann lief.

»Ihr Jungs seid Naturtalente, die Kamera liebt euch. Gut gemacht, danke.«

Das ON-AIR-Zeichen erlosch, die Show war vorbei.

Danach sorgten wir dafür, dass uns der MTV-Wagen nicht nach Hause fuhr, sondern stattdessen direkt nach Soho, zu einer unserer Lieblingsbars. *TRL* war fantastisch gelaufen;

wir hatten uns einen Drink verdient. Um elf waren wir völlig neben der Spur, immer noch in Soho, aber in einer anderen Bar. Wir legten uns begeistert mit jedem Macker an, dem nicht gefiel, wie wir abgingen, der uns für zu laut hielt, zu amerikanisch, oder für zu was auch immer. Wir hatten eine Menge Freunde um uns versammelt. JD war dabei, aber auch Leute, die ich vorher zwar noch nie gesehen hatte, aber jetzt schon liebte, als wären sie meine Brüder und Schwestern. An diesem Abend kamen wir erst um drei nach Hause und Bill schaffte es nicht mal mehr die Treppe hoch, sondern fiel mit dem Gesicht voran auf unserem Sofa ins Koma. Ich wankte auf wackeligen Beinen nach oben zu meinem Laptop, wo ich als Erstes Silibil N' Brains googelte. Mir stockte das Blut in den Adern, als ich sah, dass meine schlimmsten Befürchtungen vor mir auf dem Bildschirm wahr wurden: Kommentare und Threads auf einer Hip-Hop-Webseite aus Dundee, die jeder, der eine Internetverbindung besaß, aufspüren konnte. Das war nicht gut, gar nicht gut.

»Ist das derselbe Billy Boyd, mit dem ich zur Schule gegangen bin – in Arbroath?« Dave McIntosh, Forfarshire

»Ich hab mich mal mit Gavin Bain in einer Pommesbude geprügelt. Aber nicht in Amerika. Das war in Dundee. Euer Mann ist Schotte.«
Lee Davis, Dundee

Es war also passiert. Jetzt schon, viel früher als befürchtet. Ich hatte angenommen, dass mich dieser Augenblick in Panik versetzen würde, aber stattdessen verspürte ich nur eine seltsame Ruhe. Wir könnten einfach das Geld zurückgeben und verschwinden. Noch hatten wir ja bestimmt niemandem geschadet. Yep, genau so würden wir es machen. Ich suchte nach weiteren Einträgen, aber da war nichts. Ich versuchte, mich in das System zu hacken, um sie vielleicht löschen zu können, hatte aber kein Glück. Und so blieb ich einfach sitzen und atmete langsam tief durch. Ich hatte mich tatsächlich mal mit einem Lee Davis in einer Frittenbude geprügelt. Wenn ich mich richtig erinnerte, hatte ich ihm ordentlich eine verpasst. Und genau das würde ich wieder tun; jetzt erst recht.

Einige Stunden danach wachte ich vom Klingeln meines Handys auf, immer noch auf dem Stuhl zusammengesunken. Ich räusperte mich. Es war Shalits Nummer. MTV hatte sich wohl schon bei ihm gemeldet.

»Sie lieben euch!« Er war völlig aus dem Häuschen. »Sie wollen euch schon bald wieder bringen. Nicht diese anderen Popschlampen, nur euch. Außerdem haben Channel 4 und Endemol angerufen. Die wollen euch treffen. Und das will ich auch. Ich hab einen Vorschlag für euch.« Er räusperte sich bedeutungsvoll. »*Multimedia.*«

Dann fügte er hinzu, ob wir nicht unsere eigene TV-Show haben wollten.

Wie zum Teufel war es *dazu* gekommen?

An Kameras waren wir gewöhnt. Byron hatte uns in den letzten Monaten gefilmt, wann immer er konnte. Tag und Nacht, betrunken und nüchtern, schlafend und wach. Mittlerweile waren wir auf YouTube quasi omnipräsent. Wir sahen einfach fantastisch aus im Fernsehen und wir hatten jede Menge geniale Ideen für eine eigene Show. Nicht ein einziges Mal dachten wir an Dave McIntosh aus Forfarshire oder Lee Davis aus Dundee, während wir unsere Pläne besprachen. Wir fühlten uns unverwundbar.

Unsere Idee war es, eine geniale Mischung aus *Jackass* und *Dirty Sanchez* zu entwickeln. Mit anderen Worten, jede Menge äußerst riskanter Skateboardstunts, kombiniert mit einer Art Talkshow über Musik, in der die aktuell angesagtesten Bands zeigen mussten, ob sie gegen unsere Guerillamoderation ankommen würden. Wir füllten Seite um Seite mit unseren Ideen – die meisten davon in einem irren Ausbruch von Kreativität mitten in der Nacht –, um sie dann unserem Management zu präsentieren. Shalit und JD waren begeistert. Sony gab uns ein vorsichtiges Okay, unter der Voraussetzung, dass die Musik nicht in den Hintergrund geraten würde. Wir garantierten es ihnen. Und wir hielten Wort. Obwohl wir die Tage damit verbrachten, genug Material zu produzieren, um nicht nur die Pilotsendung, sondern gleich eine ganze Staffel zu drehen, arbeiteten wir die Nacht über an unserer Musik. Während Bill oft ein Nickerchen einlegte, tat ich das nie. Ich konnte das einfach nicht. Stattdessen arbeitete ich wie besessen. Ich sprach mit niemandem außerhalb unseres kleinen Kreises, weder mit meiner Familie noch mit Alison oder Freunden von zu Hause. Ich lebte ausschließlich im Augenblick, in einem ständigen Tornado aus Aktivität und Kreativität. Dabei war ich davon überzeugt, dass alles, was mir einfiel, reinstes Comedy-Gold wäre. Ich war sicher, endlich auf dem richtigen Weg zu sein. Nichts würde mich aufhalten. Ich war eine unermüdliche Maschine, die produzierte, produzierte und produzierte.

Mein Magen brannte immer noch wie Feuer, aber ich betäubte die Schmerzen mit Alkohol und warf alle Pillen ein, die ich finden konnte. Am liebsten mochte ich die kleinen roten. Raketentreibstoff.

Ich bin nicht sicher, ob es einen Witz gibt, der mit »*Wie viele TV-Manager braucht man, um eine Glühlampe auszuwechseln?*« anfängt, aber gebt mir fünf Minuten und mir fällt ganz bestimmt eine angemessen abfällige Pointe ein. Shalit hatte uns gebeten, drei verschiedene Produzententeams zu treffen, die alle von jenen landesweit anerkannten Produktionsfirmen kamen, deren Sendungen die Hauptsendezeit von BBC1 und Channel 4 verstopften. Jedes Mal schienen sie von uns begeistert zu sein. Sie sagten, unsere Ideen wären super und sie würden unserem Projekt sofort grünes Licht geben. Aber dann kam nichts. Sie schlugen uns vor, erstmal für eine andere Show zu schreiben, bevor wir unsere eigene hätten. Unsere Namen würden natürlich erwähnt und man würde uns auch großzügig entlohnen. Trotzdem wären wir nur bezahlte Schreiberlinge.

»Meint der Typ das ernst?«, fragte mich Bill vor allen Anwesenden, worauf die Gesichter der Produzenten rot anliefen. Dann sprach er sie direkt an: »Meint ihr das echt ernst?«

JD versuchte zu vermitteln. »Nimm es als Kompliment, okay?«

»Wir denken nur«, sagte einer der Produzenten, »dass ihr einfach noch nicht über die notwendige Fernseherfahrung verfügt, und ...«

»Aber wie können wir denn Fernseherfahrung sammeln, ohne ...«

»Aber weil eure Ideen so gut sind«, fuhr er nervös fort, »könnte das euer Einstieg sein, weil ich wirklich glaube – »

Bill stand auf und hob theatralisch die Hand. »Seht ihr diesen Mittelfinger?«, fragte er, worauf uns JD schnell aus dem Raum komplimentierte. Dabei entschuldigte er sich wortreich, wohl um zu verhindern, dass das schlechte Benehmen seiner Kunden auf Shalit Global selbst abfärbte.

In der Zwischenzeit hatte Sony beschlossen, mit der Veröffentlichung unserer ersten Single zu warten. Stattdessen wollten sie erstmal beobachten, was aus der Fernsehshow werden würde. Als uns die Produktionsfirmen kein grünes Licht gaben, entschied Sony, dass das an den befremdlichen Themen und den Schimpfwörtern in unseren Songs liegen müsse. Wir mussten in Ketten gelegt oder zumindest gestutzt werden, bevor man uns auf die Öffentlichkeit loslassen konnte. Sie schlugen uns ein Medientraining vor.

»Wird auch langsam Zeit«, sagte unser Manager.

»Hatte Eminem Medientraining?«

»Das tut nichts zur Sache. Probiert es einfach mal aus. Vielleicht lernt ihr ja was.«

Unser Medientraining fand eine Woche später in einem kleinen Raum in der Sony-Zentrale statt und dauerte genau zweiundzwanzig Minuten. Ich habe es gestoppt. Unsere wohlmeinende Reiseleiterin durch die Welt der Etikette und der guten Manieren war eine spröde Dame mit straff zurückgekämmtem Haar. Sie war Ende dreißig und mittelgroß, ihre Klamotten furchtbar farblos. Wir kamen in den Raum gerannt wie verirrte Schulkinder und amüsierten uns gleich über das erste Missverständnis, als sie versuchte, uns die Hand zu geben, während wir sie abklatschen wollten. Sie bat uns, auf zwei nebeneinander stehenden Stühlen Platz zu nehmen, während sie sich uns gegenübersetzte, die Beine an Knien und Knöcheln so eng zusammengestellt, als wären es siamesische Zwillinge.

»Okay«, fing sie an, die Hände gefaltet und sanft, fast religiös lächelnd. »Wir beginnen am besten mit einer Interviewsituation. Ihr werdet viele Interviews geben müssen, sobald eure Musik veröffentlicht ist, und es ist wichtig, dass ihr wisst, wie ihr euch dabei verhalten müsst. Okay, gut. Ich stelle euch jetzt ein paar Fragen und nehme eure Antworten auf. Nachher hören wir uns das Ergebnis zusammen an, in Ordnung?«

Wir starrten sie stumm an.

»Fertig?«

Bill bohrte in der Nase. Ich zuckte die Achseln.

Sie stellte uns eine ganze Reihe allgemeiner Fragen, die sie von einem Blatt Papier ablas: wie wir hießen, wie alt wir waren, wo wir herkamen, wer uns beeinflusst hatte. Was hielten wir von der britischen Musikszene? Mochten wir die englischen Mädchen? Was waren unsere Ziele, unsere Ambitionen? Hatten wir eine Lieblingsfarbe? Nennt mir sechs Dinge, die ihr auf eine einsame Insel mitnehmen würdet.

Der Einstieg gelang nur mühsam, da es uns schwerfiel, die Rolle der mürrischen Schuljungen aufzugeben. Dann fingen wir an, ihre Fragen ausführlich und, davon war zumindest ich überzeugt, auch unterhaltsam zu beantworten. Sie nickte die ganze Zeit vor sich hin, machte sich Notizen und lächelte uns das ein oder andere Mal kurz an. Nachdem das Interview beendet war, wurde das Lächeln immer knapper und verschwand dann ganz.

»So«, sagte sie. »Jetzt spiele ich euch das Band noch einmal vor. Sollen wir es uns mal aufmerksam anhören?«

»Sind wir sechs?«, fragte ich.

»Wie bitte?«

»Sie sprechen mit uns, als wären wir Kleinkinder.«

Sie wurde rot und einen Augenblick lang tat sie mir leid. Bill schnaubte nur. Dann machte sie weiter. Wir hörten unsere Stimmen, laut und nervtötend wie immer. Unsere Antworten waren witzig und unterhaltsam. Während wir uns zuhörten, beobachtete ich, wie sie kleine, schwarze, vertikale Striche auf ein Blatt kritzelte. Schließlich hielt sie das Band an und wandte sich uns zu.

»Ich habe mal mitgezählt, wie oft ihr während der Unterhaltung geflucht habt.« Sie drehte das Blatt um und präsentierte uns mehrere Absätze voller Striche. »Ziemlich viel, oder? Ich schlage vor, ihr haltet euch zurück. Wir wollen doch niemanden kränken, schon gar nicht die Journalisten. Ein paar von denen *hassen* solches Gefluche geradezu.«

Bill sah mich an. »Scheiße, ist die echt?«

Sie machte stur weiter. Sie erklärte uns, dass wir die Angewohnheit hätten, uns gegenseitig ins Wort zu fallen. Das, was wir Freestyle nannten und monatelang geübt hatten, würde unsere Konversationsfähigkeit einschränken. »Atmet einfach tief durch, wenn ihr einen Gedanken zu Ende gebracht habt«, schlug sie vor. Und dann kam sie auf unseren Akzent zu sprechen.

»Wie sage ich es euch am besten? Ihr kommt – und ich sage euch das nur, weil ihr, wenn ich das richtig verstehe, jetzt in London lebt – also, ihr kommt einfach *zu* amerikanisch rüber, fast als wärt ihr Karikaturen. Vielleicht könnt ihr das etwas herunterfahren, was meint ihr?«

Es waren verdammt lange und deprimierende zweiundzwanzig Minuten. Sony wollte uns jetzt systematisch genau den Teil unserer Persönlichkeit austreiben, wegen dem sie uns ursprünglich unter Vertrag genommen hatten. Wir dankten unserer Trainerin für ihre Mühe, schworen uns aber im Stillen, jeden einzelnen ihrer verfickten Ratschläge zu ignorieren.

Auf dem Weg nach draußen machten wir in der A&R-Abteilung Halt, um uns mal wieder bei Ruth blicken zu lassen. Wir mochten sie immer noch sehr. Dass sie einen Ehering trug, wirkte auf Bill wie ein rotes Tuch auf einen Stier – er flirtete schamlos mit ihr –, aber sie war sich der Macht, die sie auf uns ausübte, durchaus bewusst und hatte sie bisher sehr effektiv eingesetzt.

Als sie uns sah, strahlte sie über das ganze Gesicht, kam auf uns zugeeilt, küsste uns auf die Wange und sagte, wir sähen großartig aus. Erst als wir ihr gegenübersaßen, bemerkte ich das Unbehagen in ihren Augen. Die ersten Promotionaktionen für »Play With Myself«, das unsere erste Single werden sollte, obwohl MTV »Losers« ausgestrahlt hatte, kamen in Fahrt. Wir wurden schon im Uniradio gespielt und wie sie uns bereits berichtet hatte, waren die Reaktionen »von der Straße« auch gut. Trotzdem stimmte irgendwas nicht.

»Also ... wie steht's?«

Das Medientraining hatte meine Geduld für heute schon genug strapaziert. Jetzt war nichts mehr übrig. »Komm zur Sache«, bellte ich sie an. »Irgendwas stimmt hier nicht. Was ist los?«

»Ach nichts, nichts«, antwortete sie munter. »Es ist nur ... nun ja, wir hatten eine Besprechung und – also, es geht um euren Text.«

»Welchen Text?«

»Den von ‚Play With Myself'.«

»Was ist damit?«

»Es scheint dabei um – nun ja, um Masturbation zu gehen.«

»Aye«, antwortete Bill abschätzig. Dieser Ausdruck rutschte ihm heraus, bevor er ihn amerikanisieren konnte. Aber falls es ihr überhaupt auffiel, ließ sie sich nichts anmerken. Er machte weiter. »Nun *heißt* der Song ja auch ‚Play With Myself'. War euch das zu subtil?«

»Ich weiß, ich weiß, und es ist ja auch ein genialer Song,

wirklich fantastisch. Aber da gibt es Textstellen wie *ich krieg 'ne Holzlatte wie Geppetto,* was vermutlich eine – eine Erektion bedeutet, richtig? Das spielt Radio 1 tagsüber nicht, tut mir leid. Aber wir brauchen das, wenn wir einen Hit landen wollen. Und wir werden einen Hit *brauchen,* wenn die da oben«, sie deutete auf die Decke, »grünes Licht für das Album geben sollen. Vielleicht könnten wir daran etwas ändern ...?«

Eine Woche später rief Ruth uns an. Diesmal war sie wesentlich besser gelaunt. Sie klang fröhlich und geradezu überschwänglich. Es war noch keine Entscheidung in Bezug auf den Text von »Play With Myself« gefallen, aber sie hatte trotzdem gute Neuigkeiten für uns: Sie hatten »Losers« neu gemischt, das ursprünglich unsere zweite Single hatte werden sollen. Jetzt, nachdem sie sich beraten und noch einmal darüber nachgedacht hatten, nahmen sie aber an, dass »Losers« bestimmt viel besser als *Debütsingle* passen würde. Ganz sicher.

Ruth sprach dabei so schnell, dass ich ihr kaum folgen konnte. Hatte sie wirklich von einem *Remix* gesprochen? Ich weiß nicht, ob man am Telefon zwei Mal hin*schauen* kann, aber genau das tat ich jetzt.

»Was? Ihr habt unseren Song neu abgemischt?«

»Kommt rüber und hört es euch an. Es ist *fantastisch.*«

Keine Stunde später saßen wir in Ruths Büro. Wie mir jetzt auffiel, war es klein und quadratisch und die Wände schienen zusammenzurücken, wenn man zu lange hinschaute. Ruth grinste vom einen Ohr zum anderen und für einen Augenblick kam sie mir ziemlich schwachsinnig vor. Aufgeregt legte sie eine CD in ihre Anlage. »Das wird euch gefallen«, versicherte sie.

Ich kann mir gut vorstellen, dass der Produzent, den sie

sich ausgesucht hatten – wir haben seinen Namen nie erfahren – auf Crack war, als er unseren Song bearbeitete. Vielleicht war sogar die ganze A&R-Abteilung auf einem Trip. Abhängigkeit ist eine schlimme Sache. Sie kann alle Anflüge von gutem Geschmack vernichten; das habe ich schon oft erlebt. Ruth drückte auf Play und wir erkannten die Anfangsmelodie von »Losers« – die sich aber schnell in etwas ganz anderes verwandelte. In der Mitte des ersten Verses ging sie in ein – für uns völlig überraschendes – *Paukensolo* über. Das muss man sich auf der Zunge zergehen lassen: *ein Paukensolo*. Das war ein Geräusch, wie es einer macht, der am Strand von Ibiza um fünf Uhr morgens sein Essen wieder von sich gibt. Es erinnerte mich an ... ich kam nicht drauf. Dann auf einmal wusste ich es. Dieser Remix erinnerte mich an einen Klingelton, an einen beschissenen Handyklingelton. Ich sah, wie Ruth auf ihrem Stuhl hin und her zappelte. Das Paukensolo dominierte nun den ganzen Song, bildete einen ständigen Hintergrundrefrain. Und wir hörten uns wie Idioten an, die dazu rappten. Tralali, tralala. Dann, nicht eine Sekunde zu früh, ging der Song zu Ende und eine angespannte Stille erfüllte den Raum wie eine gigantische Blase. Ich musste Bill mit Gewalt daran hindern, die Stereoanlage zu zertrümmern. Ruth sah entgeistert zu.

»Es ... es gefällt euch nicht?«

»Bring das raus«, sagte Bill, »und du stirbst.«

Wir stürmten aus dem Büro und warfen dabei alles um, was uns im Weg stand, Stühle, Gummibäume, egal. Ich rief Shalit an, erreichte aber nur seine Mailbox. Ich feuerte einen Schwall von Beschimpfungen ab, bis sie voll war. Bill griff sich mein Handy, wollte seine eigene Schimpftirade hinterlassen, ließ es aber zu Boden fallen, wobei das Plastikgehäuse genau in der Mitte entzweibrach.

»Du bescheuerter Penner!« Ich stieß ihn weg und bückte mich nach meinem Handy. Er sah mich an, als wäre ich ein Stück Scheiße. Immer noch vor Wut kochend, gingen wir zur U-Bahn.

Die Singlecharts waren damals voll mit neuen Bands. Kasabian, Bloc Party und Natasha Bedingfield, all diese Schleimer, die erst vor wenigen Monaten mit uns bei *TRL* aufgetreten waren, hatten mittlerweile Top 20-Platzierungen. Sie erlangten Ruhm, waren auf Tour, im Fernsehen, in den Herzen und Köpfen der Menschen.

Und Silibil N' Brains? Bill und ich prügelten uns in der U-Bahn auf dem Weg nach Hause. An wem hätten wir unsere Wut sonst auslassen sollen?

Zehn. Man braucht zehn TV-Manager, um eine Glühbirne zu wechseln: einen, um die alte Birne rauszudrehen, die anderen neun, um Kommentare darüber abzugeben, wie viel Watt, welche Farbe und welche Form die neue haben sollte und ob es nicht besser wäre, auch noch den Lampenschirm auszutauschen – und wenn ja, aus welchem Material dieser sein sollte. Und dann, ehe man sich's versieht, sind mehrere Dutzend neue Manager im Raum, die alle ihre eigene, konkrete Meinung haben. Aber keiner von denen hat den Mumm, damit rauszurücken – aus Angst, dass er ausgelacht und niedergebrüllt werden könnte. Derjenige, der die Birne rausgedreht hat, setzt dann ein Meeting an, um das Thema zu einem späteren Zeitpunkt noch einmal zu diskutieren.

Nachdem wir einen kurzen Pilotfilm gedreht hatten, finanziert von einem kleinen, aber hoch angesehenen Musikkanal, konnte sich keine der großen TV-Firmen dazu entschließen, unsere Show in Auftrag zu geben. Aber sie zögerten nicht, eine Menge von unseren Ideen und unserem Material für einige ihrer schon laufenden Shows einzusetzen, auch wenn sie alles zensierten und es dadurch natürlich nicht einmal mehr annähernd so witzig war wie ursprünglich. Shalit war perplex, erklärte uns aber, dass das typisch wäre für die Idiotie, die überall in diesem Land im Fernsehgeschäft herrsche. Also waren wir jetzt wieder einfache Musiker, was, ehrlich gesagt, für uns auch vollkommen okay war.

Aber auch hier gab es Probleme. Sony war von unserer Reaktion auf den Remix von »Losers« wenig begeistert. Sie schmollten, gingen nicht ans Telefon. Die Entscheidung darüber, welches unsere Debütsingle werden sollte, wurde verschoben, ein Erscheinungsdatum noch viel weniger in Aussicht gestellt. Sie würden das später besprechen und sich dann bei uns melden. Ein vorsichtiger Shalit riet uns, dann diplomatisch zu sein und Bereitschaft zur Zusammenarbeit zu zeigen. »Seid nett«, sagte er. Ich schlug vor, Kofi Annan anzurufen. Das war ein Witz, aber in Wahrheit kamen wir völlig ins Schleudern. Wo waren unsere Verbündeten? Auf wen konnten wir uns überhaupt noch verlassen? Auf Sony jedenfalls nicht, nicht im Moment. Nein, nur noch auf Shalit Global. Gott sei gedankt für Shalit Global.

Und dann traf uns eine weitere bittere Meldung: JD, unsere Stütze, unser Waffenbruder, hatte die Firma verlassen, um zu neuen Ufern aufzubrechen. Der Bastard. Shalit, mit dem wir ein Notfallmeeting angesetzt hatten, um diese neueste Entwicklung zu besprechen, war jedoch wie immer guter Laune.

»Jungs«, strahlte er und zog den jungen Mann, der etwas unsicher neben ihm stand, zu sich heran, »das hier ist Del. Der neue JD.«

Ganz ehrlich, Del sah aus, als wäre er die Zweitbesetzung

für Silibil N' Brains. Er war nur ein paar Jahre älter als wir, sah gut aus und war mindestens genauso modebewusst wie wir. Er trat nervös von einem Fuß auf den anderen, strahlte uns aber gleichzeitig mit voller Wattstärke an. Nur Sekunden, nachdem wir unser kompliziertes Begrüßungsritual mit ihm durchgezogen hatten, grinste er in manischem Eifer wie ein Starkoch oder ein Kokainabhängiger, je nachdem. Wir verstanden uns sofort.

Shalit wollte schnell weitermachen und bat uns, Platz zu nehmen. Seine Stimme klang ernst.

»Passt jetzt gut auf, Jungs. Bei Sony hat sich einiges verändert.« So ganz genau erklärte er nichts, ließ uns nur pauschal wissen, dass es sich ja schließlich um eine Plattenfirma handelte, wo solche Umwälzungen ständig vorkamen. Nichts, worüber man sich Sorgen machen müsse. Dann gab er uns eine Liste mit Namen von Leuten, die wir persönlich kannten, und die jetzt nicht mehr dort arbeiteten, entweder, weil man sie gefeuert hatte oder – das traf zumindest in einem Fall zu – weil sie zur Konkurrenz gegangen waren. Darunter waren auch einige Leute, die uns sehr unterstützt hatten. Wenigstens war Ruths Job fürs Erste wohl sicher und darüber waren wir erleichtert. Seit sie uns aber ihre Vorliebe für Paukensoli offenbart hatte, respektierten wir sie nicht mehr *ganz* so sehr wie früher.

»Wo stehen wir denn jetzt?«, fragte ich.

Shalit beharrte darauf, dass wir jetzt in einer besseren Position wären als je zuvor. Aktuell stünden wir bei Sony an erster Stelle, behauptete er, egal, wen das Unternehmen nun genau einzustellen beliebte. Sobald man sich für eine Debütsingle entschieden hätte, könnten wir endlich den nächsten Schritt gehen. Eigentlich sei es gar nicht schlecht, dass wir das Zeitfenster für das ursprünglich geplante Erscheinungsdatum verpasst hatten. Wir könnten die zusätzliche Zeit schließlich gut gebrauchen, um noch mehr Stoßkraft aufzubauen.

Ich unterbrach ihn: »Was soll das heißen, wir haben *das Zeitfenster verpasst?*«

Eine Sekunde geriet er ins Stocken, länger aber auch nicht. Wenn man im falschen Moment blinzelte, bekam man selbst es gar nicht mit; so wie Bill. Wenn es eine von Shalits Aufgaben war, uns all die hässlichen Details zu ersparen, war er wirklich gut in seinem Job. Er erklärte uns, dass er an einem großen Strategiemeeting bei Sony teilgenommen hätte. Mehrere unserer Promoter hätten dabei angedeutet, dass die Veröffentlichung einer Single in diesem frühen Stadium unseren Ruf in der Untergrund-Hip-Hop-Szene völlig zerstören würde. Und dieser wäre das Wichtigste überhaupt. »Diese Typen«, erklärte Shalit, »wissen, wovon sie reden.« Jetzt, fuhr er fort, würden wir wieder auf Tournee gehen, noch öfter in Nachtklubs auftreten und bei Piratensendern als Gäste auftauchen. Außerdem sollten wir noch mehr Battleraps in bekannten Veranstaltungsorten austragen, schon mal ein paar wichtige Presseinterviews geben. Es wäre absolut wichtig, dass wir die Londoner Hip-Hop-Szene auf unsere Seite brachten, keine einfache Aufgabe für uns Yankees. Die Szene hier funktioniere einfach anders, erklärte uns Del. »Ihr seid hier nicht in Huntington Beach. Aber keine Sorge, wir ziehen alle an einem Strang. Wir müssen nur einen guten Start erwischen, das ist alles.« »Und das werden wir«, warf Shalit ein. »Wir werden euch schon noch zu Superstars machen.«

Später an jenem Abend rief Alison an. Es war das erste Mal seit Wochen, dass ich mit ihr sprach. Ich hatte kaum Zeit gehabt, an sie zu denken. Das Bild, das ich von ihr hatte, war verblasst. Ihre Stimme klang sanft und verletzlich. Ich erzählte ihr von dem Paukenremix von »Losers«, dem Medientraining und der bevorstehenden Tour durch die Londoner Hip-Hop-Klubs. Sie antwortete leise und einsilbig. Dann wechselte sie das Thema.

»Es ist aus.« Kein Vorgeplänkel, kein Versuch, den Schock zu mildern. Ihre Worte trafen mich wie ein Schlag. »Es tut mir leid.«

Unsere Tour durch die Klubs und Piratensender lief ganz gut, rasch und einfach und wir waren nie zu weit weg von zu Hause. Wer kam, um uns zu hören, dem gefielen auch unsere Songs. Und trotzdem vermissten wir beide etwas. Zu meinem großen Ärger kam ich nie dahinter, was genau das war, aber es nagte Tag und Nacht an mir. Wir mussten alles noch einmal genau überdenken, brauchten neuen Antrieb. Je mehr Zeit Bill und ich zusammen verbrachten, desto öfter stritten wir uns. Wir waren so frustriert, dass wir uns ständig in den Haaren lagen wie ein altes Ehepaar. Ich wünschte mir fast verzweifelt, dass wir wieder zu der musikalischen Kreativitätsmaschine wurden, die wir einmal waren. Bill dagegen wollte, soweit ich das beurteilen konnte, einfach nur Spaß haben und sich abschießen. Schon bald würde sich die Lage zuspitzen, ich konnte es förmlich spüren.

Nach dem letzten Auftritt der Tour in einem kleinen Klub vor vielleicht hundert Leuten kehrten wir mit dem Gedanken an einen neuen Plan nach Hause zurück. Wir hatten noch mit niemandem darüber gesprochen, aber wir wussten, dass wir das durchziehen mussten, egal welche Konsequenzen es nach sich ziehen würde. In jener Nacht versank ich sofort in einen tiefen, narkoseähnlichen Schlaf, wie Dornröschen.

Am darauffolgenden Morgen in der Küche bestrich ich

den Toast mit Butter, während Bill Kaffee kochte. Wir waren *höflich* zueinander. Das war etwas ganz Neues.

»Bist du dir ganz sicher?«, fragte ich.

»Einhundert Prozent.«

»Dann lass es uns tun.«

Unser Plan war es, zu einer Punkband zu werden, einer Punkband mit fünf Mitgliedern.

Schon seit einiger Zeit hatten wir die Fühler ausgestreckt, bei Freunden und Bekannten vorgefühlt, um drei davon dazu bewegen zu können, der Band beizutreten. Wir wollten etwas ganz Besonderes werden. Lange mussten wir nicht suchen. Greg Keegan, einen Südafrikaner, der in London lebte, hatten wir über einen meiner besten Freunde kennengelernt. Er war ein genialer Gitarrist und, was fast noch wichtiger war, er sah auch so aus, als wäre er allein dazu geboren, um in einer Punkband möglichst laut Gitarre zu spielen. Gordon Donald und Colin Petrie waren in der Szene in Perth bereits ziemlich bekannt. Colin war der verrückteste Drummer, den Arbroath je hervorgebracht hatte und er hatte schon bei PMX gespielt, einer unserer Lieblingsbands dort. Gordon arbeitete in einem Snowboardladen und stand kurz davor, professionell ins Skateboarding einzusteigen. Er war brillant am Bass. Colin und Bill waren seit Jahren befreundet und ich kannte ihn schon fast so lang wie Bill. Wir wussten, dass sie alle drei perfekt zu uns passen würden. In den nächsten Wochen trafen wir uns mehrmals, spielten die alten Songs im neuen Stil. Es fühlte sich richtig an, so, als hätten uns Greg, Gordon und Colin schon die ganze Zeit gefehlt. Sie spürten das auch und wollten alle Teil von Silibil N' Brains werden. Eines Abends machten Bill und ich ihnen ganz offiziell genau dieses Angebot, aber unter einer entscheidenden Voraussetzung.

»Könnt ihr ein Geheimnis für euch behalten?«

Sie mussten die Wahrheit über uns erfahren. Wir konnten vielleicht die Branche belügen, aber nicht unsere engsten Freunde. Sie nahmen es überraschend gut auf. Um genau zu sein, sie fanden es zum Totlachen und spielten nur zu gerne mit. Zuerst war ich erleichtert, dann begeistert. Endlich würde es wieder vorangehen.

Jetzt mussten wir nur noch alle anderen überzeugen.

Shalit war entsetzt und bei Sony zogen sie kollektiv die Augenbrauen hoch, da man unseren Entschluss für übereilt und nicht durchdacht hielt. In Wirklichkeit aber war es eher ein organischer Prozess gewesen, hatte sich über Wochen, wenn nicht Monate entwickelt. Bill und ich waren immer unzufriedener damit geworden, wie die Dinge bei der Plattenfirma liefen, über ihre Zweifel, die sie so kurz nach der ersten Begeisterung geäußert hatten, ihre Unsicherheit in Bezug auf unsere Texte, unseren Ruf in der Szene, unsere Haltung insgesamt. Vielleicht hatten sie Recht. Vielleicht mussten wir wirklich alles überdenken. Und genau das haben wir getan. Die Rapszene trat auf der Stelle. Die Hip-Hop-Charts bestanden größtenteils aus R&B, dazwischen ein paar symbolische Pseudorapsongs von irgendwelchen zweitklassigen, Goldkette und Goldzahn tragenden wandelnden Klischees, deren Texte sich auf Kindergartenniveau bewegten. Selbst Eminem klang immer zahmer und lahmer. Das Genre bewegte sich rückwärts, während wir darauf brannten, etwas Neues zu schaffen. Also wandten wir uns unserer wahren Liebe, dem Punkrock, zu. Auf dem Weg zu unseren Gigs spielten wir auf der Anlage im Tourbus ausschließlich Rock, alles Mögliche von den Eagles, Police, Motörhead und Metallica, bis zu den Dead Kennedys, At The Drive-In und NOFX. Aber es waren die neuen Bands, die uns jetzt Appetit auf mehr machten, uns zurücklockten. Bands wie Story of the Year, Thrice, My Chemical Romance und ganz besonders Billy Talent. Wir erkannten, dass wir unsere Zeit vergeudeten, wenn wir bei unserer Musik nicht dasselbe empfanden. Außerdem erlebte die Musikbranche gerade eine große Krise und die Gitarre ein gigantisches Comeback, sodass sich unsere Entscheidung vollkommen natürlich anfühlte. Nun mussten wir auch Sony davon überzeugen, dass dieser Schritt logisch *und* wirtschaftlich zugleich war. Mit der Zeit würden sie das sicher erkennen, dafür würde ich schon sorgen.

Unsere Entscheidung bot auch die Möglichkeit, das Dilemma zu lösen, in dem wir steckten. Uns war immer klar gewesen, dass der Moment, in dem wir eine Rapsingle herausbrächten, zugleich der Augenblick sein würde, in dem das Spiel zu Ende war. Die ganze Welt würde sich darüber lustig machen, dass wir Schotten waren, und vor allem würde niemand unsere Hip-Hop-Songs in schottischem Akzent akzeptieren. Bei einer Punkband spielte die Nationalität vielleicht keine so große Rolle. Rock war eine viel umfassendere Musikrichtung: Man konnte schwarz oder weiß sein, Amerikaner, Engländer oder Chinese. Und man konnte sowohl mit einem Akzent aus dem mittleren Westen als auch mit walisischem Singsang Musik machen. Für uns war Punk das, was uns ausmachte und außerdem auch noch sicherer Boden. Falls irgendwann herauskommen sollte, dass wir Schotten waren – na und, macht weiter. Genau genommen würde uns das Spielen in einer Punkband sogar erlauben, die ganze Geschichte musikalisch zu erzählen – und zwar noch lauter und noch bunter. Daran jedenfalls glaubte ich und dabei blieb ich.

Kaum begannen wir, als Band zusammen zu spielen, stellte sich dieses fließende und selbstverständliche Gefühl ein. Es war, als wären wir immer schon füreinander bestimmt gewesen. Greg, Gordon und Colin hatten Silibil N' Brains zuvor schon live gesehen und glaubten auch, dass es eine grandiose Idee war, daraus eine Punkband zu machen. Eines Nachmittags luden wir sie ins Studio ein, das Sony im Keller unter den Büros in der Great Marlborough Street unterhielt, und spielten sieben Tracks ein, ohne ein einziges Mal abzusetzen. Wir nahmen sie live auf, nur um zu sehen, wie es sich anhören würde. Es klang überirdisch; Gordons ungezügelte Hip-Hop-Grooves und Colins treibende Drums ergänzten Gregs wilde Gitarrenriffs perfekt. Wir fünf und der Toningenieur setzten uns ans Mischpult und hörten uns das Ergebnis unserer Bemühungen an. Es war großartig, der beste Moment, den ich je in einem Studio erlebt hatte.

Trotz all der Verwirrung, die es auslöste, fühlte sich das einfach *richtig* an. Endlich war da dieser Schwung, nach dem wir die ganze Zeit gesucht hatten, und mir wurde, wenn auch reichlich spät, klar, dass wir als Duo nur an der Oberfläche unseres Potenzials gekratzt hatten. Aber *das hier,* das war das einzig Wahre.

Shalit zu überzeugen, war weniger einfach. Zuerst war er fuchsteufelswild, fühlte sich verarscht und glaubte, dass wir seine Großzügigkeit ausnutzen würden. Erst nachdem wir seine ständigen Anrufe ignoriert hatten – wir wollten uns nicht mit ihm anlegen, bevor die neu aufgenommenen Tracks nicht so gut klangen, wie es eben ging –, tauchten wir in seinem Büro auf und bestanden darauf, dass er uns zuhörte. Mit rot angelaufenem Gesicht rief er Del dazu. Sie starrten uns beide wütend an und im ersten Augenblick schien es, als müssten wir einen Richter überzeugen, uns nicht in den Knast zu befördern. Ich warf die CD ein und drehte die Lautstärke bis zum Anschlag auf. »Losers« kam zuerst, ein Song, der komplett von fauchenden Gitarren und einer teuflischen Bassline übernommen worden war. Selbst hier im Büro, an einem helllichten Frühlingstag, war zu erkennen, wie gut dieser Song live ankommen würde. Die Musik dröhnte wie ein Schnellzug mit purer akustischer Wucht, irgendwie *tierisch*. Auf einmal hielt es Del nicht mehr auf seinem Stuhl, er sprang jubelnd und brüllend im Raum umher und applaudierte wild. Er wurde mir immer sympathischer. Bill verbeugte sich theatralisch, als ich auf Stop drückte. Shalit lächelte.

»Gar nicht so schlecht«, musste er zugeben.

Dann spielten wir ihnen »Cunt« vor, unsere Ode an George W. Bush. Ein Song, der quasi ausschließlich von Wut beseelt war und dessen Refrain »He's a cunt, George Bush/A cunt cunt cunt« fast die Farbe von den Wänden geholt hätte.

»Der Song muss unbedingt *Fotze* heißen, oder?«, fragte Shalit vorsichtig. Er seufzte, aber das Lächeln wollte einfach nicht aus seinem Gesicht verschwinden. Er war beeindruckt. Er griff sich mit seiner speckigen Tatze das Telefon und rief Ruth an. »Ruth? Jonathan Shalit hier. Ich muss dich unbedingt sofort sehen. Silibil N'Brains sitzen hier bei mir. Es hat sich etwas getan.«

Da sie uns nicht gleich treffen konnte, luden Shalit und Del uns in der Zwischenzeit zu einem mit viel Alkohol durchsetzten Mittagessen in einem Restaurant in der Nähe ein. Netterweise zahlte Shalit auch für die zu Bruch gegangene Einrichtung, was, wie Bill grinsend behauptete, ein Unfall gewesen war. Dann trafen wir, triumphierend und ziemlich blau, bei Sony ein. Als Bill sich auf der Besucherliste eintragen musste, malte er nur einen großen Smiley.

Offensichtlich wollte Ruth uns nicht allein gegenübertreten, denn als wir in ihrem Büro ankamen, hatten sich außer ihr bereits mehrere Sony-Leute in den kleinen Raum gequetscht – wohl zur Unterstützung. Das waren die Neuen. Wir stellten uns vor und lächelten einander hochmütig zu. Bill und ich warfen uns in die nächstbesten Stühle und ließen ein paar Bierbäuerchen los, während Shalit unsere neueste Idee vortrug. Das tat er mit der großen Geste eines Gameshowmoderators, der dem Sieger die Geldpreise präsentiert.

»*Punk*, haben Sie gesagt?«

Die arme Ruth sah auf einmal schrecklich müde aus.

»Hören Sie es sich einfach mal an.«

Die CD wurde eingelegt und schon erfüllte »Losers« den Raum. Die Neuen bei Sony konnten nicht anders: Sie grinsten, hüpften in ihren Stühlen auf und ab und zappelten überhaupt ziemlich unvorteilhaft herum. Einige der Älteren sahen allerdings einfach nur verwirrt aus. Als der Song zu Ende ging, noch bevor jemand etwas sagen konnte, spulte Shalit schnell zum nächsten Song vor. Dabei erklärte er, dass es sich hier um eine ganz neue, völlig andere Version von »Play With Myself« handeln würde. Aber er drückte den falschen Knopf und spielte stattdessen »Cunt« ab. Eigentlich drehte er nicht auf, aber irgendwie klang es trotzdem deutlich lauter. Ruth vergrub das Gesicht in den Händen, als der Refrain dran war und wimmerte leise vor sich hin. Mittendrin hielt jemand die Musik an. Ich kannte ihn nicht, aber wenn man sein Alter und den Kleidungsstil in Betracht zog, war er wohl direkt auf der Managementebene bei Sony eingestiegen.

»Ihr könnt es mir ruhig sagen, falls ich mich irre«, fing er an, »aber das haben wir nicht unter Vertrag genommen, oder?«

Shalit machte schon den Mund auf, um etwas zu sagen, aber Del kam ihm zuvor und empfahl den Sonys, an Lost Prophets und Linkin Park zu denken. Diese lauten, amerikanischen Rockbands räumten auf ihren Tourneen in den USA gerade ziemlich ab, genau wie die zahllosen Green Day-Jünger, zum Beispiel Blink 182, Sum 41 und Good Charlotte. Shalit erklärte, dass all diese Bands ähnliche musikalische Elemente verwendeten, aber im Vergleich zu Silibil N'Brains ziemlich alt aussehen würden.

Aber so leicht ließen sie sich nicht überzeugen. Sie wollten das Kleingedruckte sehen, wollten wissen, wie viele Mitglieder unsere Band denn jetzt habe. Wir sagten es ihnen.

»Und ihr erwartet, dass wir die auch bezahlen?«

Fuck. Daran hatten wir noch gar nicht gedacht.

Bill grinste und breitete die Arme aus wie ein gütiger Politikeronkel. »Hey, so ein Talent, wie wir es haben, gibt's nun mal nicht umsonst«, erklärte er ihnen.

Bevor sie anfangen konnten loszubrüllen, schaltete sich Shalit wieder ein und schlug vor, dass er für den Anfang die Spesen übernehmen würde. Wichtig sei jetzt nur, sagte er und deutete auf den CD-Player, dass *das* genial sei und der zukünftige Erfolg so gut wie sicher. Was Sony hier habe, sei der nächste weltweite Superhit. Wollten sie diesem geschenkten Gaul wirklich ins Maul schauen? Wenn ja, dann bräuchten sie es nur zu sagen. Sagt Bescheid und ich nehme meine Jungs mit zu einem anderen Label, und zwar alle fünf. Die Manager hoben beschwichtigend die Hände, schwenkten die weiße Fahne. Ruth atmete aus.

Am nächsten Tag teilte Sony Shalit mit, dass sie uns noch einmal auf Tour schicken wollten, aber diesmal richtig, eine Tour mit großen Hallen im ganzen Land. Schließlich gäbe es keinen besseren Weg, um herauszufinden, wie gut wir als fünfköpfige Band wirklich waren, als uns dem großartigen, britischen Publikum zu präsentieren, oder? Lasst das Publikum entscheiden.

Am darauffolgenden Montag sollten wir aufbrechen. Am Sonntag sehnte ich mich auf einmal danach, allein zu sein. Nach der Anstrengung unserer Neuerfindung war ich erschöpft, völlig platt. Ich fühlte mich, als hätte ich Fieber und schaffte es nur mit Mühe, mein Zimmer zu verlassen. Ich konnte nicht aufhören, an Alison zu denken. Schon oft hatte ich versucht, sie anzurufen, war aber immer nur auf ihrer Mailbox gelandet und sie hatte meine flehenden Nachrichten grausam ignoriert. Aber jetzt, da die Band kurz davor stand, den ganz großen Durchbruch zu schaffen, wollte ich sie, und nur sie, an meiner Seite haben. Ich vermisste sie wirklich schmerzhaft.

Shalit hatte uns gerade für eine weitere Woche bezahlt, sodass ich die Taschen voller Bargeld hatte. Also ging ich los und gab das meiste davon für Bier, Jägermeister und Jack Daniels aus. Ich war mit so vielen Flaschen und Dosen beladen, dass ich für die 500 Meter bis nach Hause ein Taxi nehmen musste. Dann schleppte ich die Plastiktüten in mein Zimmer und fing an zu trinken und zu weinen. Mein Magen hatte mir schon die ganze Woche lang Probleme bereitet. So trank ich mit wilder Entschlossenheit, um alle Schmerzen und Gedanken auszulöschen. Noch nie hatte ich mich so einsam gefühlt. Ich legte Musik auf, Billy Talents »The Ex«. Dieser Song bedeutete mir jetzt mehr als jemals zuvor. Er lief in einer Endlosschleife, spielte sich zu Tode – und mich vielleicht gleich mit. Ich trank und warf eine Menge Schmerzmittel ein.

Ich muss ohnmächtig geworden sein, denn das Erste, woran ich mich erinnere, ist, wie Bill und Gordon mich die

Treppen hinunterschleiften. Sie schrien mich an, zogen meinen Kopf an den Haaren hoch und schlugen mir ins Gesicht, während sie mich immer wieder fragten, was ich genommen hätte.

Das nächste Mal wachte ich in einer mir mittlerweile vertrauten Umgebung auf: im Krankenhaus. Irgendjemand musste Michelle angerufen haben, denn sie stand am Fußende meines Bettes und sprach mit der Krankenschwester. Ich senkte die Augenlider und hörte zu, wie sie Michelle erklärte, dass ich offensichtlich ein Problem hätte. Man sollte es angehen, bevor es noch schlimmer würde. Michelle spielte alles herunter, aber ich hörte auch die Angst und Sorge in ihrer Stimme. Das ging mir an die Nieren. Die Schwester gab ihr einen Packen Broschüren und drängte sie, mich dazu zu ermutigen, eine der Nummern anzurufen und einen Termin zu vereinbaren.

»Das könnte den entscheidenden Unterschied machen, wenn Sie wissen, was ich meine«, sagte sie.

Michelle fuhr mich nach Hause und überließ mich, vielleicht etwas leichtsinnig, Bills Fürsorge. Bill umarmte mich so heftig, dass ich fast erstickte. Er erinnerte mich an unsere Tour, die schon in zwölf Stunden beginnen sollte, und daran, dass dies die perfekte Gelegenheit sei, um endgültig über Alison hinwegzukommen.

»Wir sorgen dafür, dass du dich jeden Abend abschießen kannst und flachgelegt wirst«, versprach er lachend. »Das wird die beste Zeit unseres Lebens, wart's nur ab.«

Gegen elf am darauffolgenden Morgen – Greg, Colin und Gordon hatten sich bereits mit gepackten Taschen in unserem Wohnzimmer versammelt – kam der Tourbus. Wir wurden von unserem Tourmanager Big Mark begrüßt. Er war ein richtiger Cockney, der schon eine Menge erlebt hatte und einen ins Koma quatschen konnte, aber gleichzeitig witzig und versaut war. Wir lernten ihn lieben lernen. »Männer«, sagte er in seinem breiten Ost-London-Akzent, »euer Wagen steht bereit. Macht hin, lasst uns abhauen.«

Wir quetschten uns in den Tourbus, dazu das Equipment, sodass es beängstigend eng und ziemlich unbequem wurde. Schon bald sollte es auch furchtbar stinken: Schimmelige Pizzareste, Zigarettenstummel, Füße.

Sieben

Shalit hatte alle Hebel in Bewegung gesetzt, mit anderen Worten, er hatte sich *eingeschleimt*. Die Plattenfirma wäre jetzt doch bereit, so berichtete er uns überschwänglich und voller Optimismus am Telefon, die Kosten unserer Tour durch die Universitäten des Landes für alle fünf Bandmitglieder zu übernehmen. Also müssten wir doch nicht im Bus übernachten, sondern würden in Hotels untergebracht. Nichts Besonderes und auf keinen Fall mit Pool oder Spa, aber trotzdem völlig in Ordnung. Wir freuten uns, waren dankbar und aufgeregt zugleich. Und auch die Promotionmannschaft hatte ihren Job ordentlich gemacht: An allen Unis wussten sie, dass wir kamen. Überall sahen wir dort Leute in Silibil N' Brains-T-Shirts und mit Silibil N' Brains-Stickern. Es gab genug Silibil N' Brains-Flyer, um damit das ganze Universitätsgebäude zu tapezieren. Promoalben waren an die Uni- und Piratensender verteilt worden und mehrere unserer Songs liefen auf Heavy Rotation. Unsere Ankunft wurde also überall erwartet. Und erwartet zu werden, das fühlte sich *echt* gut an.

Unser erstes Ziel war der Freshers Ball der Universität von Bristol. Der Saal war eng, aber wenn man mal die Sicherheitsbestimmungen außer Acht ließ, passten gut und gerne fünfhundert Leute rein. Als wir am späten Nachmittag ankamen, waren wir nicht annähernd in der Lage, das Gebäude zu finden, in dem wir auftreten sollten. Wir wanderten durch die verlassenen Flure, steckten den Kopf in Seminarräume und Hörsäle und fanden uns schließlich in einem der Wohngebäude wieder. Dessen Bewohner hatten offenbar Angst vor Einbrechern, denn alle Türen waren abgeschlossen. Bill hatte nachgesehen.

Schließlich fanden wir doch noch hin. Silibil N' Brains-Flyer führten uns ans Ziel, wie die Brotkrumen Hänsel und Gretel. Der Saal stank noch nach verschüttetem Bier von gestern. Ein richtiges Mischpult gab es nicht, aber eine Bühne, die mindestens einen Meter zwanzig höher lag als der Boden. Und heute Abend um zehn Uhr sollte sie für eine halbe Stunde uns gehören. Wir hechteten hinauf und tobten uns aus. Wir pogten und freestylten, während Big Mark uns von unten mit einem väterlichen Grinsen zusah.

»Ähem, kann ich Ihnen helfen, meine Herren?«

Ein Mann, der so aussah, als wäre er von der Security, kam zur Tür hereinspaziert.

»Wir sind die Band«, ließ ich ihn wissen. *Mann*, fühlte sich das gut an.

»Ah, okay, gut. Ich geh dann mal jemanden holen ...« Und weg war er, um wen auch immer zu benachrichtigen, dass Silibil N' Brains im Gebäude war.

Der Soundcheck um fünf war das komplette Chaos. Wir verbrachten den Rest des Tages bis zu unserer Performance damit, wieder durch die Wohnheime zu spazieren und allen Mädchen, die uns über den Weg liefen, einen unserer Sticker zu verpassen, um sicherzustellen, dass auch wirklich jeder wusste, dass wir da waren. Bill versprach jedem gut aussehenden Mädchen, das uns über den Weg lief, dass sie auf unserer Gästeliste stehen würde. Der Eintritt kostete ganze fünf Pfund, aber Sony hatte uns eine Gästeliste von nur fünf Personen pro Nase und Show zugestanden, insgesamt also fünfundzwanzig. Gegen sieben Uhr abends standen bereits fünfzig Personen auf der Liste, alle weiblich. Wir redeten ein Wörtchen mit den Jungs und Mädels an der Tür, damit die Mädchen auch wirklich umsonst reinkommen würden. Sollte es irgendwelche Probleme geben, rieten wir ihnen, der Plattenfirma eine Rechnung zu schreiben.

Am Abend waren wir fünf unglaublich; es hielt uns nicht auf der Bühne. Wir liefen in der auf und ab hüpfenden Menge Amok, dabei zerrten wir die Mikro- und Gitarrenkabel einfach hinter uns her. Bill spritzte Champagner in die Menge und wir spielten »Losers«, »Stalkers« und neue Songs wie »Medicine For Rejects«, »Let's Get Naked«, »Spaz Out«, »Your Moms« und zum Abschluss »Cunt«. Zu diesem Zeitpunkt waren bereits Dutzende Fans zu uns auf die Bühne geklettert. Als der Song sich dem Ende näherte, nahm ich eine Jesus-Pose ein und ließ mich in die Menge fallen, wo mich Hunderte Hände hochhielten, um mich irgendwann bei der Bar abzusetzen, wo, oh Wunder, ein frisches Bier auf mich wartete. Es fühlte sich an wie der beste Zaubertrick der Welt. Den Mund voller Heineken küsste ich das Mädchen, das mir am nächsten stand, sodass sich zwischen uns ein funkelnder Schauer goldgelben Alkohols ergoss und uns nass und klebrig werden ließ. Sie lachte und drängte sich an mich.

In den fünf Jahren, in denen ich mit Alison zusammen gewesen war, war ich ihr nie untreu. Ich hatte nicht einmal das Verlangen danach verspürt. Das würde ich jetzt nachholen.

Die Heineken-Maus kam nach der Show mit mir in den Tourbus, und während meine Bandkollegen damit beschäftigt waren, Brüste und nackte Bäuche zu signieren und Big Mark geduldig draußen auf dem Bürgersteig wartete, rauchte und sich mit ein paar Studenten unterhielt, fickte sie mich durch, dass mir das Hirn aus den Ohren quoll – auch wenn mein Hintern auf dem kalten Boden des Busses herumrutschte, während ihr Kopf immer wieder an die Decke stieß.

Jeden Abend spielten wir an einer anderen Universität: Liverpool, Manchester, Derby, Cardiff, Aberystwyth, Bath, Preston, Leicester, York. Jedes Mal gaben wir alles und spielten wie aus einem Guss. Es war klar, dass wir die richtige Entscheidung getroffen hatten, uns zu einer fünfköpfigen Punkband zu erweitern. Als der arme Big Mark nicht mehr konnte, übernahm Ian Martin, der einzige andere Tourmanager, der uns überlebte, und dazu einer der besten alten Knacker überhaupt. Er sorgte dafür, dass es keine Toten gab. Während der Tour wuchs unser Gemeinschaftsgefühl und irgendwann fühlte ich mich Colin, Greg und Gordon so nah wie Bill – sie waren auf der Bühne mindestens genauso heiß wie wir. Jede Nacht nach der Show mischten wir uns sofort unter das Publikum. Wir gaben Autogramme, wurden fast überrannt, beklatscht und manchmal auch ausgebuht. Colin hatte die Angewohnheit, sich bestimmten Mädchen zu nähern und sie in einer Art Rettungsgriff nach hinten in die Umkleide zu schleppen. Nur wenige wehrten sich, selbst wenn sie einen Freund hatten. Wir anderen luden einfach alle ein, die Lust hatten. Unsere Tür stand sperrangelweit offen. Die Umkleiden waren winzig, nicht größer als Toilettenkabinen, übersät mit Tags der unzähligen anderen Bands, die vor uns hier waren. An einem solchen Ort gab es keine Privatsphäre, außer man wurde kreativ.

Eines Nachts taumelte ich in den Backstagebereich, während mir ein Mädchen schon am Gesicht klebte. Ihre Zunge war in meinem Hals und ihre Hände überall an meinem Körper. Während wir uns in die Umkleide kämpften, legte ich meine Hände auf ihren Hintern und setzte sie auf meine Hüfte. Ich befreite mich von ihren Lippen und brüllte, dass man uns den Weg freimachen solle. »Platz da!« Wir quetschten uns in die enge Toilette und machten die Tür mit Gewalt hinter uns zu. Die Toilette war gerade erst benutzt worden. Pisse klebte auf dem Sitz, und wer auch immer da gerade geschissen hatte – wahrscheinlich Bill – hatte nicht gespült. Wir stürzten in die angrenzende Dusche, klebten immer noch aneinander, ohne den Dreck um uns herum auch nur wahrzunehmen. Ich zog ihr Höschen beiseite, holte meinen Schwanz heraus und dann fickten wir so hart, dass wir nicht einmal aufhörten, als ich mit dem Ellbogen versehentlich das eiskalte Wasser aufdrehte. Wir machten einfach wie die Irren weiter. Ihr vorgetäuschter Orgasmus war nicht von schlechten Eltern.

In Derby behandelten sie uns, als wären wir Mitglieder der Königsfamilie. Vielleicht kommen nicht besonders viele Superstars dorthin, denn der Empfang, den sie uns bereiteten, war absolut überschwänglich. Man hätte meinen können, Sony hätte »Losers« rausgebracht, ohne uns Bescheid zu sagen, und der Song stünde an der Spitze der Charts. Im Uniradio aber war, wie ich erfuhr, »Cunt« derzeit die Nummer Eins und hielt Westlife von der Chartspitze fern. Wir konnten uns nicht bewegen, ohne dass es einen Auflauf gab, fünf gut aussehende Jungs, umringt von Frauen. Die Bar der Studentenvereinigung war mit Tausenden von Silibil N' Brains-Stickern zugepflastert. Als wir auf die Bühne traten, war schon das reinste Getümmel im Gange. Es war gefährlich voll, alle drängten nach vorne. Schon nach ein paar Minuten war der Sauerstoff in der Luft verbraucht und ich sah nur noch Sterne. Während wir »Drunk Too Much« spielten, fiel ich über den Drumriser und schlug mir die Stirn auf. Bill zog mich wieder hoch, und während mir das Blut übers Gesicht lief, fingen wir an, Mädchen aus der Menge auf die

Bühne zu holen und ihre Freunde zu dissen. Ständig mussten wir Fäusten ausweichen, wenn einer von denen in seinem Ärger versuchte, uns einen Schlag zu verpassen. Der Sound war breiig, aber die Atmosphäre elektrisierend. Auf einmal sprühten die Lautsprecher Funken und alles wurde still. Wir hatten den Raum gekillt.

Danach, im Backstagebereich, konnten wir uns vor lauter Mädels kaum bewegen. Greg hatte eine auf jedem Knie. Bill, Colin und Gordon saßen auf dem zusammengebrochenen Sofa, jeder eine auf seinem ausgebeulten Schritt. Ich sah mir das amüsiert an, bis mir jemand auf die Schulter klopfte. Ich drehte mich um.

»Hi.«

Sie war groß und wunderschön, hatte blondes Haar, blaue Augen und einen athletischen Körper, der in einem viel zu engen T-Shirt und einem winzigen Minirock steckte. Ihre Beine glänzten golden und in ihren Sandalen sah man ihre bemalten und gepflegten Zehennägel. Sie schwitzte, die ungläubige Achtung angesichts des Spektakels, das wir geboten hatten, stand ihr noch ins Gesicht geschrieben. Ihr Mund lächelte mich pink und heiß an.

»Ich habe einen von euren Stickern«, sagte sie, »und den würde ich dir gerne wiedergeben.«

Da ich nicht wusste, was ich dazu sagen sollte, zuckte ich nur die Achseln.

Ich folgte ihrem Blick mit wachsendem Erstaunen nach unten, als sie anfing, ihren Rock hochzuziehen. Das Getümmel um uns herum geriet auf einmal in den Hintergrund, wurde undeutlich und verschwommen. Es gab nur noch uns beide in diesem Raum. Da, wo ich eigentlich ihr Höschen erwartet hatte, sah ich nur einen Silibil N' Brains-Sticker. Bills und mein Gesicht grinsten mir aus einem rasierten Busch entgegen, der bestätigte, dass ihre blonden Haare echt waren.

»Er gehört dir«, sagte sie. »Hol ihn dir zurück.«

Ich tat, was jeder Mann in dieser Situation getan hätte und holte mir meinen Sticker zurück. Ich sah meine Hand auf ihn zuwandern und ihr Schambein berühren. Dann spürte ich den Sticker unter der Spitze meines Zeigefingers. Sie fühlte sich warm an. Ich streckte den Mittelfinger aus und drückte ihn ihr hinein. Sie war schon feucht und keuchte leise, während ihre Augen mir zulächelten und ihre Zungenspitze zwischen den perfekten, weißen Zähnen erschien.

In null Komma nichts waren wir im Hotel. Schon im Aufzug durchsuchte ich ungeschickt meine Hosentaschen nach dem Schlüssel, ließ Taschentücher, Bonbonpapiere und Münzen achtlos auf den Boden fallen. Als wir jedoch an unserem Zimmer ankamen, hing da ein »Bitte nicht stören«-Schild an der Klinke. Ich schleuderte es in den Flur und steckte den Schlüssel ins Schloss. Doch die Tür war von innen verschlossen. Aus dem Schlafzimmer hörte ich Colins Stimme. Sony hatte sich zwar großzügig bereiterklärt, unsere Unterkunft zu bezahlen, aber es hatte dann doch nicht dafür gereicht, jedem ein eigenes Zimmer zu buchen.

»Verpiss dich!«, brüllte er.

Ich legte mein Gesicht an den Türrahmen und flüsterte verzweifelt. »Col, Mann, ich hab eine Perle hier draußen.«

Ich hörte Rascheln und Gekicher. »Ich auch!«

Ich drehte mich zu meiner blonden Schönheit um. »Tut mir leid, Süße.« Sie zögerte keine Sekunde, sondern drängte mich an die Wand und fing an, sich an mir zu reiben. Ich leistete keinen Widerstand. Zehn Minuten später öffnete sich endlich die Tür. Zwei Frauen mittleren Alters, vielleicht um die vierzig, traten in den Flur. Sie hatten sich offensichtlich sehr eilig angezogen, denn ihre Blusen waren noch halb offen. Die Reißverschlüsse ihrer engen Lederröcke standen auch weit auf und sie trugen rote, hochhackige Schuhe in der Hand. Sie sahen zu mir auf und lächelten.

»Gut' Nacht, Süßer.«

Dann schwankten sie laut lachend davon. Ich steckte meinen Kopf durch die Tür. Im sanften Licht der Nachttischlampe stand Colin splitterfasernackt auf dem Bett, die Hände in die Hüften gestemmt, das Kondom noch auf seinem Schwanz.

In Situationen wie diesen war die Zeit knapp, das wurde uns spätestens jetzt klar. Betten waren ein Luxus, Privatsphäre ein Ding der Unmöglichkeit. Wir wurden Experten darin, nur für den Augenblick zu leben. In York erwartete uns nicht einmal ein Hotel. Nach unserem Auftritt dort sollten wir direkt nach Newcastle fahren, die letzte Station der Tour. Unsere Performance war wieder mal unglaublich. Wir wurden immer besser und die Berichte darüber erreichten auch die Plattenfirma, die sich, wie uns Shalit berichtete, jetzt positiver äußerte als jemals zuvor, seit sie uns unter Vertrag genommen hatten.

In York folgte uns der übliche Schwarm Mädchen in die Umkleide, aber ich kam zu spät, da ich noch in der Bar rumgehangen und ein Interview mit einer Studentenzeitung geführt hatte. Irgendwie blieb es immer an mir hängen, die Lokalpresse zufriedenzustellen, denn Bill beharrte darauf, dass er mir gerne diese Ehre überließ. Außerdem war er eigentlich immer mit dringenderen, »befriedigenden« Dingen beschäftigt. Ich beantwortete alle Fragen pflichtschuldig, wobei ich so viele Schimpfwörter benutzte, wie ich nur konnte, also genau das tat, wovon mir unsere Medientrainerin *abgeraten* hatte. Danach hastete ich in den Backstagebereich. Mittlerweile wirkte der letzte Song jeder Show wie ein Potenzmittel auf mich, da ich wusste, dass jetzt schon bald Sex folgen würde – oft nur ein paar Minuten später. Als ich dieses Mal in den überfüllten Raum trat, befanden sich die anderen schon in wilder Umarmung mit diversen Mädchen. Ich sah mich nach derjenigen um, die für mich übrig geblieben war. Sie stürzte sich so schnell und entschlossen auf mich, dass ich nicht mal mitbekam, wie sie aussah. Aber auf jeden Fall küsste sie gut und ich war in Sekundenschnelle hart. Auf einmal bemerkte ich die Aufbruchstimmung um mich. Die Leute verließen bereits den Raum. Draußen stand der Bus schon bereit für unsere Abfahrt.

»Keine Zeit, Gav, nicht heute«, rief Big Mark. »Komm schon, los geht's.«

Zuerst ignorierte ich ihn einfach, schließlich würden sie wohl kaum ohne mich losfahren. Bis mir aufging, dass sie genau das tun und es für einen tollen Witz halten würden. Ich schloss den Reißverschluss wieder und rannte los.

Newcastle rauschte an mir vorbei, die Feier zum Ende der Tour verband sich mit den Partys, die wir an den Abenden zuvor gefeiert hatten. Um ehrlich zu sein, wir hatten jeden Abend gefeiert, berauschende, betrunkene Partys voller Sex, so viel Sex. Ich hatte eine Liste geführt: Mein Score in diesen zwei Wochen stellte alles andere in den Schatten, selbst die weiblichen Errungenschaften eines durchschnittlichen Erstligafußballers – und das sollte was heißen. Zum Glück hatte ich mir keine Geschlechtskrankheiten eingefangen, nur eine leichte, aber anhaltende Reizung im Schritt, die mich daran erinnerte, wie viel Spaß ich gehabt hatte.

Als wir schließlich gegen sechs Uhr an einem frischen Donnerstagmorgen wieder am Eagle's Nest ankamen und uns so herzlich von Big Mark verabschiedeten, dass mir fast die Tränen kamen, wollte ich nur noch schlafen. Am besten eine ganze Woche lang. Ich taumelte nach oben ins Badezimmer, wo ich meinen Kopf unter den Wasserhahn hielt und einen großen Schluck nahm, bevor ich zwei, nein, drei Schlaftabletten einwarf. Ich ging ins Bett und mir gelang, was ich schon seit Ewigkeiten nicht mehr geschafft hatte: Ich fiel sofort in einen tiefen und traumlosen Schlaf.

Ich brauchte eine Weile, bis ich das Geräusch erkannte. Nervtötend und hoch, wie eine Nadel, die mir immer wieder ins Hirn stach. Das war die Alarmanlage eines Autos. Nein, doch nicht, es war ein Handy. Ich kapierte nicht, warum Bill nicht einfach ran ging, und, halb komatös wie ich noch war, wurde ich sauer. Plötzlich hörte das Klingeln auf und ich dankte Gott. Dann ging es wieder los. Langsam begriff ich, dass es das Handy in meiner Jeanstasche war. Ich drehte mich auf den Rücken und stöhnte vor Müdigkeit.

»Hallo?«

»Brains? Del hier. Hi.« Dels Stimme war unangenehm laut, anscheinend hatte er bei Shalit Enthusiasmus getankt. Vielleicht ging es auch um einen Job. Ich hielt das Handy weiter weg und behielt diesen Sicherheitsabstand zu meinen Ohren bei. Er redete in einem fort. »Gute Neuigkeiten und schlechte, Mann. Wir haben schon die nächste Tour für euch an Land gezogen. Das sind die guten Neuigkeiten. Aber diesmal größer, eine Tour, für die man die eigene Mutter umbringen würde, um dabei zu sein. Die Sorte Tour, die Silibil N' Brains über Nacht zu etwas ganz Großem machen könnte. Und nein, ich erzähl dir keine Scheiße.« Er lachte vor sich hin, kicherte beinahe, seine Lache perlte wie Coke. »Die schlechten Neuigkeiten?«, beantwortete er eine Frage, die ich nicht gestellt hatte. »Es geht heute Abend los.«

Ich dachte, ich hätte mich verhört. »*Heute* Abend?«

»Heute Abend.«

»Del, *Del,* du machst Witze, oder? Unmöglich, völlig unmöglich. Dazu bin ich nicht in der Verfassung. Ich bin völlig durch, Del. Dir ist wohl nicht klar, dass wir gerade erst von der Unitour zurückgekommen sind – vor maximal *einer Stunde!«*

Er lächelte so sehr, dass ich ihn fast die Zähne blecken hörte. »Doch, doch, aber ich kann das nicht ändern. Sorry, so läuft es nun mal. Hör zu, ihr müsst heute um zwei dort sein.«

Ich stöhnte. Warum nervte er statt meiner nicht Bill damit? Doch der schlummerte wahrscheinlich noch selig in seinem Zimmer.

Del schnatterte weiter. »Übrigens, du hast noch gar nicht gefragt, für wen ihr Support sein sollt.«

Ich hatte gar nicht mitbekommen, dass wir überhaupt irgendwo Vorband sein sollten und wurde misstrauisch.

»Für wen?«

Seine Stimme kletterte noch ein paar Oktaven höher. Er klang immer piepsiger, wie ein kleines Mädchen oder als hätte er Helium eingeatmet.

»*D12!* Genau! D12! Eure alten Kumpels!«

Plötzlich saß ich senkrecht im Bett und das Handy fiel mir aus der Hand. Dann legte ich den Kopf in die Hände und wiegte mich sanft vor und zurück.

Wenn man eine derart große Lüge verbreitet wie wir, dann macht man keine halben Sachen. Was sollte das bringen? Man stürzt sich Hals über Kopf in sie hinein und trägt dann immer dicker auf, verschafft ihr zunehmenden Raum. Nicht nur, um sie so plastisch und natürlich wie möglich erscheinen zu lassen, sondern auch, um am Ende selbst daran zu glauben. In einer solchen Situation ist es schwierig, nicht in Übertreibungen zu verfallen, vor allem, wenn diese Lüge einem dazu verhilft, fast zweihunderttausend Pfund einzusacken und man noch mehr Geld in Aussicht hat; genau das war wohl auch uns passiert. Wir hatten uns hinreißen lassen, eine Lüge führte zur nächsten und so ging es weiter. Wir hatten unserer Story so viele Facetten hinzugefügt, sie in den letzten Monaten so vielen Leuten erzählt, dass es schwierig wurde, den Überblick zu behalten: Was hatten wir wem, wie erzählt und vor allen Dingen *warum?*

Mit dieser besagten Geschichte – *wir sind Freunde von Eminem und D12* –, die ihren Anfang in einem Besprechungszimmer bei Sony genommen hatte, an diesem beschissenen Freitag, den 13. Februar 2004, war es genauso gewesen. Während wir die Anwesenden unterhalten und das Gespräch weg von den Löchern führen wollten, die in unserer Geschichte klafften, verstrickten wir uns immer mehr in unserer eigenen Lügengeschichte: *Eminem, D12, klar, wir kennen uns schon Ewigkeiten.* Dieser Lüge waren lange Beine gewachsen, gigantische, beschissene Mutantenbeine und jetzt lief sie darauf Amok. Und jedes Mal, wenn wir betrunken waren und jemand darauf zu sprechen kam, hatten wir die Flammen mit noch lächerlicheren Geschichten stärker angefacht. Im Handumdrehen waren wir Eminems beste Freunde, Cousins dritten Grades. In Wahrheit hatten wir D12 oder Proof genauso wenig getroffen wie Eminem selbst, oder, wenn wir schon dabei sind, Elvis Presley, Gandhi oder den Papst. Aber das war egal. Nicht jede Lüge fällt auf ihren Erfinder zurück, besonders dann nicht, wenn dieser clever und vorsichtig ist. Aber woher hätte ich wissen sollen, dass sich die Ereignisse so gegen uns verschwören würden? Dass wir *tatsächlich* auf D12 treffen, sogar mit ihnen auf Tour gehen würden? Dels Neuigkeiten warfen mich völlig aus der Bahn. Auf der einen Seite waren das fantastische Nachrichten, die Erfüllung all meiner Träume, aber auf der anderen Seite war es eine grauenhafte, schreckliche und unausweichliche Katastrophe. Ich hatte Schiss und mein Schließmuskel wusste das auch. Ich schaute auf die Uhr. Noch an diesem Tag, in wenigen Stunden, würden wir als Vorband unserer Idole auftreten – vor viertausend Leuten, die wahrscheinlich genau unsere Zielgruppe waren. Es gab sogar Gerüchte, dass Eminem einen Gastauftritt haben würde.

Es konnte gar nicht besser laufen für uns. Aber auch nicht schlechter.

Ich rannte in Bills Zimmer und rüttelte ihn wach. Als ich ihm die Neuigkeiten mitteilte, hellte sich sein Gesicht augenblicklich auf. Während ich nervös im Zimmer auf und ab lief, redete ich auf ihn ein. Er solle sich keine Sorgen machen, alles würde gut werden, uns würde schon was einfallen, ganz sicher, schließlich tat es das immer. Ich packte ihn an den Schultern und brüllte ihn an, er solle ruhig bleiben, zum Teufel, ruhig bleiben, scheiße, Mann. Aber Bill war sowieso cool. Um genau zu sein, er strahlte übers ganze Gesicht. Er hüpfte behände aus dem Bett und sprang im Zimmer umher, wobei er sich die Hände rieb, als hätte er gerade den Jackpot gewonnen. Was irgendwie ja auch stimmte.

»Keine Sorge«, zwinkerte er mir zu. »Mach mir einfach alles nach und wir heben ab.«

Ich ging zurück in mein Zimmer und rief die Jungs an, um ihnen die Neuigkeiten mitzuteilen. Dann ging ich ins Badezimmer und setzte mich auf die Toilette. Bei den Aussichten auf den bevorstehenden Abend war das noch das Einfachste.

Punkt zwei trafen wir wie verabredet in der Academy ein, immer noch erschöpft, aber gleichzeitig auch völlig aufgedreht. Wir brannten darauf, loszulegen. Der Raum war riesig und kahl und es war deutlich kühler als draußen. Während wir unser Equipment reinbrachten, konnten wir D12 beim Soundcheck hören. Ich sah mich nach einem Versteck um und dachte kurz darüber nach, in einen der leeren Drumkoffer zu klettern. Wir warteten neben der Bühne, während Proof und Kon Artis ihren Mikrocheck beendeten. Bereits auf dem Weg zur Konzerthalle hatte ich angefangen, an meinen Fingernägeln zu kauen und als man uns aufforderte, unsere Sachen reinzubringen, war ich auf dem Knochen angekommen.

Hinter mir flüsterte Del: »Das ist er!«

Als ich mich wieder der Bühne zuwandte, sah ich, wie Proof in unsere Richtung kam. Ich fühlte mich auf einmal ungewöhnlich schwer und wie am Boden festgewachsen, als wäre mein ganzes Blut nach unten gesackt und hätte sich wie Blei in meinen Füßen angesammelt. Das war's, in meinem Bauch zogen sich die Eingeweide zusammen. Auf einmal schien alles in Slow Motion abzulaufen. Links neben mir sah ich Dels Gesicht – er blickte drein wie ein kleines Kind am Weihnachtsmorgen, das kurz davor war, sich vor Aufregung in die Hosen zu pinkeln. *Ich* hätte mir fast in die Hosen *geschissen*. Rechts neben mir standen die Jungs und gafften. Byrons Blick machte alles noch viel schlimmer, denn ihm stand die pure Angst überdeutlich ins Gesicht geschrieben. Dann, aus heiterem Himmel, folgte ein Augenblick, den ich nie vergessen werde. Bill rief selbstbewusst irgendetwas Unverständliches und rannte los, genau auf die Superstars von D12 zu. Pures Adrenalin trieb mich ihm hinterher.

»Meister!« Bill näherte sich ihm mit ausgebreiteten Armen. »Scheiße ist das lang her, viel zu lang! Was geht, Alter?«

Proof sah aus der Nähe so riesig und machtvoll aus, so unverwundbar, wie aus Stein gemeißelt, runzelte verwirrt die Stirn und blieb stehen. Wir waren vielleicht fünf Meter, gerade außerhalb der Hörweite vom Rest der Band und den Roadies entfernt, die uns mit Argusaugen beobachteten.

Jetzt war ich dran. »Mein Homie!« Ich ging auf ihn zu, um ihn abzuklatschen. Er hielt mir instinktiv die Handfläche entgegen, was aber auch eine Geste der Abwehr und nicht der Begrüßung hätte sein können. »Mann, das ist ja schon – ich glaub – *Jahre* her. Wo haben wir uns denn das letzte Mal gesehen?« Er machte den Mund auf. »Nein, sag nichts. Lass mich nachdenken.« Schnell rechnete ich nach. Natürlich hatte ich unzählige Male *8 Mile* gesehen, den Film über Eminems Leben. In Gedanken spulte ich ihn vor und machte bei den Battleraps halt, den besten Stellen des Films, und sofort fiel mir ein, wie der wichtigste Austragungsort hieß, The Shelter. »Das war vor zwei, vielleicht auch drei Jahren in...?«

Bill fiel mir ins Wort. »Barrowlands... in Schottland«, fügte er hinzu. Ich drehte mich entgeistert zu ihm um. *Schottland?*

Proof machte den Mund wieder auf. »O-kay«, sagte er. »Sicher.«

Bill beeilte sich jetzt, erzählte ihnen, dass wir sie vor ein paar Jahren in Schottland getroffen hatten, genau. Wir waren dort, um entfernte Verwandte zu besuchen und sie spielten in Glasgow, das konnten sie doch nicht vergessen haben, oder? Niemand vergisst das schottische Publikum, das beste der Welt. Proof nickte jetzt eifrig. »Das war die beste verdammte Show der ganzen Tour«, stimmte er zu.

Bill erklärte, dass wir mittlerweile selbst eine Crew waren, vor Kurzem für richtig viel Kohle bei Sony unterschrieben hatten und kurz vor dem Durchbruch standen – und dass wir heute Abend die Vorband sein würden. Das war Proof offensichtlich neu, aber Bills Enthusiasmus hatte ihn in seinen Bann gezogen. Sie waren jetzt sehr freundlich und wünschten uns Glück, bevor sie sich zu ihrer Garderobe aufmachten.

»Lasst uns später feiern«, rief Bill Proof nach, während der sich entfernte.

»Sicher, sicher...«

In diesem Moment wurde mir alles klar. Bill und ich waren Zauberer, richtige Magier, die jede Tür öffnen, jede noch so verfahrene Situation zu ihren Gunsten wenden konnten. Unsere gigantische Persönlichkeit würde wirklich jeden beeindrucken, egal, wie berühmt er war. Wer hätte jetzt noch gegen uns wetten wollen?

Wir hatten noch nie einen Soundcheck in einer so riesigen Halle gemacht und die Brixton Academy kam uns gigantisch vor, wie Wembley, nur überdacht. Bill und ich standen an unseren Mikros und grinsten uns an. Die Jungs waren bereit und bebten schon vor lauter Eifer. Vor uns, mitten im Zuschauerraum, stand an einem Mischpult unser ganz persönlicher Toningenieur, den wir vorher noch nie gesehen hatten und den Sony offenbar erst vor einer Stunde hergeschickt hatte. Er hob den Daumen und wir legten mit »Stalker« los. Der Sound war unglaublich. Es hallte von den Wänden auf der anderen Seite des Raumes wider wie etwas Körperliches, klang in meiner Magengrube und tief in meinen Gehörgängen nach. Ich konnte Gordons Bass in der Mundhöhle spüren, die Elektrizität auf der Bühne fuhr mir in die Beine und ließ meine Wirbelsäule kribbeln. Ich machte mir fast in die Hose vor lauter Vorfreude.

Obwohl ein paar D12-Leute in der Gegend unterwegs waren, hatten wir beim Soundcheck genau einen Zuhörer: Del. Er stand ein paar Schritte vor dem Mischpult, die Hände auf dem Rücken verschränkt und beugte sich erwartungsvoll vor. Diese zwanzig Minuten spielten wir nur für ihn. Unsere Performance wurde nur vom Toningenieur unterbrochen, der an der Lautstärke rumfummelte und uns bat aufzuhören und dann wieder loszulegen. Es war ein seltsames, aber auch ein sehr starkes Gefühl. Del, unser größter Fan, schien jede Minute zu genießen. Ich hätte ihn umarmen können.

Heute kann ich mich nur noch an Fragmente der letzten Stunde vor unserem Auftritt erinnern: die chaotische Umkleide, das kaum angerührte Buffet (für uns sehr ungewöhnlich), Stille und viele ausdrucksvolle Blicke. Bill riss Witze, daran erinnere ich mich, weil er Stress immer so abbaute und ich hatte den stinkendsten Durchfall meines Lebens. Diese eine Stunde verging im Handumdrehen. Wir waren erfüllt von äußerster Anspannung und unglaublicher Angst. In einem Punkt war ich mir aber sicher: Es war kein Zufall, der uns hierhergeführt hatte. Jetzt und hier traten wir unserem Schicksal gegenüber.

Man erkennt den echten Sportler angeblich daran, dass er sich auch auf Weltklasseniveau noch einmal richtig steigert, wenn es drauf ankommt. Nun, genau das tat Silibil N' Brains an jenem Abend. Wir legten vor internationalem Publikum noch einmal eine Schippe drauf. Keiner war mehr nervös, als wir auf die Bühne gerufen wurden, jedenfalls solange nicht, bis ich hinter dem Vorhang in den Saal lugte und sah, wie viele Menschen da auf uns warteten. Plötzlich fühlte ich mich, als würde ich auf einem Seil balancieren, und zwar ohne Sicherheitsnetz, und hätte gerade nach unten geschaut. Bevor die Show begann, steckten wir alle noch einmal die Köpfe zusammen. Dann warteten wir weitere qualvolle sechzig Sekunden seitlich der Bühne und hörten, wie das Stimmengewirr im Publikum immer lauter wurde. Mittlerweile waren es fünftausend Leute und sie riefen schon nach den Stars des Abends. Eine Tür öffnete sich und auf einmal ging das Licht an. Ich griff mir das Mikro und brüllte: »Yo yo yo yo. *Brixtoooon!*« Donnernder Applaus, der schnell von der Band, *meiner* Band, übertönt wurde, die mit »Stalker« loslegte. Bill und ich gaben sofort Gas, rannten auf der Bühne hin und her. Wir dirigierten das Publikum in einen Refrain, der genau für dieses Wechselspiel gemacht war. Die Menge drehte durch, liebte es, liebte *uns*. Ich wünschte, ich hätte jedes einzelne Gesicht sehen können, aber sie verschwammen im grellen Scheinwerferlicht, in einer Wand, die so hell war, als wäre das hier nicht die Brixton Academy, sondern das Himmelstor. Auf jeden Fall fühlte es sich himmlisch an.

Fünfunddreißig Minuten lang beherrschten wir die Bühne, ohne auch nur eine Sekunde nachzulassen. Noch nie in meinem ganzen Leben hatte ich so sehr geschwitzt. Jeder Song ging fließend in den nächsten über und Bill und ich waren schneller, härter und witziger als jemals zuvor. Ich wollte nicht, dass es aufhörte, wünschte mir, dass D12 auf einmal krank würden, sodass wir alleine weitermachen mussten, stundenlang, die ganze Nacht, wenn das Publikum das so wollte. Unser letzter Song war »Losers«. Es war gigantisch. Nachdem der letzte Ton verklungen war, ließen wir unsere Mikros auf den Boden fallen und stellten uns in einer Reihe am Bühnenrand auf, eine Faust erhoben wie Black Panther. Wir mussten gegen den Impuls ankämpfen, aufgeregt zu kreischen. Wir waren cool, blieben ruhig. Wir wussten genau, welchen Eindruck wir auf Brixton machen mussten und verließen die Bühne mit Stil.

Kaum hatten wir in der Garderobe das erste Bier geleert, als uns auch schon mitgeteilt wurde, dass wir in ein paar Tagen noch einmal als Vorband von D12 auftreten sollten, diesmal in Birmingham und vor noch mehr Menschen.

Nachträglich kommt es mir so vor, als wäre Birmingham sofort auf Brixton gefolgt, als wären wir von einer Bühne direkt auf die nächste gegangen, noch mehr blendendes Licht und die Augen Tausender neuer Fans auf uns gerichtet. Wir fünf surften auf der Welle ihrer Bewunderung genau wie in London. Noch einmal spielten wir unsere halbe Stunde und jede einzelne Sekunde davon stand ich unter Hochspannung, bis wir ekstatisch von der Bühne torkelten. In unserer Garderobe machten wir uns ein Bier auf und beschlossen dann, uns D12 von der Seite der Bühne aus anzusehen, um vielleicht von ihnen eingeladen zu werden, der Menge noch mehr von dem zu geben, was diese so offensichtlich wollte. Aber auf einmal wimmelte es jetzt überall von Sicherheitsleuten, die durch die Flure schlichen, als wären sie vom Militär. Die Gerüchte waren also wahr: Eminem war im Gebäude. Man konnte keinen Schritt tun, ohne mit einem dieser Schlägertypen zusammenzustoßen. Sie befahlen uns, in die Garderobe zurückzugehen, und wir gehorchten, brav wie kleine Schuljungen. Aber nein, das stimmt nicht ganz, nur vier von uns gehorchten. Bill hatte andere Pläne. Den größten Teil von D12s Auftritt verbrachte er damit, den Flur auszuspähen. Als einer der Schlägertypen schließlich für kurze Zeit verschwand, nutzte Bill seine Chance. Auf Zehenspitzen stahl er sich in die Garderobe der Stars. Durch den Türspalt beobachteten wir seine Aktion. Eine Minute verging. Man hörte Stimmen und der Securitytyp kam langsam zurückgestapft. Dann tauchte Bill auf, etwas Großes, Sperriges mehr schlecht als recht unter dem T-Shirt versteckt. Er rannte auf uns zu, wir öffneten die Tür und er stolperte in den Raum. Unter seinem Shirt zog er zwei gekühlte Flaschen Champagner hervor. Wir ließen die Korken knallen und hatten die Flaschen im Handumdrehen geleert.

Auf einmal klopfte es unheilvoll an der Tür und wir beeilten uns panisch, alle Beweise für unseren Raubzug hinter dem Sofa zu verstecken, wobei wir in betrunkenes Gekicher ausbrachen. Colin öffnete. Einer dieser extrabreiten Schläger hatte sich in der Tür, die er fast ganz ausfüllte, aufgebaut.

»Proof sagt, ihr wollt Party machen?«

Und ob wir das wollten. Wir gingen sofort rüber.

Ich hatte oft gehört, dass man seine Helden lieber nicht treffen sollte, das könne nur mit einer Enttäuschung enden. Das mochte ja stimmen, aber ich sah es so: Warum sollte ich meinen Helden die Gelegenheit verwehren, *mich* zu treffen?

D12 hatten zwar eine größere, aber nicht unbedingt besser eingerichtete Garderobe als wir. Sie sah aus wie ein alter Aufenthaltsraum, der jahrelang vollgequalmt worden und völlig vergilbt und vergammelt war. Was Alkohol anging, blieb allerdings kein Wunsch offen. Wo man auch hinschaute, gab es Bier, Whiskey, Wodka und Champagner in Eiskübeln. Kein Wunder, dass sie die beiden Flaschen nicht vermisst hatten. Die Securityleute schleppten jetzt Burger King-Tüten an. Diese Typen waren anscheinend nicht in der Lage, auch nur einen Augenblick ohne Fast Food zu überleben. Es war gerammelt voll: Bandmitglieder, Crew, Vertreter der Plattenfirmen sowohl aus den USA als auch aus UK und diese typischen Girls aus den Hip-Hop-Videos mit fetten Ärschen, viele von ihnen anscheinend direkt aus Amerika importiert. Man reichte uns Drinks und auf einmal stand Proof vor uns, frisch geduscht im himmelblauen Sean John-Trainingsanzug und gratulierte uns nachdrücklich zu unserem Auftritt.

»Ihr Typen macht echt 'ne Menge Lärm«, sagte er lächelnd. »Ich bin beeindruckt.«

»Ich auch«, grinste Bill selbstgefällig.

Während wir uns unterhielten, kamen auch noch Kon Artis, Bizarre, Swift und Kuniva dazu. Unsere Hip-Hop-Helden versammelten sich um uns und tauschten Tourtratsch aus. Uns kamen sie vor wie Bären, ihr Lachen war tief, grollend und dunkel wie Teer.

Das Erste, was ich von Eminem sah, waren seine wasserstoffblonden Haare. Er hatte sich hingesetzt und war umringt von Leuten, die ich nicht kannte. Schlägertypen rechts, Schlägertypen links. Während alle durcheinanderbrüllten und grölten, ging von ihm eine Stille aus, die seine Präsenz noch stärker hervorhob. Er lächelte aus irgendeinem Grund, aber das Lächeln erreichte seine Augen nicht. In der Hand hielt er ein Glas Champagner, aber ich sah nicht, dass er auch nur einen Schluck davon getrunken hätte.

Ich bekam zwar mit, dass Proof noch mit mir sprach, aber ich konnte den Blick nicht von *ihm* abwenden. Proof bemerkte das und lächelte.

»Soll ich euch vorstellen?«, fragte er.

Ich sah Bill an. Er zuckte die Achseln und versuchte, cool auszusehen, aber das nahm ihm keiner ab. Dann schlurften wir fünf, Proof folgend, zu Eminem rüber. Die Spannung stieg spürbar. Proof ignorierte das Mädchen, mit dem er sich gerade unterhielt und beugte sich zu ihm. »Hey, Em. Erinnerst du dich an die Typen hier? Die waren vor ein paar Jahren bei unserer Show in Schottland – *Glas*-gow – und wir haben sie hinterher getroffen. Waren unsere Vorband heute. Sie rocken.«

Eminem sah zu uns hoch, blieb aber sitzen. Er antwortete mit leiser Stimme, nicht sehr viel lauter als ein Flüstern. Ich hatte überhaupt nicht verstanden, was er gesagt hatte, brachte es aber auch nicht über mich, *wie bitte?* zu sagen. Er streckte uns die Faust zur Begrüßung entgegen und ich betete, dass Bill ihn nicht im Gegenzug umarmen würde. Es gab eine Million Dinge, die ich ihm sagen wollte, aber mir fehlten die richtigen Worte. Ich wollte nicht erscheinen wie irgendeiner seiner Fans; ich wollte auf der gleichen Stufe wie er stehen. Aber das würde nie geschehen, zumindest jetzt noch nicht. Er wandte den Blick von uns ab und wieder dem Mädchen zu, starrte aber nur durch sie hindurch, so, als wäre sie gar nicht da. Einer dieser Kolosse von der Security schob sich zwischen uns und seinen Schützling und bedeutete uns, dass die Audienz vorbei wäre. Proof verschwand in der Menge, um sich mit jemand anderem zu unterhalten. Umgeben von den Großen des Hip-Hop, standen wir fünf eng beieinander und beobachteten das Geschehen, als wären wir auf einer exotischen Safari. Das passierte tatsächlich uns, wir waren wirklich hier. *Unglaublich.* Bill und ich umarmten uns. Es überkam uns einfach, ohne Vorwarnung, wir waren nicht darauf gefasst. Es muss wohl etwas seltsam ausgesehen haben, zwei erwachsene Männer, die sich so eng umarmten. Und das in einem Umfeld, in dem sich Männer streng genommen nicht so offen nahekommen durften. Aber es war ein großer Augenblick für uns, den wir genießen wollten. Es war unwirklich. Und es war schön.

Acht

Inzwischen wollte ich bis zum Ende meines Lebens Brains McLoud bleiben. Er war nicht mehr nur einfach eine Karikatur meiner selbst, die mir dabei half, berühmt zu werden. Er war die Person, die ich wirklich *sein* wollte. Er hatte alles, was mir fehlte: ein enormes Mundwerk und ein gigantisches Ego. Er besaß die Handynummer von Proof. Er schrieb bessere Songs und performte sie auf jeden Fall mit mehr Überzeugung. Er sah besser aus und kam besser bei den Frauen an. Er konnte massig trinken und wurde davon nicht rührselig. Er liebte es, sich zu prügeln, und stand seinen Mann. Er war schlagfertig, seine Kreativität war grenzenlos. Brains McLoud war unverwundbar und stand kurz davor, ein Superstar zu werden. Nichts und niemand konnte ihm etwas anhaben.

Der Schritt zum Superstar ließ aber mal wieder auf sich warten. Unsere bescheuerte Plattenfirma verzögerte alles, weil sie wie Besessene an einem imaginären Zeitplan festhielten. Bis sie dann gar nichts mehr auf die Reihe bekamen. Brains McLoud verschwand im Hintergrund und ließ mich mit – nun ja, mit mir selbst zurück: Gavin Bain, ein junger Mann mit abgekauten Fingernägeln, einem Magengeschwür und nervösen Zuckungen. Offen gestanden, ich wünschte mir, er wäre tot.

Im Gegensatz dazu war es Bill gelungen, sich völlig in Silibil zu verlieren, und zwar so vollständig, dass ich nur bewundernd staunen konnte. Ich war überrascht, dass er das draufhatte. Bill war so glücklich und sorglos, so unbekümmert in Bezug auf all die Risiken, die wir eingingen. Er war unverwundbar. Nachts, wenn er sich mal wieder ins Koma gesoffen hatte, schlief er wie ein Stein. Ich beneidete ihn um sein Schnarchen, aber er verwirrte mich immer mehr und wurde mir mit jedem Tag fremder. Ich liebte diesen Typen immer noch, aber ich fing auch an, ihn zu hassen.

Dass wir auf Tour waren, half mir aber fürs Erste, meine Neurosen zu unterdrücken. Ich trank, weil es Spaß machte und um mich selbst zu vergessen. Meistens gelang mir das auch.

Ein paar Abende nach der D12-Show in Birmingham gingen wir nach Chichester, wo wir die Headliner unseres eigenen Konzerts waren. Del hatte es sogar geschafft, uns ganze sechsunddreißig Stunden vor diesem Termin zu informieren. Sony bestand jetzt unnachgiebig darauf, dass wir so oft wie möglich spielten, bevor sie überhaupt daran dachten, unsere inzwischen fast schon sagenumwobene Debütsingle zu veröffentlichen. Del meinte, dies sei nur ein weiterer, aber unbedingt notwendiger Test, um festzustellen, ob wir zu fünft wirklich funktionierten, und ob die Öffentlichkeit uns wirklich hören wollte. Ja, die Shows in Brixton und Birmingham waren gut gelaufen, aber sie brauchten noch mehr Beweise. Wir würden vom Ergebnis ihrer Überlegungen rechzeitig informiert werden.

Wir konnten uns aber nicht beschweren, denn wir hatten so unglaublich viel Spaß. Ich war noch nie zuvor in Chichester gewesen, aber der Auftritt dort hat für mich heute den gleichen Erinnerungswert wie das Konzert im Shea Stadium 1965 wahrscheinlich für Paul McCartney. Vor zwei Tagen hatten wir vor fünftausend Eminem-Fans gespielt. Jetzt waren es nur dreihundert, aber jeder einzelne davon war hier, um *uns* zu sehen. Inzwischen füllten wir die Hallen. Unsere MySpace-Seite wurde von Besuchern und Einträgen geradezu überschwemmt. In den letzten zwei Tagen hatten wir mehr Klicks, als in den vergangenen sechs Monaten zusammen. Die Leute lobten in ihren Kommentaren nicht nur unsere Musik, unsere Auftritte als Support von D12. Viele schrieben auch, wie gut wir aussehen würden, wie sexy, und verkündeten, dass sie Silibil N'Brains und den Rest der Band ficken wollten. Einige wollten genau aus diesem Grund nach Chichester kommen. Wir freuten uns schon darauf.

Spätestens nach Chichester litten wir an Tinnitus. Das durchdringende Kreischen unserer Fans gellte uns noch Wochen später in den Ohren. Das Publikum bestand zu zwei Dritteln aus Frauen und drei Viertel davon waren atemberaubend. Während unseres Auftritts flogen BHs und sogar Tampons auf die Bühne. Als wir dann »Cunt« spielten, brüllten die Typen in der Menge jedes Wort mit, während die Mädels auf ihren Schritt zeigten und versuchten, Augenkontakt mit uns aufzunehmen. Dann kniete ich mich hin, um einer von ihnen ein Ständchen zu bringen, und wurde sofort in die Menge gezogen, umschlungen, hochgehoben und spürte suchende Finger, die meine Weichteile betasteten. Ich war im Himmel.

Nach dem Auftritt in der gigantischen Halle von Brixton tat es gut, wieder im kleineren und persönlicheren Rahmen zu spielen. Im Anschluss an die Show standen die Mädels dicht gedrängt im engen Backstagebereich, sodass wir kaum noch Luft bekamen. Plötzlich stürzte die große, blonde Frau mir gegenüber mit einer Zielstrebigkeit auf mich, die mir mittlerweile vertraut war. Die Musik, die aus der Hausanlage dröhnte, war zu laut, um sich zu unterhalten. Ohne Vorspiel oder langes Gerede ging es gleich zur Sache. Sie öffnete geübt die Knöpfe an meiner Jeans. Ehe ich begriff, was geschah, hatte sie meinen Schwanz in der Hand, der sofort Haltung annahm. Bill drehte sich in genau diesem Augenblick um und warf einen prüfenden Blick drauf. Er grinste.

»Den Schwanz würde ich überall wiedererkennen«, sagte er und sah dabei mein Mädchen an. »Pass besser auf, er wäscht ihn nie.«

Wir waren nie so lange auf Tournee, dass es uns wie Arbeit vorkam, die uns die Lust am Leben genommen hätte. Nachts waren wir Rockstars, tagsüber lungerten wir einfach nur herum. Wir hatten das Gefühl, das würde von uns erwartet und außerdem – warum zum Teufel auch nicht? Bevor wir das Hotel verließen, riefen wir jedes Mal die Leute, die mit uns zusammenarbeiteten an, und gaben vor, Australier, Russen, Mexikaner oder sogar Schotten zu sein, obwohl unser schottischer Akzent inzwischen ziemlich lausig war.

Wir ernährten uns hauptsächlich von Bier und harten Sachen, aßen aber einmal am Tag in einer Fast Food-Bude, um mit dem dort ganztags erhältlichen Frühstück unseren Dauerkater zu bekämpfen: Das Zeug schmeckte zäh und pappig, verursachte vermutlich Krebs, aber war genau das, was wir brauchten. Während der Fahrten spielten wir Trinkspiele hinten im Bus und pissten anschließend in die leeren Flaschen, um nicht zu oft anhalten zu müssen. Ich hatte nie zuvor so bewusst ungesund gelebt und mich gleichzeitig so lebendig gefühlt.

Wenn wir dann nach Hause zurückkehrten, bekamen wir häufig die Quittung für unser Verhalten auf Tournee. Eigentlich hatten wir vereinbart, den Mädels niemals unsere richtige Telefonnummer zu geben, geschweige denn unsere Anschrift. Aber wenn man bei einer Frau zum Stich kommen will, tut man eben alles dafür. Außerdem denkt man im Rausch schnell, man wäre verliebt oder hätte die große Liebe gefunden. Und so wurden wir ständig angerufen oder auch mal besucht. Ich weiß noch, wie ich eines Morgens ein tschechisches Mädchen aus meinem Schlafzimmer schmuggelte, während Bill meine neue deutsche Freundin in der Küche ablenkte, die unerwartet bei uns aufgekreuzt war. Nur ein einziges Mal in dieser Zeit wurde es ernst mit einem der Mädchen. Eine Schönheit namens Belinda erzählte mir, sie wäre vierundzwanzig und würde in der Stadt arbeiten. Der Sex mit ihr war unglaublich und ebenso unsere Gespräche. Seit Alison hatte ich mit keiner Frau mehr so gut reden können wie mit ihr. Ich war bis über beide Ohren verliebt und bereit, für sie den Sex auf der Tournee aufzugeben, sie vielleicht sogar mitzunehmen, wenn wir unterwegs waren, falls sie Urlaub bekommen könnte. Doch dann stand eines Tages ihr Vater vor unserer Tür und hämmerte mit der Faust, schwer und hart wie eine Kanonenkugel, auf sie ein, sodass wir fürchterlich erschraken. Bill öffnete die Tür und ich lauschte angstvoll, wie er dem Mann erklärte, dass ich vor ein paar Tagen das Land verlassen hätte, wegen eines Notfalls in der Familie in Hemet. Nein, hörte ich Bill sagen, während ich mich oben auf der Treppe zusammenkauerte, Gavin hatte keine Ahnung, dass Belinda nicht vierundzwanzig, sondern erst sechzehn war. Aber er, Bill, würde mir auf jeden Fall mitteilen, dass das, was wir da trieben, gerade noch so legal war. Belindas Vater verpasste ihm einen Faustschlag ins Gesicht. Auch eine Möglichkeit, den Kater loszuwerden, meinte Bill hinterher lakonisch.

Dann gerieten unsere privaten Probleme in den Hintergrund und unsere beruflichen wurden größer. Man teilte uns mit, dass Sony die Veröffentlichung unserer ersten Single, jetzt definitiv »Losers«, schon wieder verschoben hätte. Aus Gründen, die ich nie verstehen werde. Gerüchte machten die Runde, dass Sony seit der Fusion mit BMG im vergangenen Jahr nicht mehr dasselbe war wie früher, dass sich die Ausrichtung geändert hätte und sie sich darauf konzentrieren würden, Bands zu promoten, die bei Weitem nicht so aufrührerisch waren wie wir. Aber Shalit blieb hart. Macht einfach so weiter, sagte er immer wieder, es wird schon alles klappen. Er selbst würde sich um die Details kümmern und dafür sorgen, dass geschah, was geschehen musste. Vertraut mir, sagte er immer wieder. Aber selbst er wurde langsam ungeduldig. Die Anspannung klang in seiner Stimme mit, er konnte sie nicht mehr verbergen.

Wir hatten die Aufnahme unseres Albums mit der neuen, punkigeren Ausrichtung fast abgeschlossen. Immer wenn ich an unserem missglückten Start zu verzweifeln drohte, musste ich nur ins Studio gehen und mir anhören, was wir bisher auf Band gebracht hatten, um zu wissen, dass wir da ein unglaubliches Produkt hatten, das überall auf der Welt einschlagen würde. Selbst wenn es mir richtig dreckig ging, habe ich nie daran gezweifelt.

Und Bill? Bill hatte sich erschreckend verändert. Obwohl er bei den täglichen Aufnahmen im Studio meistens anwesend war, spielte die Musik für ihn nicht mehr die Hauptrolle. Er wollte jetzt nur noch Party machen. Wenn man Bill so betrachtete, war es ohne Weiteres nachvollziehbar, dass die Biografie von Mötley Crüe seine Bibel und Anthony Kiedis vor dem Entzug sein Gott war. Während ich entweder im Studio mit dem Produzenten oder an meinem Laptop zu Hause im Eagle's Nest akribisch an unseren Songs feilte, hielt sich Bill ganz woanders auf: in Pubs, Klubs oder in unserem Wohnzimmer mit seinen neuen Freunden, die ich gar nicht oder kaum kannte und die ich auch nicht kennenlernen wollte. Diese Leute lenkten nur ab, und Ablenkung konnte ich nicht gebrauchen. Ich kam meistens erst nachts von einer langen Session im Studio nach Hause, nur um Bill auf dem Sofa zu finden, neben sich irgendwelche zwielichtigen Typen in Kapuzenjacken und erstaunlich gut aussehende Mädchen. Alle waren völlig fertig, schlugen sich, fickten wahllos herum und hörten die ganze Zeit Musik. Jedes Mal, wenn ich über sie drübersteigen musste, um in die Küche zu gelangen, hasste ich sie alle abgrundtief und spürte eine immer größere Entfremdung von dem Mann, der offensichtlich ihr Mittelpunkt war. Bill beobachtete mich gleichgültig vom Sofa aus, auf dem er lag. Er hatte stets dieses zerknitterte, durch nichts gerechtfertigte, selbstzufriedene Grinsen im Gesicht, aber der Glanz war aus seinen Augen verschwunden. Ich hatte keine Ahnung mehr, was in ihm vorging und was er wollte. Es war, als wäre er jetzt schon an einem Punkt unserer Karriere angelangt, den wir vielleicht erst nach Millionen verkaufter Alben erreicht hätten. Alt und desillusioniert und verzweifelt auf der Suche nach der naiven Begeisterung unserer Anfangszeit.

In dieser Zeit freundete ich mich mit Rob Bayley, einem von Gregs besten Freunden, an. Als Kind hatte er in Montclair gelebt, nur ein paar Meilen von mir entfernt. Aber erst als er der Band beitrat, wurden wir enge Freunde. Unsere Freundschaft entwickelte sich ähnlich wie die zwischen Bill und mir damals in Dundee. Und ebenso wie Bill und ich *Porcupine* hatten, hatten wir Jack Daniels und die Crobar, wo wir fast jeden Abend Hunderte von Pfund versoffen. Wir wurden uns so vertraut, dass wir ganze Nächte durchredeten. Es tat gut, mal wieder einfach nur reden zu können. Ich konnte ja nicht ahnen, dass diese Freundschaft zu Problemen mit Greg führen und die Spannungen in der Band noch erhöhen würde.

Auf jeden Fall war es Rob, der mich mehr oder weniger vor mir selbst rettete. Da Eagle's Nest zu einer Art Auffangbecken für alle möglichen Leute geworden war, stritten Bill und ich jedes Mal, wenn wir uns allein begegneten. Wenn einer von uns in Streitlaune war, prügelten wir uns. Aber das klärte natürlich gar nichts. Und so beschlossen Rob und meine Cousins Warren und Byron, uns wieder zusammenzubringen, da sie unbedingt verhindern wollten, dass wir unsere unglaubliche Chance zerstörten. Vor allem zu einem Zeitpunkt, an dem wir kurz davorstanden, unsere Träume zu verwirklichen, wie sie meinten. An einem Samstagmittag prügelten sie das Pack aus dem Haus. Bill verfrachteten sie unter die Dusche, und ich musste den Laptop ausschalten. Sie schlugen eine Kneipentour vor. An diesem Abend sollten wir reinen Tisch machen. Ich hätte mir denken können, dass das keine gute Idee war.

Wir machten uns begeistert auf den Weg in die Stadt, Bill und ich, wieder zusammen, unsere Freundschaft wie neugeboren, wenn auch nur vorübergehend. Unterwegs plünderten wir unsere Konten, hoben ab, was uns vom Sony-Vorschuss noch geblieben war und nahmen einen wahren Kneipenmarathon in Angriff, der sich vom frühen Nachmittag bis spät in die Nacht ausdehnen sollte. Und wo immer wir auch hinkamen, scharten sich die Frauen um uns, meistens, ohne dass wir sie dazu einladen mussten.

»Wie Fliegen auf Scheiße«, sagte Bill.

Später am Abend waren wir schon tief nach Soho vorgedrungen, umgeben von Freunden und blinkender Leuchtreklame. Jetzt war es Zeit, an ein paar Türstehern vorbeizukommen, worin Bill und ich mittlerweile geübt waren, wie Sprengstoffexperten beim Entschärfen einer Bombe. Die Gästeliste in der Musikbranche ist legendär. Für viele gibt es häufig nur das Ziel, mit Begleitung auf der Gästeliste der Künstler zu stehen oder zu Aftershowpartys der Plattenfirmen eingeladen zu werden. Es gibt keine größere Schmach als den Satz *Dein Name steht nicht auf der Liste, du musst leider draußen bleiben.* Trotz Dels übermenschlichen Anstrengungen, unsere Namen auf die Gästeliste jedes Medienereignisses setzen zu lassen, zog es uns vor allem dorthin, wo wir nicht eingeladen worden waren. Eine Party zu stürmen, zu der man nicht eingeladen ist, macht einfach *viel* mehr Spaß. Nichts war für uns einfacher als das. Wenn wir in der Lage waren, eine Plattenfirma um einen sechsstelligen Vorschuss zu betrügen, dann würden wir es sicher auch schaffen, uns auf eine Party zu schleichen, wo wir niemanden kannten und auf der unsere Anwesenheit mit größter Wahrscheinlichkeit unerwünscht war. *Dass* wir reinkamen, das war es, was uns den Kick verschaffte, den wir brauchten. Das bedeutete, dass wir an dem Muskelberg an der Tür vorbeimussten, einem Typen, der vermutlich mehr Muskeln als Hirn hatte. Ein gewinnendes Lächeln, verbunden mit der absoluten Gewissheit, zur rechten Zeit am rechten Ort zu sein, konnte einen weit bringen. Also stürmten wir auf diese Bodybuildertypen zu und ließen die Namen von wichtigen Leuten bei der Plattenfirma, TV-Produktionen oder anderer Popstars fallen. Oder wir taten, als wären wir jemand anderes, dessen Name auf jeden Fall auf der Liste stehen würde. Oft setzten wir auch einfach unseren Charme ein, lachten und rissen Witze, bis sich ein Lächeln auf dem Gesicht des Muskelbergs ausbreitete wie Honig auf heißem Toast und er sich geschlagen gab. *Wir waren drin.*

Als Erstes schlichen wir uns auf eine MTV-Party. Die Cocktails waren umsonst und wurden mit bunten Schirmchen serviert. Schon nach ein paar Minuten bemerkten uns ein paar VJs, die uns von unserem ersten Auftritt bei *TRL* kannten, und schnell wurden wir in einen abgetrennten Bereich geführt. Warren und Byron waren sprachlos, genau wie Rob. Hier gab es die schönsten – und nacktesten – Mädchen, die wir je gesehen hatten. Das war die Sorte Mädchen, die man zwar schon mal im Fernsehen gesehen hatte, aber niemand wusste, wie sie hießen. Namen, erklärten wir meinen Cousins, waren bei so was nicht wichtig. Schon einige Minuten später hatten wir uns bei einigen der Mädels beliebt gemacht. Wir achteten darauf, dass auch wirklich jede einen frisch gemixten Cocktail in der Hand hatte, und dann brachten wir sie mit unseren üblichen Sprüchen zum Kichern. Sie waren Wachs in unseren Händen.

»Kenn ich dich nicht?«, fragte eine von ihnen Bill und legte ihm die Hand auf die Schulter.

»Noch nicht«, versprach er.

Der Strom der Cocktails riss nicht ab, unglaublich süß und grellblau, -grün und -pink. Eigentlich nicht die Art von Drink, die ein Schotte, der etwas auf sich hielt, zu sich nahm, aber seit wann waren wir Schotten?

Wäre es nach Warren und Byron gegangen, hätten wir die Mädchen, die wir aufgerissen hatten, direkt mit nach Hause genommen. Aber die Nacht war noch jung und so ließen wir sie einfach stehen. Meine Cousins konnten es nicht fassen, doch wir hatten noch einiges vor. Inzwischen waren wir zu zehnt und es wurde schwierig, auf den überfüllten Straßen zusammenzubleiben. Wir beschlossen, uns aufzuteilen und nahmen Rob, Warren und Byron mit ins Studio, in dem wir probten. Dort gab es die neueste Spitzentechnologie. Dies war der Ort, an dem Geschichte geschrieben wurde. Ich wusste, dass sie das beeindrucken würde. Auch nachts dort reingelassen zu werden, war kein Problem. Mittlerweile waren wir die besten Freunde des ghanaischen Wachmanns geworden, der stets behauptete, unser größter Fan zu sein, obwohl er, da war ich mir ganz sicher, noch nie auch nur einen einzigen Ton unserer Musik gehört hatte. Er begrüßte uns wie siegreich heimgekehrte Helden und winkte uns mit der üblichen lebhaften Freundlichkeit in den Keller. Rob war ziemlich beeindruckt von dem Studio, *unserem* Studio, und verbrachte eine gute halbe Stunde damit, an Knöpfen zu drehen und mit den Reglern zu spielen. Dann fuhren wir mit dem Aufzug in die A&R-Abteilung, die hell erleuchtet war, aber gespenstisch verlassen wirkte. Wir plünderten die Schränke, nahmen jede Menge Promo-CDs mit. Wir verschoben die Schreibtische und hinterließen obszöne Zeichnungen von Schwänzen auf Notizblöcken. Falls unser ghanaischer Freund irgendeinen Verdacht hatte, was wir da in den vollen Sony-Plastiktüten nach draußen schleppten, sagte er jedenfalls nichts. Er blieb hinter seinem Tisch sitzen, starrte auf den Pokerkanal und winkte uns durch.

Dann ging es zurück nach Soho in mehrere unserer Lieblingsbars. Intrepid Fox, Garlic & Shots, Borderline und, wie nicht anders zu erwarten, die Crobar, wo wir Colin, Greg, Gordon und den Rest wiedertrafen. Wir bestellten Unmengen Schnaps und stellten die Gläser in einer Reihe auf die Theke. Eine teure Methode, die Gruppe zu verkleinern, aber sie funktionierte. Dann ließen wir alle, die nicht mehr gerade gehen konnten, in einer Ecke der Crobar zurück, wo sie mit etwas Glück von einer abgedrehten, heißen Braut geweckt würden. Wir nahmen uns ein Taxi und fuhren nach Tufnell Park, wo die Nacht ihr blutiges Ende nahm.

Am Ende landeten wir im Dome, einem Heavy-Metal-Klub, in dem alle von Kopf bis Fuß tätowiert und schwarz gekleidet waren. Zuerst kümmerte es uns wenig, dass wir komplett aus dem Rahmen fielen, und wir machten mit unserem Gelage weiter, bis Bill – wer sonst – beschloss, dass eine Nacht ohne Schlägerei langweilig wäre. Wir saßen ungefähr zu sechst an der Bar, als plötzlich weiter hinten Krawall ausbrach. Bill und Colin steckten dahinter und sie prügelten sich mit, nun ja, einfach mit allen. Bill hatte sein Glas nach einem Typen geworfen, einem Türsteher des Klubs, der an seinem freien Tag hier seinen Geburtstag feierte. Das war keine gute Idee. Auf einmal mischte der ganze Klub mit und es kam zu einer Massenschlägerei. Die Securityleute stürmten los. Wir folgten ihnen und sahen, wie sie auf Bill eintraten und auch Colin aus allen Richtungen Schläge bekam, aber gerade noch standhielt. Wir zogen Bill hoch und fanden uns auf einmal in einer Ecke wieder, wo man uns richtig rannahm. Vier oder fünf Fäuste trafen mich, bevor ich auch nur einmal zurücktraf. Bill spuckte ungefähr einen Liter Blut aus, brüllte und warf sich auf den größten Rausschmeißer, den er entdecken konnte.

Die Schlägerei setzte sich auf der Straße fort. Ich sah, wie ein Kerl zu Boden geprügelt wurde und dort zuckend liegen blieb, als hätte er einen epileptischen Anfall, inklusive Schaum vorm Mund. Von fern hörten wir Polizeisirenen, die immer lauter wurden. Die Leute fingen an wegzurennen. In diesem Augenblick wurde ich von hinten gestoßen und verlor den Boden unter den Füßen. Hart krachte ich mit dem Kopf auf den Bürgersteig, dann wurde mir schwarz vor Augen. Ich bekam noch mit, dass sich Rob über mich beugte, mir ins Gesicht schlug und mich anbrüllte, ich solle die Augen aufmachen. Die Sirenen heulten, hatten uns fast erreicht. Rob schaffte es irgendwie, mir sein Hemd um den Kopf zu wickeln und dafür zu sorgen, dass ein Krankenwagen auf dem Weg war. Als ich ihn ansah, wurde mir klar, wie schwer es mich erwischt hatte. Er war über und über mit Blut beschmiert, meinem Blut, das eine Lache auf dem Boden bildete. Jetzt rannten alle, überall sah ich nur Beine. Ich war noch berauscht, fühlte mich benommen, aber ich schmeckte das Blut in meinem Mund und konnte Bills Kriegsgeschrei hören, ein Ruf, der mir sehr vertraut war. Dann wurde es wieder dunkel um mich, und diesmal sehr, sehr lange.

Wenigstens ist es ein anderes Krankenhaus.
Das war mein erster Gedanke, als ich am nächsten Morgen aufwachte. Eine Krankenschwester beugte sich über mich und schüttelte mein Kissen auf. Ihr Gesicht verschwamm vor meinen Augen, als sie mich aufsetzte und mir mit einem Strohhalm etwas lauwarmes Wasser zu trinken gab. Sie teilte mir mit verkniffenem Gesichtsausdruck mit, dass ich einen Schädelbruch erlitten und man mich mit sechsunddreißig Stichen genäht hatte. Ich hätte Glück gehabt, meinte sie. Es hätte schlimmer kommen können. Auf einmal hatte ich ein Déjà-vu: Jedes Mal, wenn ich im Krankenhaus landete, erklärte man mir, ich hätte *Glück* gehabt. Das sah ich allerdings anders. Vorsichtig fasste ich mir an den Kopf und betastete den dicken, weichen Verband. Ich konnte es kaum erwarten, mich im Spiegel zu betrachten. Sah so Frankensteins Monster aus? Ich schnappte das Handy vom Nachttisch, dessen Hülle beim Sturz zerbrochen war, und bat die Schwester, ein Foto von mir zu machen, dabei aber unbedingt darauf zu achten, dass der Verband ganz mit drauf war. Ich sah aus wie ein Kriegsveteran. Ich fand, es passte zu mir. Bill wäre sicher entzückt.

Es tat mir fast leid, als der Verband eine Woche später wieder entfernt wurde. Als ihn eine andere Krankenschwester langsam abwickelte, spürte ich als Erstes, wie Luft meinen frisch geschorenen Kopf berührte. Ich betastete vorsichtig mit den Fingern die harte, wulstige Naht dieser Action Man-Narbe direkt über meinem Ohr, die sich über die Hälfte des Kopfes zog. Dann bat ich um einen Spiegel und begutachtete meinen neuen, unregelmäßigen Haarschnitt, nur eine Seite war abrasiert. Die Narbe sah wirklich brutal aus, mit getrocknetem Blut verkrustet, und die Stiche sahen aus wie ein riesiges Insekt. Beeindruckend, doch die Frisur stimmte überhaupt nicht. Ich beschloss, mir zu Hause einen Irokesenschnitt zuzulegen. Genau das Richtige für einen, der sich Brains nannte.

Bill war schwer beeindruckt von der Narbe, am liebsten hätte er selbst eine gehabt. »Du wirst morgen Abend ganz schön Eindruck schinden«, sagte er.

Damit meinte er die Brit Awards 2005. Wir waren zwar nicht eingeladen, aber das war für uns natürlich kein Hindernis. Wir investierten ein kleines Vermögen in Klamotten und tauchten mit dem Selbstbewusstsein von Stars und meiner fantastischen neu erworbenen Narbe dort auf. Als wir uns dem VIP-Eingang näherten, schlossen wir eine kleine Wette ab. Bill war davon überzeugt, dass wir innerhalb von drei Minuten drin sein würden. Ich, übervorsichtig, setzte auf zehn. In Wirklichkeit sollte dies unsere bisher größte Herausforderung werden. Am Earls Court wimmelte es von Securityleuten, Möchtegern- und echten VIPs. Es bestand die absolut reale Gefahr, dass wir uns die Veranstaltung doch vom Pub um die Ecke aus würden ansehen müssen.

»Lass mich reden«, sagte Bill.

Als wir die Treppe schon zur Hälfte erklommen hatten,

fing er auf einmal an zu *tänzeln*. Wir reihten uns in die lange Schlange der Wartenden ein und lächelten die Leute vor und hinter uns an. Bill stemmte eine Hand in die Hüfte. Einige Mitwartende betrachteten uns amüsiert. »Ich bin eine kleine Kaffeekanne«, grinste er. Er deutete auf mich und fügte hinzu: »Und das ist die kleine Anne. Wollt ihr meinen Henkel sehen?« Ich hatte keine Ahnung, was er da trieb. Silibil N' Brains hatte so etwas bisher nicht nötig gehabt, aber was immer er da abzog, es sah ziemlich souverän aus. Schon bald unterhielten wir uns angeregt mit den Umstehenden, als wären es alte Bekannte. Ohne mir zu erklären warum, bestand Bill darauf, sich von seiner weiblichen Seite zu zeigen. Ich tat mein Bestes, es ihm gleich zu tun, obwohl ich doch aussah, als hätte man mir erst vor Kurzem ins Gesicht getreten. Die Schlange wand sich vorwärts und auf einmal standen wir vor einer ziemlich großen Frau im Abendkleid, die ein Klemmbrett in der Hand hielt. An ihrer Wange klebte ein fleischfarbenes Mikro, das Ohrstück steckte tief in ihrem Ohr. Beides war mit einer kleinen Box verbunden, die sie an einem unauffälligen Gürtel an der Hüfte trug. Bill räusperte sich.

»Darling, du siehst einfach göttlich aus.«

Es gibt Ereignisse im Leben, die muss man einfach selbst erlebt haben. Aber glaubt mir einfach: Bill war unübertrefflich an diesem Abend, lächerlich theatralisch, und gleichzeitig irgendwie doch glaubhaft. Sogar bezaubernd. Er erklärte der Frau mit dem Klemmbrett, dass wir für die Frisur eines weiblichen Popstars, um genau zu sein, einer der Nominierten, verantwortlich seien, die nur kurz vor uns eingetroffen, aber schon ohne uns reingerannt sei (dabei machte er mit Zeige- und Mittelfinger schnelle Laufbewegungen), während wir uns um den Wagen gekümmert hätten. »Schau auf deine Liste, Süße, dann siehst du es ja«, sagte er. Das tat sie auch und nickte dann. Er erklärte, dass wir jetzt, *pronto*, backstage gebraucht würden, wo unsere Scheren, Zangen und unsere Stylinggels schon in der Umkleide auf uns warten würden. »Du glaubst doch nicht, dass wir so gefährliches Zeug durch den Metalldetektor mitnehmen würden, oder? Heutzutage?« Er lächelte und flirtete und erwähnte noch einmal den Popstar, die üble Laune, die die Dame entwickeln würde, wenn wir nicht *unverzüglich* bei ihr erscheinen würden. Dann zählte er eine ganze Reihe von Plattenfirmenleuten auf, die uns auf der Stelle rausschmeißen würden, wenn man uns nicht einließe, um endlich den Job zu machen, für den wir bezahlt würden. Die Frau mit dem Klemmbrett drückte auf einen Knopf an der Box an ihrer Hüfte. Dann sprach sie angeregt in ihr Mikro. Ich beobachtete, wie sie zwischendurch immer wieder lächelnd zu Bill hinüberschaute. Ein paar Sekunden später erhielten wir die eingeschweißten Pässe und unsere Armbänder und wurden durchgewunken – alles in weniger als drei Minuten. Bill, der Gewinner unserer Wette, schritt voran, ich tänzelte hinterher und dann waren wir auch schon im großen Zuschauerraum, in dem es dunkel und laut war und vor lauter Berühmtheiten wimmelte. Die Leute nahmen gerade ihre Plätze ein und wir schoben uns betont lässig durch den Mittelgang. Dann fanden wir zwei Plätze, die noch nicht besetzt waren. Wir setzten uns, waren aber darauf vorbereitet, uns sofort zu verziehen, sollte uns jemand darauf ansprechen. Aber das geschah nicht.

An diesem Abend spendeten wir nur den Verlierern Beifall und buhten die Gewinner so laut aus, wie wir konnten. Wir rissen so viele laute Witze über die Vorgänge auf der Bühne, dass die Leute, die um uns herum saßen, nicht anders konnten, als zu lachen. Selbst diejenigen, die sich insgeheim wünschten, wir würden endlich still sein. Bill, der nicht länger einen auf Stylist machte, stellte sich allen in seiner unmittelbaren Umgebung vor.

»Erinnert euch lieber an mich«, prahlte er. »Nächstes Jahr stehen wir da oben.«

Als die Leute nach der Show in den Lobbybereich strömten, sahen wir den etwas einfältigen Typen aus unserem A&R-Team, den wir bei der Vertragsunterschrift getroffen hatten. Er drängte sich zu uns durch.

»Jungs! Ich, äh... Ich wusste gar nicht, dass ihr auch hier seid.«

Ich strahlte ihn an. »Um nichts in der Welt hätte ich mir das entgehen lassen, Dirk.«

»Dave.«

»Sag ich doch. Um nichts in der Welt hätte ich mir das entgehen lassen, Dirk. Und, holst du uns jetzt ein paar Drinks?«

Ich deutete zur Bar hinüber, wo die Leute in mindestens sechs Reihen anstanden.

»Natürlich, natürlich. Was wollt ihr trinken?«

»Ich denke, der Anlass schreit nach Champagner, denkst du nicht auch?«, sagte ich in einem aufgesetzten englischen Akzent.

Bill beugte sich vor. »Eine Flasche.«

»Was ist eigentlich mit deinem Kopf passiert?«, fragte Dave.

»Kriegsverletzung, Dirk. Kriegsverletzung.«

Er huschte davon.

Die Flasche war bald leer und Dave, zu dem sich inzwischen noch ein paar andere Sony-Typen gesellt hatten, darunter auch unsere gute Ruth, erklärte, dass sie hinterher noch auf verschiedene Aftershowpartys gehen würden. Wir wurden gefragt, ob wir wohl auf die Sony-Party kommen würden. Versucht doch, uns davon abzuhalten, antworteten wir.

»Aber habt ihr denn Tickets?«, fragte Ruth zögernd.

Bill nahm sie liebevoll in den Arm. »Ruth, Baby. Wozu brauchen wir denn Tickets? Wir haben doch *dich,* unsere Eintrittskarte zu allen Partys, ob in den Himmel oder sonst wohin.«

Ruth wurde rot und tauschte einen peinlich berührten Blick mit Dave aus, den aber nur ich registrierte. Dann gingen wir gemeinsam nach draußen zu den dort wartenden Wagen, während ich von meinem letzten Aufenthalt im Krankenhaus berichtete. Draußen herrschte totales Chaos, Hunderte von übereifrigen, viel zu schick angezogenen Angestellten diverser Plattenfirmen versuchten verzweifelt, wegzukommen, um endlich richtig Party zu machen. Wir mischten uns mitten in die wogende Menge. Ich hörte, wie jemand über eine Madonna-Party sprach. *Madonna.* Warum in Gottes Namen sollte man auf eine Sony-Party gehen, wenn es eine mit Madonna gab? Ich griff mir Bill und winkte der offensichtlich verwirrten Ruth zum Abschied zu. Anschließend begannen wir, uns bei ein paar Typen aus dem Warner-Team einzuschmeicheln. Wir redeten pausenlos auf sie ein (ich hob das Pflaster an, um ihnen meine Narbe zu zeigen, bevor sie sie anfassen durften) und erst als der Shuttlebus schon fuhr, fiel ihnen auf, dass wir jetzt ganz offensichtlich auch erwarteten, mit auf die Party zu können. Unser strahlendes Lächeln und die übertriebene, amerikanische Freundlichkeit erlaubten ihnen einfach nicht, uns zu enttäuschen. Außerdem war es Bill irgendwie gelungen, eine Flasche Champagner mitzunehmen, dessen Korken er jetzt knallen ließ. *Einfacher geht's nicht.*

Von außen wirkte der Klub nicht so, als würde hier eine

Party für den größten Popstar der Welt stattfinden. Aber das war wohl gerade der Punkt. Es war eine ganz schöne Prozedur, an den Türstehern vorbeizukommen, aber wir waren ja jetzt mit Management unterwegs, und so fanden wir uns schon bald im Inneren wieder. Dann ging es die Treppe hinunter, vorbei an der Garderobe und hinein in den mit Samt ausgelegten Klub. Wunderschöne Bedienungen servierten Drinks auf Silbertabletts. In allen Cocktails schwamm eine Olive. Die Musik war schrecklich laut, ein dumpfes, schweres Dröhnen, das das Zwerchfell flattern ließ. Wir riefen jedem ein Kompliment zu, der in unsere Richtung blickte – und mein Iro zog viele Blicke auf sich. Als sich eine der Bedienungen mit einer Flasche Champagner an uns vorbeiquetschte, die offensichtlich für jemand Wichtigeren gedacht war als für uns, nahm Bill die Flasche und scheuchte die Kellnerin mit einem abschätzigen Winken fort. Wir waren innerhalb von *Sekunden* betrunken.

Man spürt sofort, wenn ein wirklicher Star den Raum betritt. Die Atmosphäre verändert sich automatisch, als würde die Temperatur um ein oder zwei Grad fallen. Die in der Luft tanzenden Staubkörnchen scheinen langsamer zu schweben und die Unterhaltungen werden leiser oder verstummen ganz, weil jeder den Hals streckt, um einen Blick auf das zu erhaschen, worauf die anderen starren. Ich hatte das schon damals in der Umkleide in der Brixton Academy erlebt, als ich mir plötzlich der Anwesenheit Eminems bewusst wurde, und ich spürte es auch jetzt, als Madonna den Raum betrat. Sie trug ein kleines Schwarzes, in dem ihre nackten Arme und Beine porzellanweiß leuchteten. Selbst quer durch den überfüllten Raum fielen ihre Muskeln auf, ihre *Power*. Sie schien zu strahlen, sah einfach wunderschön aus. Ich wandte mich an Bill und sah, wie er sich automatisch in den Schritt fasste. Er stürzte seinen Champagner in einem Zug herunter und schritt auf sie zu. Von Nahem sah sie aus wie ein Engel, war aber eher attraktiv als schön, eher maskulin als feminin. Und sie vermittelte den Eindruck, als wüsste sie, wie man mit Peitschen und Handschellen umging, und zwar so, dass ihr Opfer gar nicht genug davon kriegen konnte. Mir schien, als ob ein Heiligenschein ein paar Zentimeter über ihrem wasserstoffblonden Haar tanzte. Es war, als würde einem ein Geist erscheinen und mir lief ein Schauer über den Rücken.

Madonnas Leibwächter waren von anderem Kaliber als die der meisten anderen Popstars. Sie sahen aus, als wären sie von der CIA, dem FBI oder MIB: groß, kantig, in dunklen Anzügen, stumm und bedrohlich. Automatisch wanderte mein Blick zu ihren Hüften, um zu überprüfen, ob sie vielleicht Waffen trugen. Sie vermittelten den Eindruck, als könnten sie uns mit einem Handstreich erledigen. Und genau deshalb erstarrte ich vor Angst, als Bill, betrunken wie er war, schnurstracks auf sie zuging. Sie würden ihn erschießen, keine Frage. Obwohl ich nur seinen Rücken sah, während ich hinter ihm hereilte, konnte ich förmlich spüren, wie er sein strahlendes Begrüßungslächeln auf sie richtete. Als er nur noch ein paar Schritte von Madonna entfernt war, breitete er schon die Arme weit aus, um sie zu umarmen. Plötzlich griff er in seine Hosentasche. Mir blieb fast das Herz stehen: Die Men In Black würden glauben, er wolle seine Pistole rausholen – und dann automatisch zu ihrer greifen. Jeder Muskel in meinem Körper spannte sich an und ich rief Bill hinterher, aber meine Stimme wurde von der Musik übertönt. Er hatte inzwischen jedoch sein Handy aus der Tasche gezogen und schoss ein Foto von ihr. Nur Sekunden später war ich an seiner Seite, aber er bemerkte mich nicht einmal. Wir standen jetzt direkt vor Madonna und er sprach sie einfach an: »Wenn das mal nicht Madonna ist! Oder darf ich dich Madge nennen, wie es die Briten tun? Ha ha, aber mal im Ernst. Es ist mir eine wirkliche Freude.« Er streckte die Hand aus. »Ich bin Bill, Billy Boyd, aber du kennst wahrscheinlich nur meinen Künstlernamen Silibil, von Silibil N' Brains. Die Freude ist ganz meinerseits.«

Madonnas neugieriges Lächeln war ihm genug, mehr Ermutigung brauchte er nicht. Er stellte sich neben sie, eine Hand lässig auf ihre Schulter gelegt, während er mit der anderen das Handy hochhielt, um ein Foto von sich und ihr zu schießen.

»Wo ist das Vögelchen?«

Zu meiner großen Überraschung und noch größeren Erleichterung lächelte Madonna. Die berühmteste Frau der Welt grinste über die Scherze meines besten Freundes. Das war definitiv der unwirklichste Moment, den wir bisher miteinander erlebt hatten. Bill stellte mich vor. Sie zuckte zusammen, als sie meine Narbe sah, sagte aber höflich hallo. Ein, zwei Minuten lang führten wir belanglosen Smalltalk. Ja, sagte sie, sie glaube, sie habe von uns gehört – und nur Gutes. Sie empfahl uns einen Pub in Mayfair, wenn wir gutes englisches Bier trinken wollten, ihr Stammlokal, und wir erklärten, wir würden auf jeden Fall vorbeikommen, wenn sie versprach, uns einen Drink auszugeben. Sie tat es, ohne zu zögern. Ihr bedeutete das nichts, uns aber alles. Dann drängten die Men in Black uns zurück und sie ging weiter. Wir ließen uns zurückfallen, glücklich und wie betäubt. Die Typen, mit denen wir gekommen waren, sahen uns mit ganz neuem Respekt an.

Wir waren unverwundbar.

Neun

Dann brach auf einmal alles auseinander.

Es fing damit an, dass »Losers« nicht mehr unsere Debütsingle sein sollte. Sony verfolgte einen anderen Kurs – *schon wieder*. Jetzt sollte es doch »Play With Myself« sein, nein, im Ernst, diesmal wirklich. Sie waren inzwischen trotz ihrer früheren Bedenken zu der Überzeugung gelangt, dass sich der umstrittene Text jetzt doch zu unseren Gunsten auswirken würde. Aufkleber mit Warnhinweisen für Erziehungsberechtigte wären der letzte Schrei, hieß es nun. Hatten wir das denn nicht mitbekommen? Seltsamerweise hatten wir aber erneut das Fenster für eine Veröffentlichung verpasst – eine der zahllosen Gefahren der Planung. Das bedeutete, dass es ihnen nicht gelungen war, uns irgendwo vernünftig zu positionieren. Obwohl wir bei *MTVs Brand Spanking New* aufgetreten waren, Interviews bei *TRL* und *MTV Hits* gegeben hatten, mit D12 auf Tournee gewesen waren, drei Universitätstourneen absolviert hatten; obwohl wir auf verschiedenen Festivals gespielt hatten, unsere Songs landesweit im Radio liefen und wir ständig in der Presse präsent waren und Sony nicht ein, sondern zwei Alben abgeliefert hatten. Das kam bei keinem von uns gut an. Shalit drehte am Rad, war pausenlos unglaublich wütend, stotterte, fast sprachlos vor Entrüstung, in unzählige Telefonhörer und seine E-Mails explodierten beinahe vor lauter Großbuchstaben. Der Mann war die ganze Zeit nur am Brüllen und tobte, weil sich alles, aber auch alles ewig hinzog und immer langwieriger wurde. Sein Magengeschwür war wahrscheinlich doppelt so groß wie das meine. Mittlerweile ging auch das Geld aus unserem Vorschuss zur Neige, der Großteil war für die Dinge des täglichen Lebens draufgegangen, für ein neues Studioequipment, Alkohol und Frauen. Je weniger Geld wir hatten, desto großzügiger wurde unser Manager. Shalit griff uns weiter finanziell unter die Arme – ebenso wie den drei anderen Bandmitgliedern. Er zahlte unsere Miete (wir mussten ja irgendwo wohnen), die Mitgliedsbeiträge im Fitnessstudio (wir mussten schließlich gut aussehen) und die Kneipenrechnungen (jeder muss auch mal an die Wasserstelle). Aber er wurde es langsam satt. Seit Monaten hatte er quasi unsere gesamten Ausgaben übernommen; auch ihm stand schließlich irgendeine Art Rendite zu. Aber diese würde er nur erhalten, wenn wir endlich anfingen, Platten zu verkaufen. Seit der Tour hatten wir aber keinen Penny mehr verdient, was bedeutete, dass Greg, Colin und Gordon überhaupt keine finanzielle Entschädigung erhielten. Sie hatten deshalb auf unsere Kosten gelebt, was okay war, solange wir uns das leisten konnten, aber dazu waren wir jetzt einfach nicht mehr in der Lage. Colin redete davon, sich tagsüber einen Job zu suchen. Greg und Gordon drohten, ihre Fähigkeiten als Studiomusiker anderweitig zu Geld zu machen. Ich sagte ihnen immer wieder, dass ich alles in Ordnung bringen würde. Aber ihre Geduld war bald am Ende.

Gleichzeitig hatten wir ständig das dumpfe Gefühl, dass unser Geheimnis auffliegen würde – wenn nicht durch uns selbst, so durch einen unvorsichtigen Witz, ein falsches Wort, oder einen Satz *im falschen Akzent*. Auch einen völlig bizarren Zufall zogen wir in Betracht, zum Beispiel, dass wir in einer Stadt mit sechs Millionen Einwohnern auf alte Freundinnen von zu Hause treffen könnten. Wie wahrscheinlich ist denn so was? Nun ja, mathematisch gesehen, eins zu sechs Millionen. Aber dann geschah es doch – und zwar mir.

Eines Abends gingen wir auf die Geburtstagsparty eines Angestellten von Shalit. Die Location, irgendwo im West End, war gerammelt voll mit Typen aus der Plattenbranche. Bill und ich waren in unserem Element. Die Leute standen Schlange, um uns Drinks zu kaufen und zuzuschauen, wie wir sie in einem Zug leerten. Als ich nach einem langen Schluck von einem grässlich bunten Cocktail wieder aufsah, nahm ich sie ganz verschwommen wahr, jedenfalls dachte ich, dass sie es war. Ausgerechnet Catherine Perkins. Das konnte nicht wahr sein, oder doch? Mit Catherine Perkins war ich mal in Dundee zusammen gewesen. Ich drückte die Augen so fest zu, dass hinter meinen Lidern ein wahres Feuerwerk an bunten Punkten explodierte. Dann öffnete ich sie wieder und da stand sie tatsächlich, Catherine Perkins, drei oder vier Meter von mir entfernt, vielleicht ein Dutzend Partygäste zwischen uns. Sie kannte mich natürlich als Gavin Bain. Wenn sie herausfand, dass ich jetzt Brains war, ein Amerikaner, dann konnte das schlimm enden, sehr schlimm. Auf die Verschwiegenheit meiner engsten Freunde konnte ich mich verlassen, aber auf die von Catherine Perkins, der ich seit Jahren nicht mehr begegnet war?

Ich drückte mein leeres Cocktailglas dem Nächstbesten in die Hand, warf mich zu Boden und kroch über den dreckigen, feuchten Fußboden durch einen Wald von Beinen zur Männertoilette, wo ich mich in einer Kabine einschloss. Ich war überzeugt davon, dass draußen Catherine Perkins jede Sekunde Bill erkennen würde und das Spiel damit aus und vorbei wäre. Ich zitterte. War es wirklich kalt hier drin, oder kam mir das nur so vor?

Eine halbe Stunde blieb ich in dieser Kabine, dem Gestank von Toilettenreiniger und nicht runtergespülten Unerfreulichkeiten ausgesetzt. Mir wurde schlecht. Ich schickte Bill eine SMS nach der anderen, aber er antwortete nicht. Dann hielt ich es nicht mehr aus. Ich kroch vorsichtig aus der Kabine, öffnete die Tür und stellte fest, dass die Party noch in vollem Gang war. Alle tranken und lachten. Catherine Perkins konnte ich nirgends sehen. Genauso wenig wie Bill. Mit gesenktem Kopf drängte ich durch die Meute nach draußen in die nachtdunkle Straße, wo ich in der anonymen Menge untertauchte und so viel frische Luft einsog, wie ich nur konnte.

Alter, das war knapp.

In mir wuchs die Überzeugung, dass die anhaltende Unentschlossenheit des Labels nur bedeuten konnte, dass sie das Interesse verloren. Es gab einfach zu viele Neue im Unternehmen und die meisten unserer Befürworter waren nicht mehr da. Okay, die Tournee war super gelaufen, besser als gedacht, nachdem wir uns ja neu erfunden hatten, aber dieser Erfolg hatte bei Sony nicht die totale Begeisterung ausgelöst, die ich erwartet und nach der ich mich gesehnt hatte. Seit Wochen hatten wir jetzt nicht mehr live gespielt und man sagte uns, dass das Sony-Studio auf absehbare Zeit ausgebucht wäre. Mit anderen Worten, bleibt weg. Wenn ich jetzt etwas an den Songs ändern wollte, musste ich das ohne Produzenten an meinem Laptop tun. Das tat ich auch, aber niemand schien daran interessiert zu sein, sich die Ergebnisse anzuhören. Ruth hielt uns ungeschickt hin und stotterte in den Hörer, den sie offensichtlich am liebsten sofort wieder aufgelegt hätte. Ich jammerte Shalit ununterbrochen vor, er solle ihr doch mal etwas härter in den Arsch treten, aber er tat ohnehin alles, was möglich war. Ich sagte ihm, dass ich drauf und dran wäre, den Verstand zu verlieren, dass ich es kaum noch schaffte, morgens aus dem Bett zu kommen, weil alles so sinnlos war. Ich war depressiv. Ständig musste ich an Alison denken. Und meine Mutter fehlte mir auch.

Zwei Tage später rief Del an. Ich saß gelangweilt vor dem Fernseher, sah mir das Nachmittagsprogramm an und kaute an meinen Fingernägeln. Er aber war gut drauf wie immer und aufgeregt wie ein junger Hund, so, als hätte er gerade beim Rubbellos gewonnen oder Ähnliches. Er erklärte, dass Sony uns kurzfristig einen Gig in einem Nachtklub draußen vor der Stadt besorgt hätte.

Er musste zwar einräumen, dass das nichts Großartiges war und wir nie eine Kritik darüber lesen würden, aber zumindest wären wir wieder unterwegs, traten auf und das zählte ja auch.

Wir sollten nicht vor neun Uhr abends auftauchen. Das bedeutete, wir würden keinen Soundcheck haben. Das erste schlechte Omen für diesen Abend. Es folgten noch mehr. Man erklärte uns, dass sie für nur eine Show keinen Tourmanager bereitstellten, sodass wir selbst zusehen mussten, wie wir hinkamen. Shalit würde den Mietwagen zahlen. Gegen zehn hatten wir es dann geschafft. Der Klub, der in einer tristen Pendlerstadt eine Stunde vor den Toren Londons lag, war winzig. Draußen hingen Poster, die in Kürze anstehende Events mit Bands anpriesen, von denen ich noch nie gehört hatte, alles indische Acts. Die Türsteher, die uns zuerst nicht reinlassen wollten, waren ebenfalls Inder. Irgendwann kam dann mal einer vom Management vorbei, ein adretter Mittdreißiger im Seidenanzug und mit Turban auf dem Kopf. Er sah uns an, als wären wir ein Haufen Neonazis, schüttelte dann den Kopf und brüllte jemanden an, der hinter einem kleinen Fenster am Einlass saß. Dann führte er uns widerwillig in die kleinste Garderobe, die wir bis dahin betreten hatten. Ein Buffet gab es auch nicht. Wir saßen verwirrt zwischen unseren Instrumenten herum und wussten nicht genau, was wir tun sollten. Unser Auftritt war erst in drei Stunden. Die Leute vom Management teilten uns mit, wir hätten dreißig Minuten auf der Bühne, fügten aber hinzu, während sie uns von Kopf bis Fuß musterten: »Wenn ihr Glück habt, schafft ihr fünfzehn.« Dann öffnete der Klub und wir lauschten der Musik, während der Raum sich füllte. In meinen Ohren klang die Musik wie der Soundtrack zu einem Bollywood-Film. Ich zog los, um nochmal mit dem Manager zu sprechen.

»Was für eine Art Klub ist das hier eigentlich?«, fragte ich ihn.

»Bhangra, natürlich. Was hast du denn gedacht?«

»Euch ist schon klar, dass wir eine Punkband sind, oder?«

Er musterte mich von oben bis unten, bis sein verächtlicher Blick wieder an meinem Gesicht hängen blieb. »Das weiß ich genau. Viel Glück.«

Es dauerte eine gefühlte Ewigkeit, bis es endlich ein Uhr nachts war, und zu diesem Zeitpunkt waren wir völlig gelangweilt, schlecht gelaunt und total nüchtern, da Alkohol im Backstagebereich verboten war. Schließlich kam jemand, um uns abzuholen. Auch er begrüßte uns, als wären wir ein schlechter Witz, den irgendein Scherzkeks auf unsere Kosten gemacht hätte. Wir versuchten, zumindest ein bisschen Enthusiasmus aufzubringen. Es gelang uns aber nicht. Die Menge, ausschließlich Inder, starrte uns stumm an, während wir auf die Bühne kamen und unsere Instrumente anschlossen.

»Macht ein bisschen beschissenen Lärm!«, brüllte Bill ins Mikro. Nichts, kein Ton.

»Losers« ging unter wie eine Bleiente, »Play With Myself« kam sogar noch schlechter an. Als wir schließlich »Cunt« spielten, buhte uns das Publikum aus und warf mit Flaschen. Irgendjemand zog schnell den Stecker und der Sound verstummte. Der Manager hatte Recht behalten. Wir hatten kaum fünfzehn Minuten geschafft.

Zurück in der Garderobe rief ich Shalit an. Natürlich weckte ich ihn auf, schließlich war es mittlerweile mitten in der Nacht. Ich hörte, wie er auf dem Nachttisch nach seiner Brille suchte und dann die Lampe anmachte, bevor er sich meldete.

»Ich hoffe für dich, dass du einen wirklich guten Grund für diesen Anruf hast«, grollte er.

Ich legte los, fluchte und brüllte über die schlechteste Show unseres Lebens, die beschissene Plattenfirma und, was verfickte Scheiße, bildeten die von Sony sich eigentlich ein? Die hatten doch keine beschissene Ahnung etc. etc. Ich glaube, ich habe ihm bestimmt eine Viertelstunde lang ins Ohr geschrien, ohne einmal Luft zu holen, während meine Bandkollegen mich antrieben und zusahen, wie ich blau anlief. Shalit hörte geduldig zu und schäumte dann, zu meiner großen Erleichterung, genauso vor Wut wie ich. Er versprach, die Sache zu klären. Gleich als Erstes morgen früh würde er die Plattenfirma zu einem Notfallmeeting zwingen. Wenn diesen Idioten immer noch nicht klar war, was sie an uns hatten, sie unser Potenzial nicht erkannten, dann müsse er Silibil N' Brains eben zur Konkurrenz mitnehmen. Sie hatten ihn, uns alle, jetzt zu lange und ein Mal zu oft verarscht. Jetzt reichte es.

Ich legte auf und fühlte mich schon wesentlich besser.

Am nächsten Mittag fand tatsächlich das Notfallmeeting

statt. Shalit war dabei der sprichwörtliche Elefant im Porzellanladen, brüllte rum, zeigte anklagend mit dem Finger auf Ruth und verschiedene Management-Typen, von denen ich nur Paul Ellis wiedererkannte, der uns damals bei der Vertragsunterzeichnung den Stift gereicht hatte. Das überraschte mich; ich hatte angenommen, er habe das Unternehmen schon lange verlassen. Unser Manager machte unmissverständlich deutlich, wie bitter enttäuscht wir alle waren, dass es einfach nicht voranging. Wir hatten getan, was man von uns gefordert hatte. Wir hatten das Album nicht nur ein, sondern zwei Mal aufgenommen und es war fertig, bereit, in die Welt hinausgeschickt zu werden. Und was tat Sony? Ausflüchte suchen, zaudern, uns hinhalten; Shalit schlug mit der Faust so fest auf den Tisch, dass ein paar Handys in die Luft flogen. Ruth sah uns nur verzweifelt und sorgenvoll an. Bill starrte ausdruckslos zurück. Shalit deutete an, dass er mittlerweile sogar so weit wäre, vom Vertrag zurückzutreten, egal, was es koste. Er habe schon Gegenangebote der Konkurrenz für uns vorliegen. (Wenn das der Wahrheit entsprach, hörte ich es zum ersten Mal. Fall es nur ein Bluff war, dann war es ein verdammt guter.)

»Männer, Männer«, sagte Paul und lächelte dieses falsche Lächeln, das alle Plattenfirmenangestellten draufhaben und das ich mittlerweile nur zu gut kannte. »Ihr versteht das völlig falsch. Wir glauben definitiv noch an euch, definitiv. Ihr seid eine geniale Band. Ihr wisst das, wir wissen das. Das Problem ist, ihr habt eine ganze Menge Leute hier ziemlich verwirrt. Erst macht ihr ganz eindeutig Hip-Hop, dann auf einmal Punk. Erst zu zweit, dann auf einmal zu fünft. Wir mixen eure Songs neu ab – und zwar brillant, wenn ich das mal sagen darf, und für viel Geld. Und ihr bekommt einen Anfall.« Er holte tief Luft, bevor er weitermachte. »Also, ihr wisst ja, dass sich hier in den letzten Monaten einiges geändert hat. Wir mussten euch einem komplett neuen Team noch mal ganz neu präsentieren. Aber lasst mich euch noch mal versichern, dass wir hier alle am gleichen Strang ziehen. Wir glauben, ihr habt das Potenzial dazu, groß rauszukommen, und wir wollen wirklich voranmachen, dieses Gefühl wiederfinden, das wir alle hatten, als ihr damals unterschrieben habt.« Shalit versuchte, etwas einzuwerfen, aber Paul ignorierte ihn. »Ihr Jungs wollt Singles mit anstößigen Texten veröffentlichen, während wir wollen, dass ihr tagsüber im Radio gespielt werdet und Hitsingles landet. Wir müssen einen Kompromiss finden, okay?«

Ich platze fast vor Wut, während Shalit den Kopf schüttelte.

»Aber unsere Themen waren doch schon anstößig, als ihr uns unter Vertrag genommen habt, und geflucht haben wir damals auch schon«, warf ich ein.

»Ja, stimmt schon, mag sein, aber letzten Endes geht es ums Geschäft. Und unser Geschäftssinn sagt uns, dass wir mit ›Play With Myself‹ keinen Hit haben werden.«

»Aber ihr wolltet doch ›Play With Myself‹ statt ›Losers‹ ...«

Jetzt lächelte er, keine Ahnung warum. »Tja, jetzt nicht mehr. Wir hatten ein Meeting und haben eine Entscheidung getroffen. Wir planen jetzt mit dem ursprünglichen Remix von ›Losers‹.« Er hob die Hand, um uns zum Schweigen anzuhalten. »Im Ernst, Männer. Das wird auf jeden Fall ein Hit. Das wird ein Riesenerfolg, gigantisch.«

Bill lehnte sich in seinem Stuhl zurück und legte die Füße auf den Tisch. Alle Augen richteten sich auf ihn. Er erzählte ihnen von dem letzten Song, an dem wir gearbeitet hatten, unserem besten und auf jeden Fall kommerziellsten Song bisher, behauptete er.

»Er heißt ›Spaz Out‹«, sagte er.

»*Spaz Out?*«

»Genau, ›spaz‹ – Abkürzung für spastisch.«

Shalit starrte uns zornig an. »Jungs«, sagte er und sah uns dabei streng in die Augen, »könntet ihr vielleicht unten auf mich warten? Ich übernehme wohl besser ab hier.«

Wir verbrachten die nächste Viertelstunde damit, draußen auf dem Bürgersteig zu warten, bevor wir dachten: Was zum Teufel tun wir hier eigentlich? »Scheiß drauf«, sagte Bill und marschierte wütend in den nächsten Pub.

Da waren wir auch noch um neun Uhr abends und mittlerweile war der Rest der Band zu uns gestoßen. Die Stimmung war gedrückt, unser Meeting an der Bar hatte sich jetzt schon über sieben endlose Stunden hingezogen, und das viele Bier, das wir bis dahin getrunken hatten, machte die Sache und unsere Laune auch nicht besser. Colin, Greg und Gordon waren gar nicht glücklich und zunehmend desillusioniert. Sie waren davon überzeugt, von uns übervorteilt zu werden. Colin empfahl uns sogar, uns zurück nach Kalifornien zu verpissen. Greg beruhigte ihn zwar wieder, regte sich aber dann über Bill auf und stürmte aus der Tür. Ich schaute auf mein Handy. Elf Anrufe von Shalit, und keinen davon hatte ich angenommen. Ich war einfach nicht in der Stimmung, mit ihm oder jemand anderem zu sprechen, bis wir nicht irgendeine gute Lösung gefunden hatten, eine Art Happy End. Greg kehrte betreten und reuig zurück. Wir alle umarmten uns und bestellten dann die nächste Runde, immer noch in der Gewissheit, die beste Band der Welt zu sein. Jetzt lag es nur noch am Rest der Welt, das zu erkennen, mehr war nicht nötig.

Gegen zehn hatten wir uns wieder gefangen und kehrten zurück in die Sony-Zentrale, nachdem wir den Wachmann so lange beschwatzt hatten, bis er uns schließlich durchließ. Wir marschierten ins Studio, unser zweites Zuhause. Bis auf uns fünf war niemand zu sehen. Wir platzten förmlich vor Kreativität, die in Bierdämpfe gehüllt eine berauschende Atmosphäre erzeugte. Auf einmal wussten wir, was wir zu tun hatten. Wir hatten genug von »Losers« und »Play With Myself«, von »Cunt« und selbst vom nagelneuen »Spaz Out«. All diese Songs waren von Sonys Unentschlossenheit kontaminiert. Wir mussten etwas ganz Neues, Frisches machen, etwas, das uns den alten Schwung zurückbrachte. Und so taten wir, was wohl jede Band in unserer Lage, mit dem Rücken zur Wand und getrieben von der Angst, alles zu verlieren, getan hätte. Wir nahmen eine Punkversion von »Footloose« auf, dem Popklassiker von 1984 von Kenny Loggins. Wir brauchten genau einen Take, und, ich kann es nur so ausdrücken, der Song rockte ohne Ende. Unsere betrunkene Version machte aus »Footloose« eigentlich erst das, was in dem Song steckte. Wir stießen darauf an, auf unsere erste todsichere Nummer Eins, und zwar eine, die ganz ohne Schimpfwörter und Obszönitäten auskam. Wartet nur ab, bis Shalit das hört. Sony würde frohlocken. Wir hörten uns den Song wieder und wieder an, drehten die Lautstärke immer weiter auf. Die schalldichten Wände vibrierten. Greg nannte mich seinen Retter. Dann äußerte Bill, stockbetrunken wie er war, etwas, das ich als Beleidigung auffasste. Daraufhin kippte die Stimmung im Studio. Ich hatte keine Ahnung, welcher Teufel ihn jetzt schon wieder geritten hatte, ertrug aber auf einmal seine selbstgefällige Fresse nicht mehr. Ich ging auf ihn los. Plötzlich rollten wir über den Boden des Studios, die Fäuste flogen. Colin und Gordon versuchten, uns zu trennen.

»Kommt schon Jungs, so sollte ein denkwürdiger Abend nicht zu Ende gehen«, beschwor uns Greg.

Aber ich hatte Bill verletzt. Wortlos wankte er aus dem Studio und die Treppen hoch. Wir sollten uns drei Tage lang nicht sehen.

Wenn man ihm zum ersten Mal begegnet, fällt es schwer, sich Billy Boyds Ausstrahlung zu entziehen. Der Mann ist ein Charmeur, mit ihm konnte man Spaß haben, wie mit keinem sonst. Er konnte jeden für sich einnehmen und in den zwei Jahren, die wir in London verbrachten, hatte er so viele Leute kennengelernt, dass das Adressbuch seines Handys nicht mehr ausreichte. Ständig riefen ihn irgendwelche Leute an und hinterließen Nachrichten, Frauen und Männer, Popstars, Schauspieler und Models, und allen blieb jener unvergleichliche, legendäre Abend mit Bill als Mittelpunkt der Party unauslöschlich im Gedächtnis haften. So einen Abend wollten sie unbedingt wieder und wieder erleben; wann er denn mal wieder Zeit hätte? Wie es schien, kannte halb London eine Geschichte über Bill, je fantastischer, umso besser. Aber in jeder befand sich ein Körnchen Wahrheit, das war nun mal so bei Bill. Je bizarrer und überzogener diese haarsträubenden Geschichten waren, umso wahrscheinlicher war es, dass sie auch stimmten. In Bills Gegenwart *passierten* die Dinge einfach so, kam Leben auf. Das Problem war nur, dass er so schnell explodierte wie niemand sonst, den ich kannte. Er konnte jederzeit in die Luft gehen. In den letzten zwölf Monaten in London hatte er zahllose Freunde gewonnen, sich aber ebenso viele Feinde gemacht, genau wie damals, als er sich quer durch Arbroath geschlafen hatte. Die Band stand für ihn schon lange nicht mehr an erster Stelle.

Natürlich machte er mir ganz ähnliche Vorwürfe, aber es war mir egal, was er dachte. Ich konnte es mir nicht leisten, mir auch darüber noch den Kopf zu zerbrechen. Ich hatte genug mit meinen eigenen Dämonen zu tun. Natürlich war es unmöglich, ohne ihn mit Silibil N' Brains weiterzumachen, und doch machte es mich langsam fertig, mit ihm in der Band zu sein. Ich hatte immer geglaubt, dass unsere gemeinsamen Tage ausschließlich wegen unserer Lüge und unserer Angst aufzufliegen gezählt wären, aber jetzt wusste ich es besser. Es lag einfach daran, dass ich ihn, so wie er nun einmal war, nicht länger ertrug. Irgendetwas würde bald geschehen.

Fürs Protokoll: Shalit *liebte* »Footloose«. Er hatte aber seine Bedenken, denn normalerweise brachten neue Bands nicht als Erstes eine Coverversion raus, wenn sie nicht austauschbar, anonym und unbedeutend sein und bleiben wollten. Aber er war auch davon überzeugt, dass der Song das Potenzial hatte, in der ganzen westlichen Welt zum Superhit zu werden. Wenn nicht mit Sony, dann eben mit jeder anderen, beliebigen großen Plattenfirma, die, wie er behauptete, alle ein Stück von unserem Kuchen haben wollten, sobald er uns dafür freigab.

Inzwischen wurde die Stimmung im Eagle's Nest immer schlechter. Bill und ich hatten es nicht geschafft, uns zu versöhnen und taten einfach so, als wäre nichts geschehen. Das krankhafte Misstrauen, das auf einmal zwischen uns herrschte, steckte auch Greg an, der mir unterstellte, heimlich seine Freundschaft mit Rob zu untergraben. Als Bill schließlich wieder auftauchte, ließ er sich auf dem Sofa im Wohnzimmer nieder und blieb dort tage- und nächtelang hocken. Ständig kamen irgendwelche seiner neuen Freunde vorbei, die zu jeder Tages- oder Nachtzeit bei uns klingelten und ihm was mitbrachten, hauptsächlich Essbares.

Colin, Greg und Gordon wussten nicht mehr, auf wessen Seite sie waren. Wenn sie sich zu Bill auf das Sofa setzten, schmollte ich. Hingen sie mit mir ab, machte Bill sich über sie lustig. Wir konnten nicht mehr miteinander reden, ohne zu streiten. Im Haus herrschte drückendes Schweigen und wachsender Hass.

Mein Hass traf auch andere. Colin und ich beschlossen, dass er die Band verlassen sollte. Er war die ewigen Streitereien leid und musste sich ohnehin um seine eigene Band kümmern, die für eine Europatournee gebucht worden war. Zunächst brachte das uns wieder enger zusammen und selbst Bill wurde der Ernst der Lage bewusst. Aber nach einer weiteren Nacht voll gegenseitiger Beschuldigungen kamen die Probleme, die Greg mit mir hatte, ans Licht und Rob wurde ungewollt mit reingezogen. Rob beschloss vernünftigerweise, einfach zu gehen, ohne sich auf die eine oder andere Seite zu schlagen. Und Greg verließ die Band. Die Kluft zwischen uns war tief und es sollte zwei Jahre dauern, bis ich Rob wiedersah. Plötzlich waren wir nur noch zu dritt. Erstaunlicherweise verschwand Gordon nicht auch noch, er war keiner, der so leicht aufgab. Er blieb, und dafür war ich ihm dankbar. Er war zwar auch nur Teil der fast völlig kaputten Band, aber seine Anwesenheit im Eagle's Nest war wichtig. Als eine Art Schiedsrichter schlichtete er Streitigkeiten zwischen Bill und mir und trennte uns, wenn wir handgreiflich wurden, brachte ständig Messer, spitze Gegenstände und alles, was sich im Eifer des Gefechts als Waffe hätte einsetzen lassen, in Sicherheit. Ohne Gordons ständiges Einschreiten wären Bill oder ich vielleicht sogar im Gefängnis gelandet.

Ich hatte ja schon immer unter Angst- und Panikattacken gelitten, doch diesmal waren sie anders. Mein Körper brannte, als wäre ich in Brennnesseln gefallen, ich musste mich ständig kratzen und hatte Herzrasen. Ich konnte nächtelang nicht schlafen, schluckte zu viele Pillen, trank zu viel Alkohol. Mein Magengeschwür tobte wie ein Waldbrand und ich weinte immer noch um Alison und neuerdings auch um die Band. Ich schaffte es nicht, Shalit von den letzten Entwicklungen zu erzählen, schaffte es nicht, ihm gegenüberzutreten, diesem eigentlich doch netten Kerl, der so viel in uns investiert hatte – eine gigantische Fehlinvestition, wie sich jetzt herausstellte. Ich stellte mir vor, wie er mit der Axt auf mich zukam, den Mund zu einem lautlosen Schrei aufgerissen.

Jedes Mal, wenn Bills Freunde das Haus verlassen hatten, versuchte ich bei einer Tasse Kaffee ein ernsthaftes Gespräch mit ihm zu führen. Er müsste doch merken, wie es um die Band jetzt wirklich stand: ausgedünnt und kurz vor dem endgültigen Aus. Wollte er das denn wirklich? Aber meistens schien er einzuschlafen, während ich auf ihn einredete. Eines Morgens jedoch kam er zu meiner großen Überraschung in die Küche, einen dampfenden Becher in der Hand, und sagte: »Ich bin ganz Ohr.« Er sah schlecht aus, übermüdet und abgespannt. Er hatte abgenommen und war blass. Aber bevor ich noch den Mund aufmachen konnte, legte er schon los. Er erklärte, dass ihm die ganze Sache zum Hals raushängen würde und er reinen Tisch machen wollte. Ich war entsetzt: Auf keinen Fall könnten wir das tun, niemals. Sony würde uns verklagen, wir wären ruiniert, bankrott und würden zum Gespött werden. Bill blieb jedoch unnachgiebig. Wir wären so gut darin, jedes Ereignis, jede Entwicklung zu unserem Vorteil zu nutzen, dass es uns auch diesmal gelingen würde. Im letzten Jahr hätten wir doch auch jedes Hindernis überwunden. Hätten alles erreicht, was wir wollten – einen Plattenvertrag, Geld, Frauen, Alkohol, Einlass zu den meisten Partys, zu so vielen Partys – warum sollte das nicht noch einmal klappen? Wir würden einfach reingehen, unser Geständnis ablegen und Schluss machen mit diesem ganzen Schwachsinn. Außerdem wären wir so viel besser zu verkaufen. Wir, die Typen, die die gesamte britische Plattenindustrie verarscht hatten. Ob ich mir eine Plattenfirma vorstellen könnte, fragte er mich, die solch eine Gelegenheit, ein gutes Geschäft zu machen, ausschlagen würde? Alle würden sie unsere Geschichte hören wollen. Sie würden ein Buch über unser Leben schreiben, einen Film daraus machen. Die Leute würden uns für unseren Mut und unsere Dreistigkeit bewundern. Wir würden endlich Platten verkaufen, unsere Tourneen wären ausverkauft. Die TV-Produktionsfirmen würden wieder angekrochen kommen. Madonna würde von der Nacht erzählen, in der Silibil N' Brains sie davon überzeugt hatten, echte Amerikaner zu sein. Eminem würde eine wütende Fatwa aussprechen, Proof genauso. *Komm schon,* drängte er, *lass es uns tun.* Ich musste zugeben, dass ich mir genau das auch schon öfter überlegt hatte. Als Bill es aussprach, klang es noch viel verlockender. Was konnte da schon schiefgehen? Du und ich, sagte Bill, wir versagen *niemals.*

Okay, ich gab nach. Okay. Ich schaute auf meine Hände und sah, wie sie zitterten.

Doch dann gab es unerwartete Neuigkeiten. Bei der Plattenfirma hatte es schon wieder personelle Umwälzungen gegeben. Unsere wenigen Verbündeten, die die letzte Entlassungswelle überstanden hatten, waren nun auch fort. Die neue Unternehmensleitung, erklärte mir Shalit in dem ernsthaftesten Telefongespräch, das wir je miteinander geführt hatten, prüfte die bestehenden Verträge aufs Genaueste und warf alles raus, was ihr nicht auf Anhieb zusagte. Mit anderen Worten, wir standen kurz davor, fallengelassen zu werden. Game Over.

»Ihr kommt wohl besser vorbei«, meinte Shalit und klang dabei ungewöhnlich nervös. »Krisenbesprechung.«

Sein Lächeln sah irgendwie gezwungen aus, als er aus seinem Büro kam, um uns zu begrüßen. Es war zu breit, um echt zu sein. Plötzlich wusste ich, dass wir ihm nicht mehr trauen konnten, dass ab jetzt alles, was er sagte, geschönt sein würde. Also war dies wirklich ein Krisengespräch.

»Tee? Kekse?«

Er lehnte sich wie immer in seinem Chefsessel zurück und streckte die Beine aus. Dabei rutschten seine Hosenbeine so weit die Schienbeine hoch, dass wir seine leuchtend gelben Kaschmirsocken und, wer hätte das gedacht, Kniestrumpfhalter sehen konnten. Seine Schuhe waren, so hatte es zumindest den Anschein, aus Alligatorleder. Er erklärte uns, dass ein gewisser David Marcus der neue Chef bei Sony sei. Er kenne ihn gut. Vor ein paar Jahren hätten sie zusammen eine TV-Show auf die Beine gestellt und sich gut miteinander verstanden. So wie Shalit das sah, war der neue Chef von Sony UK *cool*.

»Ich habe schon mit ihm gesprochen. Ihr müsst euch keine Sorgen machen, ihr seid immer noch ganz oben auf der Liste.«

Dann beugte er sich vor und faltete die Hände. Sein Blick wanderte zwischen uns hin und her, als würde er ein Tennismatch betrachten.

»Aber schaut euch doch mal an. Oh, man. Ich kann ja verstehen, dass ihr Party macht. Aber langsam wird es wirklich Zeit, dass ihr euch zusammenreißt. Hab ich Recht, Del?« Del hatte sich hinter unserem Rücken ins Büro geschlichen. Er sah verschüchtert aus, gab sich aber alle Mühe, uns begeistert abzuklatschen. Shalit machte weiter: »Billy, du siehst völlig fertig aus. Und du hast abgenommen. Isst du genug? Du nimmst doch keine Drogen, oder?« Jetzt wandte er sich mir zu. »Und du, Gav? Wann hast du eigentlich das letzte Mal richtig geschlafen? Die Augen fallen dir ja fast aus den Höhlen. Im Ernst, Jungs, wenn ich euch auf der Straße treffen würde, würde ich euch fünfzig Pence geben, damit ihr euch 'ne Tasse Tee besorgt. Ihr sollt aber eigentlich Popstars sein – *Rap*stars.« Er griff sich die Fernbedienung, die auf seinem Tisch lag und klickte sich durch die Musiksender. Da waren Usher, Kanye West und 50 Cent, die muskulös und kraftstrotzend aussahen, der Inbegriff strahlender Gesundheit. »Also *so* solltet ihr aussehen, zumindest aussehen wollen.« Er sah Bills mürrischen Gesichtsausdruck und korrigierte sich sofort. »Okay, okay, vielleicht nicht *genau* wie die, aber zumindest so ähnlich. Stattdessen«, fuhr er auf einmal nervös fort, »stattdessen seht ihr aus wie... Del, wie sehen die beiden aus?«

Del lächelte und hielt klugerweise den Mund. Shalit fuhr fort.

»Also, ich habe für morgen um zwei Uhr ein Treffen mit David Marcus für euch arrangiert. Ich kann leider nicht dabei sein, weil ich andere Verpflichtungen habe, aber Del wird euch begleiten. Ich will, dass ihr pünktlich seid und keinen Scheiß macht. Keinen Unfug diesmal, Jungs, jetzt geht es wirklich um die Wurst.« Er griff nach dem Telefon und war in Gedanken bereits beim nächsten Punkt seiner Tagesordnung. Während er wählte, hielt er den Hörer in unsere Richtung. »Oh, wenn ihr unbedingt den Rest der Band mitbringen müsst, dann sorgt dafür, dass die sich benehmen, verstanden?«

Bill und ich sahen uns bedeutungsvoll an, mit einem unausgesprochenen *Sagst du es ihm, oder soll ich?* Shalit merkte sofort, dass etwas nicht stimmte und legte behutsam den Hörer wieder auf. »Habt ihr mir was zu sagen?«, bellte er. »Was ist denn jetzt schon wieder?« Ich erklärte ihm, dass Colin und Greg die Band verlassen hätten. Trotzdem konnte ich einfach nicht die ganze Wahrheit sagen. Wir hätten sie rausgeschmissen, und das sei auch gut so, Silibil N' Brains hätte sich wieder zum Duo entwickelt.

Jonathan Shalits Gesicht nahm die dunkelrote Farbe reifer Brombeeren an. Dann fing er an, uns wüst zu beschimpfen. Als er fertig war, war der ganze Tisch mit Speicheltröpfchen übersät. Er wischte sie achtlos mit dem Ärmel weg und seufzte dabei so abgrundtief, ein Geräusch wie von einem Reifen, dem langsam die Luft entwich. Dann griff er wieder zum Hörer, begann zu wählen und winkte uns wortlos weg.

Sony/BMG hatte sein Hauptquartier mittlerweile in einen protzigen Teil West Londons verlegt. SUV-Gelände, überall Hunde im Miniaturformat, teure Handtaschen und Botoxladys, die Kinder mit Namen wie Tristram und Tamara hinter sich herzogen. Der Eingang lag nicht mehr direkt an der Hauptstraße mit Blick auf den Fluss, doch im Gebäude war alles wie immer: silberne, goldene und Platinplatten an der Wand, sehr bewusst gestylte junge Typen in kaputten Converse schlurften über die Teppiche und hübsche junge Mädchen glitten wie auf Schlittschuhen durch die Abteilungen. In allen Ecken standen Gummipflanzen und ständig kam irgendein Praktikant und bot Kaffee, Tee oder Sprudelwasser mit einem Schuss Zitrone an.

Wir trugen uns auf der Besucherliste ein und machten uns auf den Weg zum Aufzug. Ein Mann gesellte sich zu uns und drückte noch einmal auf den Knopf, den wir gerade auch gedrückt hatten – vermutlich zur Sicherheit, falls wir hier nur zum Spaß rumständen und nicht, um den Aufzug zu rufen. Warum tun die Leute so was? Er sah zu uns herüber, lächelte kurz und schaute dann wieder auf seinen BlackBerry. Plötzlich hatte ich ein quälendes Déjà-vu. Sein Gesicht kam mir geradezu unheimlich bekannt vor. Es war Robbie Bruce aus der A&R-Abteilung von Sony, der Allererste, der uns je angesprochen hatte, damals, als wir gerade erst aus dem Bus aus Dundee gestiegen waren. Dann hatte ich noch einen Flashback: Ich sah uns in seinem Büro, gerade erst zu Amis geworden, und davon überzeugt, dass er – ein Schotte – uns durchschaute, und dass wir aufgeflogen waren. Und da war er auf einmal wieder. Das war nicht gut.

Ich starrte Bill an, der meinen angsterfüllten Gesichtsausdruck nur langsam wahrnahm.

»Was ist los, Alter? Hast du 'n Gespenst gesehen?«

Dann kam der Aufzug. Ich war drauf und dran, die Treppe zu nehmen, aber Bill betrat schon den Aufzug, und mir blieb nichts anderes übrig, als ihm zu folgen.

Er fragte Robbie Bruce: »Welcher Stock?«

»Drei, bitte.«

Ich sah, wie Bill Robbie Bruce jetzt genauer ansah und beobachtete fast mit Genugtuung, wie es ihm dämmerte. Die Augen fielen ihm fast aus dem Kopf. Dann bemerkte ich, dass auch Robbie Bruce aufmerksam wurde. Es war geradezu witzig, wie zuerst Bill und dann auf einmal auch er intensiven Blickkontakt aufnahmen. Ich schluckte laut. *Jede Sekunde jetzt...* dachte ich.

Ich hörte ihn fast schon sagen, dass ihm unsere Namen auf der Zunge lägen. Er schien nachzudenken, runzelte die Stirn und sah uns an.

»Sorry, aber kenn ich euch nicht?«, fragte er. »Ihr kommt mir irgendwie bekannt vor.«

Ich machte den Mund auf und sah mich schon mit Silibil N' Brains herausplatzen. Ich geriet in Panik, konnte keinen klaren Gedanken mehr fassen. Mein Herz hämmerte wie ein Xylophon auf meine Rippen. Ohne recht zu wissen warum, antwortete ich ihm mit *australischem* Akzent.

»Nein, Mate. Wir sind gestern erst aus Adelaide angekommen. Wir besuchen hier nur Freunde.«

Wie letztes Jahr in seinem Büro warf er mir einen zweifelnden Blick zu. Doch dann nickte er.

»Oh. Okay. Sorry. Aber«, fuhr er fort und schüttelte jetzt wieder den Kopf, »ihr kommt mir *wirklich* bekannt vor.«

Wie lange dauerte es eigentlich bis zum verdammten dritten Stock?

»Cheerio, Mate?«, sagte ich, als er aus dem Aufzug spazierte.

Die Aufzugtür schloss sich und ich brach zusammen. Bill lachte schallend.

»*Cheerio, Mate?* Nicht schlecht, Alter! Aber Australisch? Wie bist du denn ausgerechnet darauf gekommen?«

Ich zuckte die Achseln. Aber, oh Gott, wie war ich erleichtert, so unglaublich erleichtert.

Im Vorzimmer wurden wir von einem Lakaien begrüßt, der uns anwies, in einem kleinen Eckbüro zu warten, das nicht wesentlich größer war als ein Kaninchenstall.

»Weißt du«, sagte ich zu Bill und nahm damit unsere alte Diskussion wieder auf, »das könnte die Geburt aller Ausstiegsklauseln sein.« Wir hatten endlos darüber gesprochen, alles zu gestehen und als Schotten neu anzufangen, aber uns fielen immer noch alle möglichen Gründe dafür ein, es noch mal hinauszuzögern. Viele davon hatten mit Angst zu tun und mit der Möglichkeit, dass Sony Vergeltung üben könnte. Bei der Laune, die Shalit hatte, konnten wir es ihm einfach nicht sagen. Aber wenn dieser David Marcus wirklich so ein anständiger Typ war, dann konnte vielleicht er es Shalit sagen. Dies könnte der Tag werden, an dem wir endlich die ganze Geschichte von Silibil N' Brains aufdeckten, ein längst überfälliger Neubeginn. David Marcus würde die lustige Seite der ganzen Geschichte erkennen. Dann würde er uns ganz oben auf die To-Do-Liste seiner frisch fusionierten Firma setzen und uns über Nacht zu Stars machen – endlich.

Aber dann runzelte Bill die Stirn und schüttelte den Kopf. »Um ehrlich zu sein, ich habe noch mal drüber nachgedacht. Und weißt du was? Ich bin *gerne* Ami. Manchmal möchte ich für den Rest meines Lebens ein Ami sein. Ich meine, denk doch mal nach. Wer zum Teufel will schon sein Leben lang Schotte sein?«

Ich ließ den Kopf sinken. Ich hätte es wissen müssen, so liefen inzwischen alle unsere Gespräche ab. Mal wollte einer von uns alles beichten und der andere nicht, dann wieder umgekehrt. So kamen wir nie zu einer Entscheidung und lebten die Lüge weiter.

Ich blätterte in einer Ausgabe von *Music Week,* der Bibel der Branche, die vor uns auf dem Couchtisch lag und erfuhr, während ich mir die Charts ansah, schmerzhafte Neuigkeiten. Die Bands, die zusammen mit uns bei *TRL* aufgetreten waren, Kasabian, Bloc Party und diese Natasha Bedingfield, waren schon längst so was wie Stars. Eine der Bands hatte sogar bereits eine halbe Million Platten verkauft. Eine war schon zwei Mal auf dem Cover von *NME.* Wiederum eine andere sollte in den USA an den Start gehen, verfluchte Scheiße. Wie ich sie alle hasste, diese Verbrecher, die das bekamen, was doch eigentlich uns zustand.

Zwanzig Minuten später blätterte ich immer noch in der Zeitschrift. Wo zum Teufel steckte dieser David Marcus? Fand er es cool, ein Talent warten zu lassen? Bill schritt immer aufgeregter im Raum auf und ab. Ich rief Del an, erreichte aber nur seine Mailbox. Schließlich tauchte er doch noch abgehetzt auf, und entschuldigte sich wortreich. Bill brüllte ihn an.

»Alter, was zum Geier ist hier los? Wir warten hier schon – wie lange? – fast 'ne Stunde. Du kommst zu spät und dieser alte Scheißkerl hat nicht mal den Anstand, zu einem Meeting zu erscheinen, das *er* angesetzt hat? Was soll diese Scheiße?«

Del zog los, um herauszufinden, was hier los war. Eine Viertelstunde später kam er mit drei Bechern Kaffee wieder zurück. »Anscheinend ist er in einem Meeting, das sich hinzieht. Er lässt sich entschuldigen. In fünf Minuten ist er hier.«

»Ich bin diesem Typen noch nie begegnet«, sagte Bill, »aber ich würde ihn am liebsten jetzt schon umbringen.«

Schließlich kam dann doch eine Sekretärin, um uns abzuholen, aber anstatt sich zu entschuldigen, lächelte sie nur. Der Raum, in dem wir gewartet hatten, war gar nicht das Büro von David Marcus gewesen, sondern nur eine Verwahrungszelle für Unerwünschte. Wir schritten durch den Flur und die Gummisohlen unserer Sportschuhe waren bald so statisch aufgeladen, dass wir förmlich Funken sprühten. Marcus telefonierte noch. Sein Büro war riesig, mit bodentiefen Fenstern, die den Blick auf die Putney Bridge und die Luxusappartements auf der anderen Seite freigaben. Signierte Plattencover von Alicia Keys hingen an der Wand, ebenso wie ein gigantisches gerahmtes Poster von John Lennon, der an seinem weißen Klavier saß, neben ihm eine bewundernde Yoko Ono. Marcus bedeutete uns mit ausgestrecktem Zeigefinger, uns hinzusetzen, während er sein Telefonat fortsetzte. Er war um die Mitte vierzig und sah nicht besonders gut aus, sein Gesicht wurde dominiert von einer Stirnglatze und dem vorstehenden Kinn. Er trug gebügelte Jeans und ein teures, weißes Leinenhemd, dessen zwei oberste Knöpfe geöffnet waren und den Blick auf eine Brustbehaarung à la Tom Jones erlaubten. Neben dem Ehering trug er am kleinen Finger einen fetten Siegelring. Ich stellte mir vor, dass ihm dieser bestimmt von seinem verstorbenen Vater vererbt worden war, mit dem er sich niemals wirklich vertragen hatte. Er lächelte gleichzeitig in unsere Richtung wie auch ins Telefon und strahlte dabei aus jeder Pore seines Körpers übersteigerte Selbstgefälligkeit aus, wie radioaktiven Abfall.

Noch bevor er, sich auf seine Manieren besinnend, das Telefonat beendet hatte, hasste ich ihn bereits. Das hier war keiner, dem man seine Sünden beichten konnte. Seine Augen wiesen nicht die geringste Spur von Mitgefühl auf, sondern waren hart wie Diamanten. Er war durch und durch Manager, eine Maschine, ein Zahlenfresser. Wenn dieser Mann auch nur ansatzweise das Gefühl hätte, dass wir ihn irgendwie auf den Arm nehmen wollten, würde er uns, ohne eine Sekunde zu zögern, aus seinen Büchern löschen. Mir war sofort klar, dass wir für immer Amerikaner bleiben würden, zumindest so lange, wie Silibil N' Brains existierte.

Noch hatte Marcus aber den Hörer nicht aufgelegt. Er war immer noch dabei, den Anruf zu beenden, mit jeder Menge »yeah« und »hundertprozentig« und »bis später«, aber ohne sich nachdrücklich zu verabschieden. Bill begann schmachtend »Beautiful« von Christina Aguilera zu singen und ich fiel ein. Del räusperte sich nervös und flehte »Äh, Männer...?« Gehorsam verstummten wir.

»Hasst ihr es nicht auch, wenn das passiert?«, waren die ersten Worte, die er an uns richtete.

»Was denn, Alter?«, fragte Bill. »Dass man dich eine oder sogar eineinhalb Stunden warten lässt?«

Sein Lächeln wurde schmal und verschwand dann ganz. »Egal.« Er hielt nach einem Blatt Papier auf dem sehr aufgeräumten Schreibtisch Ausschau, hob es auf und überflog es schnell, als würde er darauf unsere Namen suchen. »Silibil N' Brains, richtig? Ich habe jede Menge von euch Jungs gehört.« Er öffnete eine Schublade und holte eine hüllenlose CD heraus. Dann winkte er uns damit zu. »Ich habe mir das hier angesehen«, sagte er.

»Pornos?«, fragte Bill.

»Nein, nein. Eure EPM«, sagte er und bezog sich auf die elektronische Pressemappe, die wir vor ein paar Monaten aufgenommen hatten und die alles Mögliche an Filmmaterial von und über Silibil N' Brains enthielt: einige unserer Konzerte, aber auch ein paar Filmchen, in denen wir einfach nur herumalberten – in Hotelzimmern, in unserem Bus, backstage mit den Groupies, und eine Auswahl der Sketche für die TV-Show, die nie ins Fernsehen gekommen war. David Marcus sah auf die Scheibe, als würde er dort seine nächsten Worte ablesen. Die bedeutungsschwere Stille schien nicht mehr zu enden.

»Ich bin ...verwirrt. Was genau wolltet ihr damit nochmal erreichen?«

»Alter«, antwortete ich, »das ist 'ne EPM, weißt du?«

In der gesamten Geschichte von Silibil N' Brains war David Marcus der Einzige, dem es gelang, dass es uns die Sprache verschlug.

»Richtig ... richtig.« Er ließ die CD auf seinen Tisch fallen und starrte auf einen imaginären Punkt irgendwo über meiner linken Schulter. »Ihr habt vor – wie war das? – vor einem Jahr bei Sony unterschrieben, aber noch nichts veröffentlicht. Ich frage mich, woran das wohl liegt ...«

Del öffnete den Mund, als wolle er etwas sagen, schloss ihn dann aber wieder.

»Ihr habt euch in dieser Zeit ziemlich verändert, wenn ich das richtig verstanden habe. Erst Hip-Hop, dann Punk. Eine ziemliche Kehrtwende, oder?« Er hob die CD erneut auf. »Aber das hier ... Ich verstehe immer noch nicht ganz, was ihr mit so etwas bezwecken wolltet. Ich meine, was sagt uns das über euch? Dass ihr – was genau – seid?«

Jetzt ergriff Del doch das Wort. Er erklärte, dass die Scheibe unsere *Multimedia*-Fähigkeiten demonstriere, um zu zeigen, dass wir in einem Fernsehstudio genau so witzig und unterhaltsam rüberkamen wie mit unserer Musik. Von wie vielen Bands könne man das denn heutzutage noch behaupten? Del setzte sich leidenschaftlich für uns ein, und ich wusste das auch wirklich zu schätzen. Trotzdem wünschte ich mir innerlich, dass Shalit das an seiner Stelle getan hätte.

Marcus nickte, aber er schien alles andere als überzeugt zu sein. Er runzelte die gezupften Augenbrauen. »Es ist nur so«, sagte er, »dass ich denke, dass das einfach nicht *glaubwürdig* ist, wisst ihr?«

»Und was daran ist nicht glaubwürdig?«, fragte Bill höhnisch.

»Ich bin einfach der Ansicht, dass ihr keine besonders guten Schauspieler seid. Und das hier«, er hielt die Scheibe hoch, als wäre sie belastendes Beweismaterial, »lässt einfach nicht erkennen, wer oder was ihr beide eigentlich seid.«

In mir begann es zu brodeln und ich hatte eine kurze Vision, fast so, als würde ich von außen auf uns schauen. Ich sah mich, wie ich mich über den Tisch warf, die Schnur des Telefons um Marcus' Hals wickelte und ihn würgte, bis ihm die Augen aus dem Kopf quollen, seine Nase wie ein Vulkan explodierte und Blut über all die Platten und Bilder seines klinisch sauberen Büros spritzte. Als ich wieder zu mir kam, spürte ich, wie es in meinen Armen und Beinen und in den Schläfen kribbelte. Flehend beugte ich mich vor. »Komm schon«, begann ich. »Das ist hier ein Meeting, in dem es um *Musik* geht, oder? Wenn dir das Fernsehzeug nicht gefällt, das Zeug, wo wir rumblödeln, okay, dann lassen wir es verschwinden, kein Problem. Aber wir sollten uns auf die Musik konzentrieren, okay?«

Er lächelte abermals falsch und nahm eine weitere Platte zur Hand. Da war es, unser unbearbeitetes Album, das nun schon seit Monaten durch die Sony-Büros geisterte, aber mit dem erst neulich aufgenommenen Bonus-Track »Footloose«. Shalit hatte uns gesagt, dass David Marcus unsere Musik gehört hatte und sie liebte. Wie alle anderen auch wäre er davon überzeugt, dass wir das Potenzial hätten, ein Megahit zu werden. Aber inzwischen fragte ich mich, ob überhaupt irgendeine dieser Aussagen stimmte.

»Wie ich sehe, habt ihr hier einen Song namens ›Cunt‹. Was soll das genau sein?«

»Es ist ein Liebeslied für George W. Bush, unseren Präsidenten.«

»Aber *Cunt?* Fotze? Ein wenig hart, oder?«

»War der Irak das nicht auch?«

Sein Blick wanderte wieder zur Songliste.

»Und das hier«, er deutete mit dem Finger auf etwas. »Ist doch nicht ›Footloose‹, oder?«

»Nein, natürlich nicht«, behauptete Bill. »Denkst du wirklich, dass wir einen bescheuerten Kenny Loggins-Song aufnehmen würden? Im Ernst? Nein, unser ›Footloose‹ ist ein Antikriegs-, ein Protestsong. Es geht um Menschen, die Körperteile in einer Landminenexplosion verloren haben. Wir folgen den Spuren von Lady Diana – auf unsere Weise. Betrachte es als unseren Rage Against The Machine-Augenblick.«

Marcus sah verwirrt aus, unsicher, ob er uns ernst nehmen sollte. Wir waren schließlich Amerikaner und bei Amerikanern kann man sich ja nie ganz sicher sein, was die Ironie betrifft.

»Okay, wie dem auch sei.« Er faltete die Hände, wie um zu beten. »Offensichtlich hat es hier in den letzten Wochen ja eine Menge Veränderungen gegeben und davon wird es auch noch mehr geben, so ist das nun mal. Aber ich möchte, dass ihr zwei, und auch du, Del, wisst, dass wir immer noch voll hinter Silibil N' Brains stehen, und dass ihr bei uns immer noch ganz weit oben auf der Liste steht, also bei Sony/BMG, oder, wie ich gerne sage, BMG/Sony. Ha ha, ich mache natürlich Witze. Nein, wir glauben wirklich daran, dass ihr international jede Menge Alben verkaufen könnt. Das hier ist eine gute Platte«, sagte er und hielt die CD hoch, von der ich mir sicher war, dass er sie nie gehört hatte und dies auch nie tun würde, »obwohl ich euch jetzt noch kein Veröffentlichungsdatum versprechen kann, einfach nur deshalb, weil wir ein paar alte BMG-Acts auf der Liste haben, für die es schon einen Zeitplan gibt und mit denen wir sofort loslegen können. Aber das sollte kein großes Problem sein, denn ich habe euch langfristig eingeplant. Was ihr jetzt tun müsst, ist, mit einem richtigen Produzenten ins Studio zu gehen, und eure Songs zurechtzustutzen, okay?«

Schon wieder? »Aber ...«, setzte ich an.

»Meiner Ansicht nach ist es am wichtigsten«, fuhr er fort, ohne meinen Einwand zu beachten, »dass wir herausstellen, worum es bei Silibil N' Brains *wirklich* geht, versteht ihr? Wer wird euer Stammpublikum sein, auf wen sollten wir abzielen? Ihr habt dieses Unternehmen schon eine Menge Geld gekostet, also müssen wir uns jetzt konzentrieren, konzentrieren, konzentrieren, euch zu einer marktfähigen Ware machen und dann sollten wir bereit sein.« Er klatschte in die Hände. »So, gut. Vielen Dank, dass ihr gekommen seid.«

Bill stand schnell auf, als wolle er salutieren. Er beugte sich über den Tisch und einen Augenblick lang dachte ich, dass er dem Typen eine langen würde. Aber nein. Er hielt ihm die Hand hin und verströmte dabei aus jeder Pore Unaufrichtigkeit. »Es war uns eine große Freude, Sir. Ich freue mich darauf, mit Ihnen arbeiten zu dürfen.« Und dann *salutierte* er.

Im Aufzug hatte Bill einen neuen Plan.

»Ich schlage vor, wir suchen uns die nächste Eisenwarenhandlung, kaufen uns eine Axt, gehen dann zurück und hacken das Arschloch in kleine Stücke. Wer macht mit?«

Del lachte, aber es war ein beklommenes Lachen. Als wir auf der Straße standen, umarmte er uns innig, rief dann ein Taxi und verschwand schnell, auffallend schnell. Er bot uns nicht an, uns mitzunehmen. Wir beobachteten, wie sich das Taxi entfernte und uns allein und schutzlos zurückließ. Bestürzt sah ich, wie niedergeschlagen, all seiner Illusionen beraubt, Bill dreinschaute. Einen Augenblick lang dachte ich, er würde anfangen zu weinen, doch dann fing er sich wieder. »Ne große Hilfe warst du da oben«, griff er mich an. »Ich dachte, du wärst das Hirn in unserem Laden?«

Ich wollte ihm eine verpassen, aber irgendwie brachte ich nicht die Kraft dazu auf. Obwohl es uns zu dem Zeitpunkt noch nicht wirklich bewusst war, taten sich Abgründe zwischen uns auf. Unkontrollierbare Kräfte trieben uns immer weiter voneinander weg. Schon bald sollten wir uns völlig aus den Augen verlieren.

Bill verließ das Haus nicht mehr und ging auch nicht mehr ans Handy. Er muss damals Wochen in seinem Zimmer verbracht haben, bis sein Bett eine einzigartige Verkommenheit erreicht hatte, für die Saatchi Millionen geboten hätte. Er weigerte sich, mit mir zu sprechen und schrie mich an, wenn ich nur die Tür aufmachte, um nachzusehen, ob es ihm gutging, oder ob er etwas brauchte, etwas zu essen, zu trinken, ein bisschen Gesellschaft. Falls er in dieser Zeit etwas aß, bekam ich es jedenfalls nicht mit. Während er in seinem Zimmer verkam, tat ich das in meinem. Wir waren nur wenige Meter voneinander getrennt, aber es war, als lebten wir in verschiedenen Galaxien. Meine Angstzustände nahmen ganz neue Formen an, was mich mehr als genug beschäftigte. Auch die furchtbaren Alpträume kehrten zurück. Und selbst längst überstanden geglaubte Verletzungen spürte ich auf einmal wieder. Meine Beine taten weh, der Knöchel und das Kreuz. Ich hatte ständig Kopfschmerzen. Mein Magen brannte wie Feuer, meine Augen auch. Der Arzt verschrieb mir immer mehr Medikamente, bis ich schließlich Pillen gegen mein Magengeschwür, meine alten Fußball- und Snookerverletzungen und gegen alle möglichen Panikattacken schluckte. Ich nahm Tabletten gegen Herzrasen und Antidepressiva, wenn ich mich deprimiert oder allein fühlte. Und ich fühlte mich ständig deprimiert und allein. Ich nahm Schlaftabletten, die ich mit Hustensaft runterspülte. Der fing an, mir richtig gut zu schmecken. Die Medikamente beruhigten mich, aber sie verhalfen mir trotzdem nie zu jener Ruhe und Bewusstlosigkeit, nach der ich mich so sehr sehnte. Stattdessen verbrachte ich fast jede Nacht damit, zusammengekauert über meinem Laptop an jedem Song auf dem Album so lange herumzuwerkeln, bis ich die Songs nicht mehr voneinander unterscheiden konnte und begann, alles zu hassen, was ich da hörte und jemals geschrieben hatte. Shalit rief ab und zu an, nur um von seinen Fortschritten bei Sony zu berichten (wobei es klang, als würde er nicht wirklich welche machen, da David Marcus immer noch auf der Suche nach dem richtigen Produzenten war), aber auch seine Anrufe wurden seltener und hörten bald ganz auf. »Lass dich davon nicht so sehr runterziehen«, war das Letzte, was er zu mir sagte. »So was passiert ständig bei Plattenfirmen. Wir werden euch schon wieder in die Spur bringen. Vertrau mir.« Aber konnte ich überhaupt noch irgendwem vertrauen?

Eines Samstagmorgens wagte ich es doch, an Bills Tür zu klopfen. Ich hatte seit mehreren Tagen nichts von ihm gesehen oder gehört. Natürlich wusste ich, dass er niemals so dumm sein würde, sich umzubringen. Dafür hing er zu sehr am Leben. Aber ich wollte mich trotzdem vergewissern, dass er noch lebte. Ich öffnete die Tür und wurde von Dunkelheit empfangen, es roch übel, man konnte die Luft förmlich schneiden. Ich machte mich darauf gefasst, dass er mich jede Sekunde anbrüllen würde, ich solle verdammt nochmal verschwinden, aber es blieb still. Ich machte das Licht an. Mir bot sich ein Anblick wie nach einem Bombeneinschlag. Überall lagen dreckige Klamotten herum, auf der Bettdecke schimmelte ein feuchtes Handtuch, halbleere Pizzakartons und eine atemberaubende Ansammlung von Bierdosen türmten sich auf dem Boden. Es stank nach Zigarettenrauch, ungewaschenen Achseln, Fürzen und Fußschweiß. Vorsichtig durchquerte ich dieses Chaos, näherte mich dem

Bett und schlug die Decke zurück. Es war übersät von Flecken und das Bettlaken war in der Mitte zerrissen. Nur von Bill war nichts zu sehen. Ich suchte ihn im Badezimmer, in der Küche und im Wohnzimmer. Ich rief ihn auf dem Handy an und hinterließ eine Nachricht auf der Mailbox. Dann ging ich wieder nach oben, holte mir eine noch halbwegs frische Pizza und ging zurück in mein Zimmer. Ich setzte mich auf mein Bett, stand sofort wieder auf, ging hinüber zum Fenster, das den Blick auf den Garten freigab, eine Wüste aus wucherndem Unkraut, übersät mit Wodkaflaschen und Zigarettenkippen. Die Pizza schmeckte scheußlich und ich schlang sie widerwillig hinunter. Dann arbeitete ich weiter am Laptop. Was hätte ich sonst auch tun sollen? Schließlich schlief ich ein und wachte erst Stunden später wieder auf.

Ich hörte, wie unten die Tür zugeschlagen wurde. *Bill.* Ich schüttelte mich wach und tapste nach unten, wo ich ihn in der Küche fand. Er kochte Tee. Anscheinend hatte er frische Klamotten an, neue Jeans, ein sauberes T-Shirt und leuchtend weiße Turnschuhe. Er sah fit aus und gesund, hatte sich sogar rasiert und auch die Haare schneiden lassen. Und er lächelte.

»Alter! Schön, dich zu sehen. Du siehst aber ganz schön beschissen aus!«

Er nahm mich in den Arm, während ich versuchte, herauszufinden, was hier nicht stimmte. Irgendetwas an ihm war anders. Ich kam nur nicht darauf, *was.*

»Ich mache Tee. Willst du auch einen?«, fragte er.

Und plötzlich dämmerte es mir. Er sprach mit schottischem Akzent. Daran war ich nicht mehr gewöhnt. Es klang irgendwie falsch.

Er füllte zwei Tassen mit heißem Wasser und gab Teebeutel hinein. Ich folgte ihm ins Wohnzimmer, wo er mich zum

Sitzen aufforderte. Er hätte gute Neuigkeiten. Ich erstarrte vor Angst.

»Wo hast du denn gesteckt?«

»Zu Hause. Du hättest auch kommen sollen. Ich hatte eine wirklich gute Zeit. Es ist viel netter da oben als hier in London.« Er grinste verklärt. »Mary ist schwanger.«

Es dauerte etwas, bis das bei mir ankam.

»*Was?*«

Er lachte. »Genau! Und wir werden heiraten.«

Ich hatte eine Menge Fragen dazu, war aber zunächst sprachlos. Was? Warum? Aber ... Mary war Bills Jugendliebe. Mal waren sie zusammen, mal wieder nicht und sie hatte unendlich viel Geduld mit ihm. Klugerweise war sie ihm nicht nach London gefolgt, wo er seine lächerlichen Träume zu leben versuchte, und war stattdessen in Dundee geblieben, um ein Lehramtsstudium zu beginnen. Mary war ein in jeder Hinsicht großartiges Mädchen. Ich hatte angenommen, sie wären nicht mehr zusammen. Offenbar hatte ich mich getäuscht. Bill erklärte mir, dass sie sich in letzter Zeit häufiger gesehen hätten. Das war mir neu, aber wir hatten ja schon seit Längerem nebeneinanderher gelebt.

»Du kommst doch zur Hochzeit, ja?«

»Aber was – ich meine... *wann?*«

»Bald! Je früher, desto besser!«

Ich erinnerte ihn daran, dass wir vor Jahresende noch für mindestens einen Auftritt gebucht waren. Darauf mussten wir uns ausführlich vorbereiten. Unsere gesamte Zukunft hing davon ab. Aber Bill hörte mir gar nicht zu. Er lief im Raum auf und ab und schien Selbstgespräche zu führen.

»Das wird schon klappen. Ich werde heiraten! Ich bin völlig aus dem Häuschen, Alter. Ich, verheiratet! Total abgefahren, oder?«

Ich fragte mich, ob ich die letzten Wochen nur geträumt hatte von einem depressiven Bill, der nicht aus dem Bett kam, ständig jammerte und, soweit ich wusste, am Rande des Selbstmords stand. Ich erkannte ihn nicht wieder, er war mir wieder einmal völlig fremd geworden.

»Bill, Bill. Was zum Teufel tust du da? Im Ernst, was, verfickte Scheiße, tust du da?«

Er sah mich ernsthaft überrascht an.

»Wie meinst du das, Kumpel? Komm schon, mach mir nicht alles kaputt. Lass uns ausgehen und feiern.«

»Ich meine, was ist mit uns, Bill, mit Silibil N' Brains? Du kannst doch nicht einfach losziehen und, verdammte Scheiße, einfach heiraten. Herrgott nochmal! Wie kommst du denn eigentlich darauf? Du hast Mary seit Monaten nicht einmal erwähnt, seit *einem verdammten Jahr.*«

»Gav, Alter. Es lässt sich nicht mehr ändern. Ich werde *Vater.*«

»Vater? Du bist doch selbst nur ein Tier. Sieh dich doch an, Mann, du bist völlig daneben. Du kannst dich ja kaum um dich selbst kümmern. Scheiße, wie willst du denn ein Kind großziehen?«

Er drehte sich zu mir um, wurde allmählich ebenfalls wütend. »Ich, fertig? Wie viele Pillen hast du denn heute eingeschmissen, du bescheuerter Heuchler?«

Ich wies ihn darauf hin, dass ich die Tabletten verordnet bekommen hatte.

»Hör doch auf, dich selbst zu belügen, Gav. Jeder weiß doch, dass du dabei bist, auseinanderzubrechen.«

Ich warf ihm die Tasse Tee an den Kopf und stürzte mich auf ihn. Ich schlug ihm mit den Fäusten ins Gesicht, bevor er Zeit hatte, es zu schützen. Dann zerschlug er seine Teetasse auf meinem Schädel. Während ich noch nach Blut tastete, stand er auf und trat mir ins Gesicht, schrie etwas von meinem Schädelbruch, und dass er meine Nähte wieder aufplatzen lassen würde, ebenso wie meinen Kopf. Aber dann überlegte er es sich anders und rannte in den Flur und zur Haustür hinaus. Ich lief ihm hinterher. Draußen kämpften wir weiter, auf dem Bürgersteig, auf den schmalen Grasflecken, die mit Hundescheiße übersät und noch nass und schlammig vom Regen der letzten Nacht waren. Wir rollten über den Boden, prallten gegen parkende Wagen und schlugen aufeinander ein, bis uns die Kräfte verließen. Meine Nase blutete. Bills Augen waren gerötet und fingen schon an, zuzuschwellen, sich lila und grau zu verfärben. Ich schaute ihn an und lächelte, bereit, alles mit einem Lachen zu beenden, denn das mussten wir tun, es war unbedingt nötig. Bill aber sah mich nur, wie mir schien, unendlich enttäuscht an. Ich werde das nie vergessen. Dann riss er mich zu Boden und ich brauchte einige Minuten, bis ich mich aus seinem Griff befreien konnte. Aber noch bevor ich wieder auf den Füßen war, traf mich etwas am Hinterkopf. Ich fiel mit dem Gesicht nach unten in den Schlamm und dann lag er auf mir, drückte mich mit dem ganzen Gewicht seines Körpers zu Boden. Ich bekam keine Luft. Er schrie die ganze Zeit, bis ich ihn auf einmal schluchzen hörte. Und dann war er weg, verschwunden. Ich drehte mich auf den Rücken, schnappte nach Luft und spuckte den Schlamm aus.

Da lag ich nun auf dem Rücken, blickte zum Himmel empor und spürte, wie das Leben langsam in meine Arme und Beine zurückkehrte. Wut, stärker als jede Empfindung, die ich jemals zuvor gehabt hatte, vermischte sich mit Trauer und dem Gefühl des Verrats und brach wie eine Woge über mir zusammen. Ich hatte wirklich Angst gehabt, hatte geglaubt, er würde mich umbringen – Bill, mein bester Freund, der einzige Feind, der mir je etwas bedeutet hatte.

Ich rappelte mich auf und rannte los, lief so schnell ich konnte zurück ins Haus, stürmte durch die offene Tür und jagte in großen Sätzen die Treppe hinauf, bis ich Bills Zimmer erreichte. Ich trat die Tür ein und warf mich auf ihn. Der Dreck spritzte überallhin, auf die weißen Wände, den Fernseher und aufs Bett. In diesem Moment war ich weder Gavin noch Brains, ich war ein Killer. Ich hing auf Bills Rücken, hatte meinen Arm um seinen Hals geschlungen und drückte zu. Er versuchte, mich abzustreifen, warf sich mit mir auf dem Rücken gegen den Schrank, den Spiegel, sodass wir uns beide verletzten, aber ich ließ ihn nicht los. Er fiel zu Boden, schlug nach meinem Gesicht, nach meinem Arm. Ich fühlte, wie er mit jedem Schlag schwächer wurde, er war fast hinüber. In einer Spiegelscherbe sah ich sein verzerrtes Gesicht, die blutunterlaufenen Augen. In diesem Augenblick wollte ich nur eins, ihn töten. Und wenn Gordon auch nur fünf Minuten später von der Arbeit nach Hause gekommen wäre, hätte ich das vielleicht auch getan. Gordon brüllte uns an, aber Bill und ich hörten ihn nicht. Es gelang ihm, uns zu trennen, und während Bill noch nach Luft schnappte, konnte ich nicht aufhören, daran zu denken, dass wir uns vielleicht sogar gegenseitig umgebracht hätten. Es war vorbei.

Am nächsten Morgen geriet ich in Panik und fühlte mich schrecklich. Ich wollte mich entschuldigen, als Erster Größe zeigen und es wiedergutmachen. Ich duschte mich und schrubbte das getrocknete Blut vom Gesicht. Es tat ziemlich weh. Als ich an Bills Schlafzimmer vorbeikam, konnte ich ihn schnarchen hören. Unten angekommen, schrieb ich ihm eine Nachricht und hängte sie an den Kühlschrank: *Bin einkaufen fürs Frühstück. Es tut mir leid, können wir beim*

Essen sprechen? Der Sommermorgen war frisch und strahlend. Ich ging langsam, nahm mir Zeit, war voller Schuldgefühle und Reue und dachte zum ersten Mal ernsthaft daran, dass wir scheitern könnten. Nachdem ich noch einmal Revue passieren ließ, was wir alles durchgemacht hatten und wie weit wir gekommen waren, wurde mir mit einem Mal bewusst, wie dumm es wäre, nun an der letzten Hürde vor dem Ziel zu straucheln. Ich redete mir ein, dass ich das wieder kitten könnte. Ich würde es nicht zulassen, dass wir alles einfach wegwarfen. Dabei verspürte ich eine ganz neue Entschlossenheit, uns wieder zurück in die Spur zu bringen. Wir hatten diesen Kampf gebraucht, um uns bewusst zu machen, worum es hier letzten Endes ging. Bill und ich hatten schon ganz andere Hindernisse überwunden als eine Heirat und Vaterschaft. Mary könnte ins Eagle's Nest einziehen; wir wären eine große, glückliche Familie. Später würde ich Shalit anrufen und mit ihm Witze darüber reißen, dass Mary das neue Bandmitglied war und der Braten in ihrer Röhre ein zukünftiger Backgroundsänger. Wir würden das schon regeln. Alles würde gut werden.

Im Supermarkt kaufte ich Würstchen und Speck, Blutwurst und große Tomaten zum Grillen. Ich kaufte Orangensaft und Sprudel, einen Sixpack Lager und eine große Tafel Schokolade für uns beide. Auf dem Rückweg summte ich die Kenny Loggins-Version von »Footloose« vor mich hin, die nicht ohne Grund ein absoluter Klassiker der Popmusik ist.

Im Haus deutete nichts darauf hin, dass Bill aufgestanden war, meine Nachricht hing unberührt am Kühlschrank. Also begann ich, für uns zu kochen. Ich warf den Grill an und stellte die Bratpfanne aufs Feuer. Dann füllte ich den Kessel mit Wasser und deckte den Tisch. Ich empfand es als etwas ganz Besonderes, so, als würden meine Alten zum

Weihnachtsfrühstück vorbeikommen. Dann schaltete ich das Radio ein. Es lief irgendein Scheiß. Natasha Bedingfield, ausgerechnet. Schon bald erfüllte der Duft von gebratenem Speck die Luft und mein Magen meldete einen Riesenhunger. Der Teekessel fing an zu pfeifen. Ich steckte den Kopf aus der Küchentür und rief nach Bill.

»Bill! Bill? Schwing deinen Arsch hier runter! Frühstück ist gleich fertig.«

Nach fünf Minuten machte ich alle Geräte aus und hüpfte die Treppe hinauf, wobei ich wegen der Schmerzen in Beinen, Brust und Armen zusammenzuckte. Ich klopfte laut an Bills Tür und ging dann rein. Das Bett war auch diesmal leer, der Schrank stand offen, die Schranktür hing nur noch an einem Scharnier. Bills Klamotten waren komplett verschwunden. Ich sah mich nach seinem Koffer um, aber auch der war weg. Auch seine Jacke hing nicht mehr am Haken. Und sein Laptop lag nicht auf dem Sofakissen, wo ich ihn gesehen hatte, bevor ich einkaufen gegangen war.

Ich suchte ihn auch draußen überall, lief eilig die Straße entlang und um die nächste Ecke. Es war früh am Sonntagmorgen und die Straße war so ziemlich menschenleer. Keine Autos, keine Fahrräder, keine kleinen alten Damen, die mit ihrem Hund spazieren gingen. In einem der Vorgärten saß ein kleines Kind, das eine Katze streichelte. Sie machte sich los und lief mir eine Weile nach, tanzte um meine Knöchel herum, während ich rannte. Im Laufen holte ich mein Handy heraus und rief Bill an, erreichte aber nur die Mailbox. Ich rannte wieder zurück, auf einmal voller Panik. Vielleicht war ihm ja etwas Schlimmes zugestoßen. Er war weder an der Bushaltestelle noch an der U-Bahnstation, und auch nicht am Taxistand. Ich wusste nicht, wo ich ihn noch hätte suchen sollen, und so ging ich widerstrebend nach Hause.

Bill war weg. Ich nahm an, er sei auf dem Weg nach Schottland, um zu heiraten und sich ein Leben mit seiner neuen Familie aufzubauen. Unser Frühstück war noch in der Pfanne. Ich kippte alles auf einen Teller, saß in der ohrenbetäubenden Stille am Küchentisch und stopfte alles in mich hinein, während mich die Wände gleichgültig anstarrten. Eagle's Nest, sonst so angefüllt mit Menschen und Ereignissen, war noch nie so leer gewesen, mein Zuhause war nicht wiederzuerkennen.

Ich aß alles auf und blickte dann auf die Uhr. Kurz vor elf an einem Sonntagvormittag Ende Juni 2005. Ich saß da und versuchte mir vorzustellen, wie es nun weitergehen sollte. Bill, nahm ich an, war wutentbrannt davongestürmt. Aber sicher würde er in ein paar Tagen wiederkommen, vielleicht in einer Woche, spätestens aber nach zwei. Ich würde ihn anrufen, um mich bei ihm zu entschuldigen. Sicher würde er sonst nicht im Traum daran denken, zurück zu mir und ins Studio zu kommen, geschweige denn daran, mit mir zusammen Musik zu machen. Doch es machte mir nichts aus, mich bis zum Jüngsten Tag bei ihm zu entschuldigen, wenn wir nur wieder zurück in die Spur kommen würden.

Ich ahnte an jenem trostlosen Sonntagmorgen, an dem mir nur die verbrannten Speckstücke Gesellschaft leisteten, jedoch nicht im Geringsten, wie sehr ich mich täuschte. Ich sollte Billy Boyd nie wiedersehen.

Zehn

Der absolute Glaube an meine große Bestimmung hatte mich überhaupt erst so weit gebracht, und genau dieses unerschütterliche Selbstvertrauen würde mich auch wieder aus diesem Tal der Verzweiflung herausführen. Jedenfalls sagte ich mir das immer wieder vor. Ich war immer noch zutiefst davon überzeugt, dass Silibil N' Brains zu einem der größten Rap-Acts der Welt werden würde. Es war nur eine Frage der Zeit.

Ein ganzer Monat war vergangen, ohne dass ich etwas von Bill gehört hatte, außer Gerüchten, wonach er in Dundee mit Mary gesehen wurde und – so unglaublich es sich auch anhören mochte – *glücklich* dabei aussah. Ich beschloss, das Beste aus der Situation zu machen: Dann war ich eben alleine auch gut dran. Bill war mir sowieso immer nur zur Last gefallen; jetzt war ich frei. Es waren ja zum größten Teil *meine* Songs, das Ergebnis *meiner* Plackerei und *meiner* Kreativität. Ich konnte sie genauso gut performen wie er. Und wenn ich keinen Ersatz für ihn fand, dann würde ich die Songs eben allein performen, könnte meine Vision endlich unverfälscht und ungetrübt umsetzen. Aber klar doch. Wieso hatte ich das nicht schon längst erkannt? Ohne diesen Klotz am Bein war jetzt alles möglich.

Mein Selbstbewusstsein erhielt jedoch an jenem Morgen einen weiteren bösen Dämpfer. Ich beschloss, Shalit und Del zu gestehen, dass Bill sich abgesetzt hatte. Den Monat davor hatten mich beide oft angerufen. Aber nicht, um mir irgendwelche Neuigkeiten mitzuteilen, sondern um zu überprüfen, ob alles in Ordnung wäre, da die anhaltende Funkstille, wie Shalit es formulierte, *unüblich* war. Ich hatte es aufgeschoben, mit ihnen zu sprechen und ihre Anrufe auf die Mailbox umgeleitet, ab und zu aber eine kurze Nachricht per SMS geschickt: ALLES OK. MELDE MICH BALD. Aber sie hatten es verdient, die Wahrheit zu erfahren, zumindest einen Teil davon. Schließlich hatten sie es widerstrebend hingenommen, dass Silibil N' Brains sich von einem Duo zu einer fünfköpfigen Band und wieder zurück zum Duo entwickelt hatte, da würden sie schon auch damit zurechtkommen, dass es jetzt ein Soloprojekt geworden war. Ja, das würden sie sicher akzeptieren.

Ich beschloss, unangemeldet hinzugehen, denn ich fühlte mich nicht in der Lage, vorher anzurufen. Eines Montagmorgens, nachdem ich die ganze Nacht nicht geschlafen hatte, machte ich mich also auf den Weg. Die Hälfte der Strecke in die Stadt legte ich zu Fuß zurück, in der Hoffnung, dass mir die frische Luft guttun würde. Aber mein Kreislauf spielte verrückt, und so rief ich ein Taxi, obwohl ich mir eigentlich keins leisten konnte. Als ich am Ziel ankam, war noch keiner im Büro, also setzte ich mich auf den Bürgersteig und wartete. Ich legte den Kopf auf die Knie. Die Hitze der Morgensonne auf meinem Rücken wärmte mich und ich wurde schläfrig.

Ich weiß nicht mehr, wie viel Zeit verging, bis Shalit in einem Taxi vorfuhr. Er gab eine prachtvolle Erscheinung ab, war in schwarze und weiße Seide gekleidet, trug himmelblaue Socken und maßgeschneiderte Jermyn Street-Stiefel. Er brüllte in sein Handy, während er dem Taxifahrer einen Zwanziger in die ausgestreckte Hand drückte. Dann wandte er sich um und marschierte energisch direkt an mir vorbei, ungeduldig mit den Schlüsseln klimpernd. Ich musste seinen Namen rufen, damit er mich überhaupt bemerkte.

»Gavin, großer Gott! Du hast mich aber erschreckt!« Er klappte sein Handy zu, ohne sich von der Person am anderen Ende verabschiedet zu haben. »Ich dachte, du wärst ein Obdachloser, du weißt schon.« Er sah mich besorgt an. »Du siehst grauenhaft aus. Komm rein.«

Wir betraten das Gebäude und er schaltete alle Lichter ein. Seine Sekretärin war noch nicht eingetroffen, also setzte er selbst Wasser auf und warf hastig ein paar Löffel Kaffee und Zucker in zwei Becher. Ich beobachtete ihn bei seinem angeregten Hantieren. Er füllte die Becher und führte mich dann in sein Büro. Schweigend betrachtete er mich eine ganze Weile, als hätte er es nicht eilig, meine – vermutlich schlechten – Neuigkeiten zu hören. Da ich jedoch keine Lust hatte, Smalltalk zu machen oder lang um den heißen Brei herumzureden, rückte ich mit der Wahrheit heraus. Ich hörte mich selbst reden, registrierte, wie tonlos und flach meine Stimme klang. Silibil war Geschichte, jetzt gab es nur noch Brains.

Ich hatte Shalit in den letzten zwei Jahren, seit wir bei ihm unterschrieben hatten, schon oft ausflippen sehen. Überhaupt schien er zu Wutausbrüchen zu neigen, irgendwie passten sie auch gut zu ihm. Jetzt aber übertraf er sich selbst. Nachdem er mich wortlos und mit regungslosem Gesichtsausdruck angehört hatte, explodierte er. Es begann bei seinen Nasenflügeln, die sich aufblähten wie die Nüstern eines Stiers. Dann ballte er die Fäuste und raufte sich die Haare. Ich verstand ihn nur zu gut. Das viele Geld, das er in uns investiert hatte, war jetzt schließlich für immer verloren. Vergeudet. Ich ließ seinen Wutanfall über mich ergehen. Er brüllte, schimpfte und hüpfte in seinem Sessel auf und ab. Angesichts seiner Wut fiel ich in mich zusammen, fühlte mich klein wie eine Mücke. Als sein Ausbruch vorbei war, versuchte ich, ihm zu erklären, dass ich vorhatte, alleine weiterzumachen und auch den anstehenden Auftritt absolvieren würde. Er jedoch schien das Interesse bereits verloren zu haben. Ich erinnerte ihn an »Footloose«, »Spaz Out« und mehrere andere Ideen, die ich zu Hause am Laptop bereits bearbeiten würde (das war eine Lüge). Er schaute mich an, als wäre ich ein Kleinkind, das von nichts eine Ahnung hätte. Dann, ganz leise, erklärte er mir händeringend das Problem.

»Aber was soll ich denn jetzt verkaufen, Gav? Kapierst du das denn nicht? Silibil N' Brains ist die Band, nicht Brains McLoud.«

Del kam herein, einen Pappbecher Kaffee in der Hand. Er bemerkte mich und grinste.

»Gav, Alter! Was geht?« Sofort danach erspähte er den leeren Platz neben mir. Sein Blick wanderte zwischen Shalit und mir hin und her. »Wo ist Bill?«

Shalit hatte für uns mehr getan, als er musste, das wusste ich wirklich. Er hatte sich eine Menge Dinge von uns gefallen lassen, vor denen die meisten Manager einfach kapituliert hätten und gegangen wären. Er hatte endlos Geduld mit uns gehabt und wirklich an uns geglaubt. Und das bewies er nun einmal mehr, selbst jetzt noch. Wir waren seit Monaten für einen Gig gebucht, von dem Del glaubte, dass er Silibil N' Brains wieder ins Bewusstsein der Öffentlichkeit bringen würde. Es war ein Extremsportfestival vor den Toren der Stadt, das N.A.S.S. Neben einer ganzen Reihe neuer, vielversprechender Bands war auch *der* Hip-Hop-Act der ersten Stunde mit von der Partie, die Sugarhill Gang. Ich bettelte Shalit an, den Auftritt nicht abzusagen und sagte ihm, dass ich das brauchen würde, um nicht völlig durchzudrehen, aber auch, um ihm und allen anderen zu beweisen, dass Brains das auch alleine durchziehen konnte. Und er blies es tatsächlich nicht ab, wofür ich ihm ewig dankbar sein werde. Irgendwie gelang es ihm, die Tatsache, dass ich nun alleine auftrat, gegenüber dem Promoter als Pluspunkt und nicht negativ darzustellen. Und der Promoter erteilte seine Erlaubnis.

Also hatte ich doch noch einen Job, und das war das Wichtigste. Es gab mir Kraft. Ich warf ein paar Pillen ein, die kleinen roten. Sie halfen mir, meine Situation positiv einzuschätzen: eine Chance, ein Segen. Dies könnte ein Neuanfang für mich als Solokünstler sein. Möglicherweise würde damit zugleich eine wirklich bedeutende neue Kraft im Musikgeschäft entstehen, ein postmoderner Rap- und Punk-Act mit einer Schlagfertigkeit und künstlerischen Fähigkeit, wie man sie in den Charts sonst nicht mehr fand. Del war es gelungen, mir ein paar Sessionmusiker zu besorgen, die mich, neben Gordon am Bass, unterstützen sollten. Diese Typen wussten genau, was zu tun war, und hatten kein Problem damit, mich als Bandleader anzuerkennen. Die zwei Wochen probten wir ohne Probleme. Für mich ging es jetzt wirklich ums Ganze.

Das Festival war ein unbestreitbarer Erfolg. Der Hauptact, mittlerweile deutlich senil, legte einen einigermaßen passablen Auftritt hin. Und diese Leute waren so sympathisch, dass man sie einfach lieben musste. Und ich? Die Show, die ich hier zusammen mit Gordon und einem Haufen anderer, mir bis vor Kurzem noch unbekannter Typen hinlegte, das waren für mich die wichtigsten vierzig Minuten meines Lebens. Zumindest mir selbst konnte ich damit beweisen, dass ich es auch alleine schaffte. Ich weiß nicht mehr genau, was damals in mir vorging. Ich war wie besessen, die Aufputsch- und Beruhigungsmittel, die ich eingenommen hatte, vermischten sich mit dem Alkohol und ließen mich so übermütig werden, wie ich es zuletzt wohl als Teenager gewesen war. Ich machte mich über das Publikum lustig, das vor Lachen schrie und begeistert applaudierte. Ich übernahm sowohl Bills als auch meinen Text, kam dabei kaum zum Luftholen, und doch vergaß ich kein einziges Wort. Es geschah alles so mühelos, so natürlich, wie ein unendlicher Kick. Das zustimmende Brüllen der Menge schlug über mir zusammen wie eine riesige Welle, die nicht abebben wollte. Ich saugte es auf, genoss jeden einzelnen Augenblick. Und ich vermisste Bill nicht eine Sekunde lang. Als ich von der Bühne stürmte, direkt in die Arme meiner neuen Kameraden, war ich so high wie nie zuvor. Alle kamen sie zu mir, um zu gratulieren. Del, der Gute, weinte fast vor Glück. »Das hier«, sagte ich ihm, »*das* ist meine Zukunft.«

An den Rest der Nacht erinnere ich mich nur noch verschwommen. Ich warf noch mehr Pillen ein, um mein Herz zu beruhigen, und der Whiskey wärmte mein Blut. Als es allmählich Tag wurde, ging ich schließlich ins Bett. Völlig abgeschirmt von der Außenwelt lag ich in meinem Hotelzimmer und erlebte die Nacht in Gedanken noch einmal. Ich hatte mein Publikum nicht enttäuscht. Jetzt endlich war es ausschließlich *mein* Publikum, und es liebte mich. Ein neuer Anfang.

Am Morgen danach musste ich jedoch schockiert feststellen, dass meine neuen Bandmitglieder bereits zu ihrem nächsten Gig weitergezogen waren. Sessionmusiker eben, die den Auftritt wie immer als einmalige Sache betrachtet hatten. Für mich jedoch war klar gewesen, dass sie blieben, so gut hatte es mit uns gepasst – dachte ich.

Eagle's Nest verhöhnte mich mit seiner Stille. Ich brach auf dem Sofa zusammen und schaltete den Fernseher ein. Es kam eine dieser Talkshows, die den ganzen Tag über liefen. *Hilfe! Ich habe mit dem Cousin meines Mannes geschlafen.* Normalerweise hasse ich solche Shows, aber diese kam mir gerade recht. Ich konnte mich auf Anhieb in die Geschichte hineinversetzen und geriet dabei so in Rage, dass ich meine Schuhe nach der Schlampe auf dem Bildschirm warf. Wie, fragte ich mich, *wie* konnte sie dem armen, völlig fertigen Typen so etwas antun? Wie nur? Mittlerweile lag ich unmittelbar vor dem Gerät auf den Knien und brüllte die Frau, diese Hure, an.

Plötzlich sah ich mich von außen: ein jämmerlicher Idiot, der vor dem Blödesten, was es im Fernsehen zu sehen gab, auf die Knie ging. Schaut doch nur die erbärmliche Aufregung in meinem Gesicht an, die hervortretenden Augen, den herunterhängenden Kiefer. Ich verging in Selbstmitleid. Tiefer konnte man nicht sinken. Mir kamen die Tränen, es war mir peinlich. Ich vergrub meinen Kopf in den Kissen – und heulte los.

Die Wochen vergingen, Stunden und Tage zerrannen. Einmal verbrachte ich einen ganzen Morgen damit, auf dem Teppich im Wohnzimmer zu liegen, das Muster zu betrachten und die winzigen Fasern auseinanderzupulen. Hin und wieder holte ich mir ohne rechte Begeisterung einen runter und warf die zusammengeknüllten Taschentücher hinter das Sofa. Nachmittage vergingen, an denen ich nichts anderes tat, als an meinen Fingernägeln zu kauen, bis es blutete. Ich konnte Stunden damit verbringen, auf der Treppe zu sitzen und ins Leere zu starren. Oder ich vertrieb mir in den Nächten die Zeit damit, die Kühlschranktür auf- und zuzumachen, nur weil ich sehen wollte, wie das Kühlschranklicht anging. Es gelang mir nie, dafür wurde die Milch schlecht. Ich traf niemanden, sprach mit niemandem und ging nur nach draußen, um mir etwas zu essen zu besorgen oder mir beim Arzt ein neues Rezept zu holen. Um es zu bekommen, musste ich aber mit meiner Ärztin sprechen, bevor sich diese Schlampe dazu herabließ, ihre unleserliche Unterschrift unter das Rezept zu setzen. Ich akzeptierte diese Prozedur nur sehr widerwillig.

»Sagen Sie mir, wie Sie sich fühlen.«

»Beschissen.«

»Könnten Sie vielleicht etwas genauer sein?«

»Wo soll ich anfangen? Ich fühle mich mitgenommen, deprimiert, unglaublich müde. Ich will niemanden sehen. Ich will Sie nicht sehen. Ich habe keine Lust zu reden. Mir tut davon die Kehle weh. Ich will nur, dass Sie mir diese beschissenen Pillen verschreiben.«

»Haben Sie schon daran gedacht, sich in psychiatrische Behandlung zu begeben?«

»Warum fragen Sie mich so etwas?«

»Weil es mir scheint, als könnte eine psychiatrische Behandlung für Sie von großem Nutzen sein.«

»Ich will nicht zu einem Psychiater überwiesen werden, okay? Ich will einfach nur, dass Sie das Stück Papier da unterschreiben und dann bin ich auch schon weg.«

»Ich spüre eine gewisse Feindseligkeit. Was meiner Erfahrung nach oft bedeutet, dass ... »

»Geben Sie mir einfach die verdammten Pillen. *Bitte.* Es wird schon alles gut. Ich brauche einfach nur diese Pillen.«

Sie griff nach der Schachtel Taschentücher, die auf ihrem Tisch stand und reichte sie mir. Ich wischte mir die nassen Wangen ab.

»Hören Sie«, erklärte ich und tat das, was ich immer tat, wenn eine Situation schwierig wurde: Ich log. »Mein Freund ist gerade erst gestorben, mein bester, ältester Freund. Man hat ihm die Kehle durchgeschnitten. Ich musste zusehen, wie er vor mir verblutet ist und das hat mich völlig fertiggemacht. Reicht das?«

Die Ärztin starrte mich entsetzt an, entschuldigte sich und unterschrieb das Rezept. Und schon war ich weg.

Eine Woche danach fühlte ich mich etwas besser und traute mich, mein inzwischen mehrfach mit Tesa geflicktes Handy einzuschalten. Ich war über einen Monat lang nicht zu erreichen gewesen. Eigentlich hatte ich mit einer Flut von verpassten Anrufen gerechnet, verzweifelten SMS von geliebten Wesen, der Familie und Freunden. Aber da war nichts. Absolut niemand hatte versucht, mich zu erreichen. Keinem war aufgefallen, dass ich untergetaucht war. Ich rief Shalit an, erreichte ihn aber nicht. Dann sprach ich mit Del und erzählte mit so viel Überzeugungskraft, wie es mir eben möglich war, dass ich zurück wäre, zurück, zurück, zurück, und dass ich auf die eine oder andere Art wieder auf Tournee gehen wollte. Ich sagte ihm, dass er Sony/BMG dazu bringen solle, zu begreifen, dass Silibil N' Brains Geschichte war und dass mein neuer Act jetzt die Gegenwart bedeutete und die Zukunft. Es war mir klar, dass ich viel zu schnell sprach und auch, dass Del seltsam klang, irgendwie vorsichtig, als würde er eine Art Sicherheitsabstand einhalten. Er sagte mir, er würde sehen, was er tun könne. Ein paar Tage später rief er mich an und teilte mir mit, dass er ein paar Buchungen für mich hätte, aber diesmal für wirklich winzige Klubs, Hinterzimmer von ein paar Vorstadtpubs. »Wie hat Sony denn darauf reagiert, dass ich wieder zurück bin?«, fragte ich ihn. Sie hatten gar nicht reagiert, gaben keinen Mucks von sich. Für sie hätte ich ebenso gut tot sein können.

Wenn man einen Plattenvertrag unterschreibt, ist das ein großes Ding. Es gibt Champagner; unweigerlich folgt danach eine Party, die Art Party, bei der man irgendwie erwartet, dass zu Ehren des Künstlers eine Blaskapelle spielt und jemand die Posaune bläst. Unterschriften und Anwälte sind erforderlich, ebenso wie ein Management-Team, das das Kleingedruckte prüft. Es werden die größten Versprechungen gemacht, die man sich vorstellen kann; all das wirkt wie ein Trommelwirbel, der den großen Moment ankündigt. Das Leben wird zu einer Art Traum. Von dem Augenblick an, in dem man unterschreibt, geschieht alles, worauf man immer hingearbeitet hat, wie von selbst: Presse und Promotion werden gestellt, eine Marketingabteilung schleift das Image zurecht; man erhält Zugang zu einem topmodernen Studio. Toningenieure und Produzenten tanzen nach deiner Pfeife. Und ständig will dir jemand einen Drink ausgeben, werden dir Drogen angeboten. Eine große Menge Geld wird für dich ausgegeben und es scheint, als wäre alles auf der Welt gratis. Die Frauen machen die Beine für dich breit. Du bist in aller Munde, wirst gefeiert und bis zum Abwinken gehypt. Als wir bei Sony unterschrieben, wurden wir auf einen Schlag zum Mittelpunkt des Universums. *Jeder* wusste von uns. Wir waren die neuen Könige.

Aber wenn man dich aus deinem Vertrag entlässt, gibt es keinen Trommelwirbel. Das Telefon verstummt einfach, verspottet und verhöhnt dich mit lautem Schweigen. Und wenn du selbst jemanden anrufst, wirst du plötzlich nicht mehr durchgestellt. Auf einmal sind sie alle in irgendwelchen Meetings, gerade nicht zu erreichen. Du kannst gerne eine Nachricht hinterlassen, aber es ruft dich nie jemand zurück.

Ich beschloss, mich wieder bei Shalit und Sony/BMG einzuschleimen, koste es, was es wolle. Ich suchte jetzt wirklich verzweifelt nach einem Rettungsanker. Zum Teufel, ich würde sogar ihre Marionette werden; sie könnten die Strippen ziehen. Alles könnten sie mit mir machen, wenn ich nur noch eine einzige Chance bekam, mich zu beweisen. Ich rief Shalit und Del an. Ich rief in der A&R-Abteilung an, sehnte mich nach Ruths sanfter Stimme. Und ich rief David Marcus an. Keiner von ihnen war erreichbar. Ich sprach ihnen auf die Mailbox, schickte SMS, E-Mails. Selbst Del, den ich für einen engen Freund gehalten hatte, meldete sich nicht. Bald war ich davon überzeugt, dass sie mir aus dem Weg gingen. Ich rief noch einmal bei Del an, unterdrückte dieses Mal aber meine Nummer. Diesmal ging er schon beim ersten Klingeln ran, aber als er meine Stimme hörte, verflog sein üblicher Enthusiasmus sofort. Er fing an zu stottern, erklärte, er wäre gerade auf dem Weg in ein Meeting und – könnte er mich vielleicht danach zurückrufen? Blöd, wie ich war, glaubte ich ihm. Er rief natürlich nicht zurück. Niemand tat das.

Also musste ich wohl davon ausgehen, dass Sony/BMG nicht mehr an Silibil N' Brains interessiert war und ich nicht länger von Shalit Global vertreten wurde. Aber offiziell teilte mir das niemand mit. Dabei wünschte ich mir sogar verzweifelt eine schriftliche Bestätigung dafür, und sei es auch nur, um den letzten verbleibenden Hoffnungsschimmer zu vernichten, der mich mitten in der Nacht traf – und das geschah in *jeder verdammten Nacht* –, aber ich sollte nie eine solche erhalten. Für all diese Leute gab es mich einfach nicht mehr. Sie wollten mich loswerden, indem sie mich ignorierten, bis ich von allein aufgab.

Da saß ich nun auf dem Sofa im Eagle's Nest und fragte mich, wie lange es dauern würde, bis der Gerichtsvollzieher vor der Tür stand. Ich hatte schon seit Längerem kein Geld mehr verdient und hatte zu lange zu viel ausgegeben, um noch welches auf dem Konto zu haben. All die Leute, mit denen ich mich in London angefreundet hatte, waren auf einmal von der Bildfläche verschwunden. Sie waren losgezogen, um sich mit einer anderen Band anzufreunden, die ganz bestimmt das nächste große Ding sein würde. Und auch Bill war für mich verloren. Ich war allein.

Eines Morgens wachte ich mit der reichlich späten Erkenntnis auf, dass ich etwas tun musste, um zu überleben und nicht völlig durchzudrehen.

Ich brauchte einen Job.

Der Mann im orangefarbenen Plastiksitz neben mir schnarchte. Ich hatte keine Ahnung, wie er auf einem derart ungemütlichen Stuhl so tief schlafen konnte, aber er schien daran gewöhnt. In einer Ecke des Raumes schimpfte eine Frau laut mit ihrem brüllenden Baby. Dann kam ein Typ im Parka herein, dessen Kapuze er trotz der Sommerhitze hochgeschlagen hatte. Er hätte sich auch woanders hinsetzen können, aber er setzte sich zielstrebig neben mich. So war ich zwischen ihm und dem Schnarcher eingeklemmt. Nach einer Weile beugte er sich zu mir rüber.

»Gras?«, flüsterte er.

Ich sah zur Überwachungskamera hoch und schüttelte abweisend den Kopf.

»Meth?« Erneut schüttelte ich den Kopf. Er beugte sich

weiter vor, bis ich seinen Gestank riechen konnte. »Komm schon, ich kauf es dir ab, egal, was es ist, okay?«

Verwirrt stand ich auf und setzte mich woanders hin. Ich war jetzt schon seit zwei Stunden da, aber hier ging absolut nichts schnell.

Ich hatte mich zuvor nie arbeitslos gemeldet, aber jetzt blieb mir gar nichts anderes übrig. Das Amt war zu Fuß eine halbe Stunde vom Eagle's Nest entfernt. Man konnte es kaum übersehen: ein kommunales altes Gebäude, das schon lange auf einen Neuanstrich wartete und vor dem sich alte Männer und junge Mütter zum Rauchen versammelten. Drinnen war es heiß und feucht, die Klimaanlage ausgefallen. Die Leute hier rochen nach Zigaretten, Alkohol und Verzweiflung. Die meisten Jobsuchenden schienen in meinem Alter zu sein, aber das war kein Grund, sich zu verbrüdern. Es war der einsamste Klub, dem ich je beigetreten war. Als ich schließlich an den Schalter kam, wo mir eine untersetzte Frau mittleren Alters mit mürrischer Miene gegenübersaß, fing ich zu meiner eigenen Überraschung an, den Schotten zu geben. Ich füllte ein Formular nach dem anderen aus und beantwortete ihre monoton heruntergeleierten Fragen. In welchem Bereich ich denn idealerweise eine Beschäftigung finden wolle. Ich erklärte ihr, dass ich Musiker wäre und vor Kurzem noch einen Plattenvertrag gehabt hätte. Das schien sie nicht im Mindesten zu beeindrucken, ihr Gesicht zeigte keinerlei Regung. Sie blätterte in ihrem uralten Zettelkasten und zog eine kleine Karte heraus.

»Dann habe ich hier vielleicht genau das Richtige für Sie«, sagte sie.

Lächerlicherweise machte ich mir sofort Hoffnungen. Keine Ahnung, warum. Was hätte mir diese Frau schon wirklich Interessantes anbieten können? Einen neuen Silibil vielleicht? Sie reichte mir die Karte, auf die eine Jobbeschreibung getippt war. Die Schrift war winzig und verschwamm vor meinen Augen. Alles, was ich sah, war der Name der Firma: Sony/BMG.

»Das ist ein Job bei einer Plattenfirma«, sagte sie lächelnd. »In der Poststelle. Soll ich ein Gespräch vereinbaren?«

Ich sah ihn ihr faltiges, früh gealtertes Gesicht und mir wurde klar, dass sie diesen Job schon seit Jahren machte, vielleicht seit Jahrzehnten, zweifelsohne immer mit dem gleichen Zettelkasten. Sie war Beschimpfungen also sicher gewöhnt. Meine Schimpftirade schien sie jedenfalls nicht zu überraschen. Sie nahm einfach die Karte wieder an sich und gab mir ein Formular, das ich ausfüllen sollte. Als ich aufhörte, herumzubrüllen, erklärte sie mir, dass ich alle zwei Wochen einhundertundzehn Pfund bekommen würde. Ich müsste aber nachweisen, aktiv nach einem Job zu suchen.

»Sie sind jung und haben noch Ihr ganzes Leben vor sich«, sagte sie. »Wir werden Sie schon irgendwo unterkriegen.«

Es war erst ein paar Monate her, dass ich mit D12 auf Tour gewesen war, mit Madonna gelacht und das Leben eines VIPs geführt hatte. Und jetzt stand ich hier im beschissenen Arbeitsamt von Palmers Green. Den ganzen Tag lang brachte ich kein Wort mehr heraus.

Byron und ich hatten immer Witze darüber gemacht, wie es wohl wäre, bei einem Escortservice zu arbeiten: Frauen zu begleiten und nett zu ihnen sein. Im Gegenzug dafür würde man auch noch reichlich bezahlt. »Einfacher kann man Geld ja wohl nicht verdienen«, dachten wir. Aber jetzt war ich selbst der Witz und brauchte unbedingt Geld, sodass die Aussicht auf leicht verdiente Kohle sehr verlockend klang. Im Internet fand ich eine ganze Reihe von Agenturen, die auf der Suche nach Frischfleisch waren. Nach mir also. Schnell hatte ich das Formular ausgefüllt und abgeschickt. Eine Woche später war ich in der Kartei einer etablierten Agentur, die ihre Zentrale in Soho hatte. Mein Profil wurde an Tausende Frauen verschickt und man sagte mir, ich solle mich zurücklehnen und abwarten. Lange musste ich nicht warten.

»Und, machst du das oft?«

Dolly stellte mir diese Frage, während der französische Kellner einen Zentimeter Wein eingoss und darauf wartete, dass ich meine Zustimmung gab, bevor er zwei Gläser einschenkte und die Flasche auf dem Tisch stehen ließ.

»Nicht wirklich, eigentlich ist es das erste Mal.«

Sie sog mein Lächeln begierig auf und griff dann nach ihrem Weinglas. »Ich könnte wetten, das sagst du allen Frauen.« Als sie ihr Glas wieder hinstellte, war es voller Lippenstift.

Genau genommen hatte Dolly ganz recht, an mir zu zweifeln. Es war nicht wirklich das erste Mal. Ich war schon bei zwei anderen Dates gewesen, aber beide Male versetzt worden, worauf ich panisch mein Onlineprofil aufrief und überlegte, ob ich wohl falsche Signale aussandte. Die Agentur klärte mich auf und meinte, dass so was sehr häufig vorkommen würde. Dolly saß vor dem Restaurant Green Park, die vereinbarte *Daily Mail* unter dem rechten Arm. Ich ging zu ihr, wir verglichen unsere Zeitungen und lachten. Dolly war Ende dreißig, schlank, gut gekleidet, nur vielleicht ein wenig zu sehr aufgedonnert und nahezu verzweifelt darauf aus, sich zu amüsieren. Dolly hatte eine gescheiterte Ehe hinter sich und auf einmal Angst, älter zu werden und fürchtete sich vor der Einsamkeit. Je mehr Wein sie trank, desto offener erzählte sie von ihrem Leben und den Enttäuschungen, die sie erlebt hatte. Nach der zweiten Flasche, wir waren schon beim Nachtisch (Schokolade, ein Teller und zwei Löffel), begann sie zu flirten und Andeutungen zu machen. In diesem Punkt äußerte sich die Agentur bewusst schwammig; wahrscheinlich waren sie aus juristischen Gründen dazu gezwungen. Der Begleiter wurde mit 50 Pfund pro Stunde bezahlt, aber er war in keiner Weise dazu verpflichtet, mit der Kundin zu schlafen. Soweit ich die Andeutungen verstand, konnte der Begleiter, wenn er und die Kundin der gleichen Meinung waren und nicht wollten, dass das Date mit dem Essen beendet war, tun und lassen, was immer er wollte.

Ich hatte keine Lust, mit Dolly zu schlafen und machte ihr das auch ungeschickt klar. Ich glaube nicht, dass ich schon einmal einen so deprimierenden Abend verbracht hatte. Ich saß da mit einer Frau, die durch mich wieder zum Leben erweckt werden wollte. Dabei konnte ich mir doch nicht mal selbst helfen. Und obwohl mir die 150 Pfund, die ich mit diesem Date verdiente, gelegen kamen, hatte ich Mitleid mit ihr – und mir selbst.

Ich schaffte noch zwei weitere Dates, während sich mittlerweile auch schon der Gerichtsvollzieher bei mir meldete. Jenny war wie Dolly, eine Frau Ende dreißig auf der Suche nach Zuneigung. Vanessa war eine ehemalige Bodybuilderin, die zwar keine Wettkämpfe mehr absolvierte (mit 35 galt sie in dieser Branche als zu alt), aber immer noch schrecklich muskulös war. Die Adern auf ihren unglaublich kräftigen Unterarmen waren dick wie Seile. Vanessa erzählte mir, dass die meisten Männer Angst hätten, sie anzusprechen. Ich verstand zwar warum, aber mir fiel nichts ein, womit ich sie hätte trösten können. Zum Abschied gaben wir uns noch nicht mal einen Kuss, sondern die Hand. Am darauffolgenden Tag löschte ich mein Profil von der Homepage der Agentur. Ich glaube nicht, dass mich irgendjemand vermisst hat.

Michelle fing an, sich Sorgen um mich zu machen. Das war natürlich nichts Neues. Sie hatte sich schon immer um mich gesorgt, vor allem, als ich erwachsen wurde. Und da sie inzwischen mein einziger Kontakt zur Außenwelt war – wir telefonierten gelegentlich –, wuchs ihre Überzeugung, dass es ein schlechtes Ende mit mir nehmen würde, sollte es mir nicht gelingen, mich aus dieser Depression zu befreien. Sie war stinksauer, dass mich alle anderen einfach im Stich gelassen hatten. Michelle überschwemmte mich mit Selbsthilferatgebern, Telefonnummern von Psychiatern, Alkohol- und Drogenberatungsstellen. Sie tauchte überraschend mit Suppe und heißem Kakao bei mir auf, gut gelaunt, einfühlsam und verständnisvoll. Aber ihre Fürsorge machte alles nur noch schlimmer. Ich hasste sie dafür und machte all ihre Bemühungen zunichte. Ich war entschlossen, den Weg der Selbstzerstörung weiterzugehen, vielleicht bis zum Ende.

Dann kam ein Freitagabend Ende August. Tagsüber war es sehr heiß gewesen und erst gegen neun Uhr begann die Sonne unterzugehen. Das Londoner West End war voller Partygänger, die sich vor den Pubs versammelten. Sie ergossen sich vom Bürgersteig auf die Straße, flirteten und betranken sich. Ich hatte einen Großteil des Tages damit verbracht, allein durch die Straßen von Soho zu wandern und all die Leute um mich herum neidisch anzustarren. Menschen, die ein Ziel hatten, Freunde trafen, deren Nacht gerade erst begann und voller Möglichkeiten war. Um mich zu quälen, ging ich in ein paar unserer früheren Stammkneipen aus der Anfangszeit von Silibil N' Brains. Mit dem Geld, das ich eigentlich nicht hatte, kaufte ich in jeder Bar einen Drink. Ich wartete vergeblich darauf, dass die Bedienung mich erkennen würde. Wohin ich auch ging, überall wurde gefeiert, waren die Leute versessen darauf, die ganze Nacht lang zu trinken und zu ficken. Was wollte ich hier eigentlich, elend und allein wie ich war? Ich stieg an der Oxford Street in einen Bus, stellte mich auf das Drehstück in der Mitte und machte mich auf die lange Heimfahrt gefasst. Ich war betrunken und das ständige Drehen des Bodens unter meinen Füßen belustigte mich. Ich lachte, dumm und laut, und als ich aufsah, bemerkte ich, wie mich ein Typ verächtlich ansah.

»Hast du ein Problem, Penner?«

Ich dachte, er würde wegschauen, aber das tat er nicht. Stattdessen trat er einen Schritt auf mich zu, als der Bus die scharfe Kurve von der Oxford Street in die Tottenham Court Road nahm, und schlug zu. Mein Kopf schnellte zurück. Dann unterhielt er sich einfach weiter mit seinem Freund, als sei jetzt alles klar. »Arschficker«, war alles was ich sagte, als ich mich auf ihn warf. Aber jetzt mischte sich auch sein Freund ein und schlug mich hart ins Gesicht. Ich fiel auf die Drehscheibe. Aus den zwei Typen wurden vier. Einer von ihnen zog ein Messer. Ich sah, wie es in der Dämmerung blitzte. *Mach schon,* dachte ich. *Mach schon und stich endlich zu.* Aber als sich die Türen öffneten, sprang ich aus dem Bus und lief feige weg. Ich rannte schon, bevor ich überhaupt den Bürgersteig berührte und rannte auch noch, als der Bus mich schon längst überholt hatte und verschwunden war. Ich rannte die Tottenham Court Road hoch, über die Euston Road, Mornington Crescent entlang und hinein nach Camden Town. Meine Lungen brannten. Mein Mund war wie ausgedörrt und die Beine taten mir höllisch weh. Auf der Brücke fiel ich zu Boden und saß mit dem Rücken an der Wand zwischen all den Bettlern und Dealern. Ich brauchte fast eine Viertelstunde, um wieder zu Atem zu kommen und bis mein Herz sich wieder beruhigt hatte. Als ich schließlich, immer noch wankend, aufstand, erkannte ich in einiger Entfernung das MTV-Gebäude am Kanal, in dem sich vor langer Zeit einmal eine ganz andere Zukunft vor mir aufgetan hatte. Ich schloss die Augen und wandte mich ab. Dann machte ich mich auf den Heimweg, wieder mit dem Bus, diesmal aber ohne Zwischenfall. In dieser Nacht schlief ich wie ein Toter – lang, traumlos und ohne Unterbrechung, volle dreizehn Stunden durch. Doch als ich aufwachte, fühlte ich mich keineswegs erfrischt und ausgeruht, sondern völlig erschöpft und verbraucht.

Den Samstag verbrachte ich in einem Zustand totaler Apathie. Ich blieb den ganzen Tag im Haus und konnte mir nicht vorstellen, es jemals wieder zu verlassen. Ich lag im Bett und zappte wahllos durch die Fernsehkanäle. Ich muss eingeschlafen sein, denn als ich die Augen wieder öffnete, war es dunkel. Ich holte mir ein Glas Wasser, aber mich zu bewegen, tat mir nicht gut, und ich fiel wieder aufs Bett. Der Fernseher lief noch, eine Übertragung des Reading Festivals, Tausende von Menschen, die sich amüsierten und den besten Bands der Welt zujubelten. Ich bekam den größten Teil des Geschehens gar nicht richtig mit, bis Muse auftraten und die Menge am lautesten schrie. Ich richtete mich auf und sah plötzlich alles glasklar. Das waren Muse, die Band, die uns vor nur einem Jahr einen kometenhaften Aufstieg zu Superstars vorhergesagt hatte. Und jetzt waren *sie* dort und *ich* hier.

Mein Bett wurde zu einem vereisten Abhang. Die Schwerkraft setzte ein und ich schoss nach unten, fiel immer tiefer und tiefer. Dann schlug ich hart auf dem Boden auf. Ich öffnete die Augen und stellte fest, dass ich mich nicht einen Zentimeter bewegt hatte. Muse spielten immer noch. Ich griff nach der Whiskeyflasche, die halbleer unter meinem Bett lag. Zuerst dachte ich, dass ich auf den verdienten Erfolg der Band trinken sollte, aber dann hatte ich keine Lust, gönnerhaft zu sein. Also trank ich auf mich allein, für mich allein. Ich spülte den Whiskey runter wie Wasser. Auf einmal überkamen mich brennende Schmerzen, ich wurde panisch und wollte den Schmerz vernichten. Als Nächstes schluckte ich die Pillen. Dann wurde es dunkel um mich herum – eine Dunkelheit, die sich gut anfühlte und in die ich mich fallen ließ.

An dem Tag, an dem Michelle mich aus dem Krankenhaus abholte, begann ich die Selbsthilferatgeber zu lesen, die inzwischen im ganzen Haus verstreut waren. Ehrlich gesagt tat ich das, weil ich sonst nichts zu tun hatte. Ich schaffte es noch nicht mal, mich umzubringen. Ich las von der Kraft der Gedanken, von Therapie und Hypnose, von transzendentaler Meditation, Yoga, Tai Chi und von Cosmic Ordering. Ich habe keine Ahnung warum, aber bei Cosmic Ordering blieb ich hängen. Es ging dabei um die Überzeugung, dass Menschen angeblich mit Hilfe ihrer Wünsche in Kontakt mit dem Universum treten können, das ihnen dann dabei half, ihre Träume Wirklichkeit werden zu lassen. Früher hätte ich alles getan, um solchem New-Age-Scheiß aus dem Weg zu gehen, aber jetzt kam mir das auf einmal vor wie das Vernünftigste, was ich je gelesen hatte. Wieso auch nicht? Cosmic Ordering ist keine besonders aufwendige Sache. Man muss weder wie Tom Cruise Scientology beitreten noch sonst irgendeiner Organisation dieser Art viel Geld spenden. Man muss auch nicht in orangenen Gewändern trommelnd die Regent Street rauf- und runterlaufen. Stattdessen macht man eine Liste von Dingen, die man sich wünscht, und reicht sie dann mit geschlossenen Augen – nicht wirklich natürlich, aber *spirituell* – beim Universum ein.

Das Buch enthielt zahlreiche Beispiele von Leuten, deren Leben sich aufgrund solcher Listen grundlegend geändert hatte. Natürlich hatte ich von diesen Leuten noch nie etwas gehört und einige von ihnen waren, wenn man nach den Fotos ging, die Art von Amerikanern, die ohnehin alles glauben, was man ihnen erzählt. Ich hasste Amerikaner. Aber dann las ich im Internet über jemanden, den ich kannte und der mal fürs Fernsehen gearbeitet hatte, den man seit Jahren aber nicht mehr auf britischen Bildschirmen gesehen hatte. Nach allen möglichen persönlichen Katastrophen in seinem Leben hatte sich dieser Schnösel eine neue Chance gewünscht. Und ein paar Monate später tauchte er wieder auf unseren Bildschirmen auf, war plötzlich wieder erfolgreich und ein glühender Verfechter des Cosmic Ordering. Es hatte sein Leben verändert; warum also sollte es nicht auch mein Leben verändern? Eine bessere Methode konnte es ja wohl kaum geben.

Ich rief Michelle an, um mit ihr darüber zu sprechen, obwohl ich davon ausging, dass sie mich auslachen würde. Aber so wie es aussah, hatte Cosmic Ordering auch bei ihr funktioniert. Sie war davon überzeugt, dass sie so zu ihrer Beförderung gekommen war. Außerdem gab es einen neuen Mann in ihrem Leben, ein weiterer Wunsch, der sich erfüllt hatte. Sie lebte in einer schönen Wohnung, hatte eine nette Nachbarschaft und sie war glücklich. *Glücklich*. Ich warf den Hörer auf die Gabel und rannte los, um mir Zettel und Stift zu besorgen. Dann setzte ich mich an den Küchentisch. Ich war so aufgeregt wie schon seit Monaten nicht mehr.

Ich begann damit, alles Positive in meinem Leben aufzuschreiben. Zuerst kam ich nicht voran. Ich schrieb: *Ich lebe noch.* Dass ich glücklich war, konnte ich nicht schreiben, weil das nicht stimmte. Besonders gesund war ich auch nicht. Und einen Job hatte ich schon gar nicht. Ich war nicht verliebt und niemand liebte mich. Das war der Punkt, an dem ich zu weinen anfing, nur kurz, aber unangenehm laut, so dass ich die Liste mit den positiven Dingen beiseitelegte und mich stattdessen dem Negativen widmete. Eigentlich machte es mir sogar Spaß, diese Liste auszufüllen. In nicht einmal einer Viertelstunde hatte ich vier Blätter Papier vollgeschrieben. Beidseitig. Ich fühlte mich unglaublich befreit.

Dann nahm ich mir ein neues Blatt, um darauf meine Wünsche zu notieren. Ich wünschte mir jemanden, der mich aus diesem Tal der Verzweiflung holen würde. Ich legte den Stift zur Seite und las mir noch einmal durch, was ich gerade geschrieben hatte. Mehr als Ruhm, Reichtum und die Bewunderung der ganzen Welt wünschte ich mir, von meiner Depression befreit zu werden. Und so beließ ich es dabei. Ich wollte nicht, dass irgendein kosmischer Gott, der vielleicht gerade zusah, mich gleich für zu gierig hielt. Ich fügte eine *Bitte* hinzu und legte den Stift neben das Blatt Papier. Dann schloss ich die Augen und begann, den Wunsch nach oben zu schicken, hinaus in das Universum. Dann, nach einer angemessenen Wartezeit, würden die Räder des großen, galaktischen Getriebes beginnen, sich zu meinen Gunsten zu drehen. Ja?

Ja.

Was soll ich sagen? Es funktionierte. Ich verliebte mich, und zwar richtig.

Skye war in vielerlei Hinsicht meine Traumfrau. Und von

all den Leuten, die mich in dieser chaotischen Zeit meines Lebens erlebten, war sie die Einzige, die mich wirklich gut kannte. Wir waren Freunde gewesen, vor Jahren, damals in Südafrika, und hatten seitdem nie den Kontakt zueinander verloren, bis wir uns schließlich täglich, manchmal stundenlang, E-Mails schrieben. Skye war kreativ, einfach großartig. Außerdem war sie eine Kämpferin, eine Überlebenskünstlerin. Sie hatte eine schwere Kindheit hinter sich, war mit sechzehn von zu Hause weggelaufen und hatte die Jahre danach damit verbracht, durch die Welt zu reisen. Sie hatte Dinge gesehen, die die meisten von uns niemals erkennen würden, selbst wenn wir unser ganzes Leben damit verbrächten, danach Ausschau zu halten. In jeder Stadt, in der sie kurz Halt machte, geschahen verrückte Dinge – entweder ihr selbst oder um sie herum, aber *immer* ihretwegen. Sie war so energiegeladen wie Bill und hatte wie er eine unkomplizierte Art im Umgang mit Menschen, aber gleichzeitig besaß sie auch eine Tiefe, die alle berührte. Ich begriff, dass sie sich leicht verliebte, sich aber auch nur schwer wieder trennen konnte. Ihr Leben war ein einziges Drama, das ich manchmal nicht wirklich verstand. Aber ihre E-Mails waren unglaublich. Sie konnte wunderschön schreiben, so lebendig. Jede ihrer Nachrichten war wie ein Bild, in das man sich verlor. Gierig verschlang ich ihre Texte. Am Telefon war sie sogar noch eindrucksvoller dank ihrer unglaublichen Stimme. Zuerst klang sie ruhig, dann schrill, später traurig, dann wieder froh. Aber immer war es unterhaltsam mit ihr. Wir redeten oft nächtelang miteinander.

Ich erzählte ihr von Silibil N' Brains. Unsere Geschichte faszinierte sie so, als wäre sie dabei gewesen. Und jetzt, da ich ausgebrannt, ein gefallener Engel war, war sie es, die mir den Glauben daran zurückgab, dass ich wieder auf die

Beine kommen könnte. Ich konnte nicht mehr ohne sie sein.

Skye war erst kürzlich nach Südafrika zurückgekehrt und wollte dort bleiben. Sie trank, kämpfte aber darum, ihre Sucht zu überwinden. Mit ihrer Karriere als Fotojournalistin schien es gut zu klappen.

Als Brains hatte ich versucht, jedes Mädchen so schnell wie möglich ins Bett zu kriegen und hatte es auch jedes Mal geschafft, aber bei Skye ging es um mehr, um Gefühle. Sie liebte *Gavin* und sie brachte ihn mir wieder näher. Sie war einfach immer da, wenn ich sie brauchte. Und es gelang ihr jedes Mal, mich zum Lachen zu bringen.

Skye sprach davon, zu mir nach London zu kommen, vielleicht für einen Besuch, vielleicht auch für mehr. Obwohl wir beide nicht den Mut fanden, es auszusprechen, geschweige denn, es in einer E-Mail zu schreiben, war der Grund, weshalb sie kommen wollte klar: *unsere Beziehung*. Wir würden auch im wirklichen Leben – nicht nur online – das perfekte Paar sein. Ich bat sie, zu kommen. Sie musste nur noch genügend Geld zusammenbekommen und arbeitete rund um die Uhr. Meine Unterstützung lehnte sie ab. Es sei wichtig, dass sie das selbst schaffe, erklärte sie mir. Wir sprachen über den Herbst, als besten Zeitpunkt für sie zu kommen. Sie schrieb mir lange E-Mails, in denen sie mir ausführlich schilderte, was sie unbedingt alles von London sehen wolle. Und ich antwortete ihr, dass ich ihr die Stadt zu Füßen legen würde. Ich versprach ihr die Welt und ich versprach ihr mein Herz.

Als sie eines Tages nicht sofort auf eine meiner Mails antwortete, machte ich mir zuerst keine großen Sorgen. Und selbst als sie sich die nächsten Tage nicht meldete, redete ich mir ein, dass sie bestimmt viel zu tun hätte. Dann rief ich sie an und hinterließ Nachrichten auf ihrer Mailbox. Und als ich daraufhin immer noch nichts von ihr hörte, bekam ich Panik.

Ich rief einige ihrer, unserer, Freunde an, und sie versprachen mir, herauszufinden, was los war und sich dann bei mir zu melden.

Skye war krank. Sie hatte eine seltene Form von Krebs, die zu spät diagnostiziert worden war und bereits bösartige Metastasen gebildet hatte. Sie hatte es vor ein paar Monaten erfahren, aber niemandem etwas gesagt. Und jetzt war es so weit, sie lag im Sterben, mit dreiundzwanzig – so alt wie ich. Man sagte mir, sie läge im Krankenhaus und hätte allein in den letzten zwei Wochen die Hälfte ihres Gewichts verloren. Sie hatte mir nichts gesagt, weil sie mich nicht beunruhigen, sondern erst die endgültige Prognose abwarten wollte. Doch dann stellte sich heraus, dass der Krebs so weit fortgeschritten war, dass selbst eine Chemotherapie nicht mehr helfen würde. Die einzige Hoffnung, die ihr blieb, war hoffnungslos.

Ich wollte so schnell wie möglich nach Durban fliegen, doch Skye starb nur einen Tag später. Der einzige Trost, so meinten die Freunde, sei, dass damit ihre unerträglichen Schmerzen vorbei sein würden. Und sie baten mich, zu ihrer Beerdigung zu kommen. Es solle eine große Feier werden, für einen außergewöhnlichen Menschen. Ich hatte wirklich vor, ins Flugzeug zu steigen, schaffte es aber nicht mal zum Gate. Ich konnte einfach nicht. Stattdessen schloss ich mich am Flughafen auf einer Toilette ein. Dort saß ich zusammengekrümmt auf dem Sitz und weinte. Der Schmerz dröhnte so gewaltig in meinem Kopf, dass ich anfing, mit den Fäusten und dem Kopf gegen die verschlossene Tür zu schlagen, bis jemand den Flughafensicherheitsdienst rief.

Einige Zeit danach rief mich Skyes Cousin an und erzählte mir von einer Nachricht, die Skye für mich hinterlassen hätte. Ich kann ihre Worte hier unmöglich ganz wiedergeben, denn sie waren nur für mich bestimmt. Aber sie sagte, sie hoffe, dass ich die Musik niemals ganz aufgeben würde. Das habe ich deswegen auch nie getan. Aber auf einmal schien mir, als würde Gavin Bain den Tod irgendwie anziehen. Um ihn herum starben Freunde und Verwandte, doch er lebte weiter. Zu sterben schaffte er nicht, das war nicht sein – *mein* – Schicksal, denn Gavin Bain war auf dieser Welt, um zu leiden. Und er litt abgrundtief.

Ich hasste ihn. Mit jeder Faser meines Wesens hasste ich Gavin Bain, wollte ihn ein für alle Mal loswerden.

Nach Skyes Tod tauchte ich unter. Für Wochen, für Monate und manchmal kam es mir so vor, als würde ich nie wieder auftauchen.

Cosmic Ordering kam mir noch einmal zu Hilfe, wenn auch nur kurzfristig. Ich glaubte dran, weil ich einfach dran glauben und noch nicht sterben wollte, und weil ich etwas brauchte, für das es sich lohnte, weiterzuleben.

Völlig überraschend rief mich ein alter Freund aus der guten alten Zeit von Silibil N' Brains an. Wir führten eines dieser unangenehmen Telefonate, in dem ich versuchte, seinen Fragen auszuweichen und dabei so gut drauf zu klingen, wie er mich damals gekannt hatte. Er erzählte mir, dass er sich später am Abend in einer Bar im Osten Londons eine Band ansehen würde und fragte, ob ich nicht mitkommen wolle. Wollte ich eigentlich nicht, aber ich sagte trotzdem zu. Ich würde tatsächlich ausgehen, ein ziemlich seltenes Ereignis in jener Zeit. Zur Feier des Tages badete ich vorher sogar.

Die Band war scheiße und das Bier schmeckte schal. Es

war zu voll und mich überkam ein Anflug von Klaustrophobie. Aber in dieser Bar traf ich Candy. Candy kam wie Brains (nein, ich hatte ihn noch immer nicht ganz loswerden können) aus den USA, genauer gesagt aus San Antonio, Texas, und sah aus wie der Prototyp einer Cheerleaderin: blondes Haar, strahlend weiße Zähne und eine fantastische Figur, auf die sie sehr stolz war. Sie beugte sich vor, bis ihr Mund fast mein Ohr berührte, um die laute Musik zu übertönen. Ich spürte ihre feuchte Zunge und ihren heißen Atem.

»Willst du meine Titten sehen?«, fragte sie. »Alle Männer wollen meine Titten sehen.«

Mühsam bahnten wir uns den Weg durch die Menge zu den Toiletten und zwängten uns in eine der Kabinen. Sie lüftete ihr Top und gleichzeitig ihren BH. Ihre Titten waren wirklich *unglaublich*.

Elf

Das Universum hatte mir also Candy geschickt. Sie war zwar kein Engel, aber wenn mich jemand von meiner Verzweiflung befreien konnte, dann war es Candy Sherman. Ehemalige Schönheitskönigin aus irgendeiner amerikanischen Kleinstadt, die, ähnlich wie ich, nach London gekommen war, um sich selbst zu finden. Nachdem sie den Schönheitswettbewerb gewonnen hatte, war sie in ihrem Kaff zu einer kleinen Berühmtheit geworden. Sie wurde bei Rodeos, Jahrmärkten, Footballspielen und Thanksgiving-Paraden vorgeführt, winkte vom Podest, und stand dort im Badeanzug oder Ballkleid und einmal sogar in ein Meerjungfrauenkostüm gezwängt. Natürlich hatte sie ihre Fans; von besoffenen Studenten bis zu den Typen, die sie offiziell gebucht hatten. Alle versprachen ihr die Welt, um dann mit ihr auf dem Rücksitz zu landen. Sie hatte den Wetterbericht beim örtlichen TV-Sender moderiert und plante nun eine Firma zu gründen, die ihr Vater, ein gut verdienender Geschäftsmann, finanzieren wollte. Ein Nagelstudio, eine Wellness-Oase, ein Tierheim – sie änderte ihre Pläne genauso häufig wie ihr Höschen. Sie war immer irgendwie im Stress, hier ein Auftritt, da ein Fotoshooting, keine Zeit zu essen, aber für ein Glas Sekt in einem schicken Auto reichte es immer. Sie war oft betrunken und genauso oft high, aber niemand merkte es. Sie konnte nicht mehr schlafen und so ließ sie es meistens einfach bleiben. Wie ihre Mutter schwor sie auf Gurkenscheibchen, und ihre Augen waren *niemals* geschwollen. Sie hatte Körbchengröße 90D, quasi eine der besten Visitenkarten, die man sich vorstellen kann.

Ihr unweigerlicher Zusammenbruch war wie aus einem Drehbuch für ehemalige Schönheitsköniginnen. Ihr Dad schickte sie in diese berühmte Entzugsklinik in Arizona, wo sie clean und von diversen Promis flachgelegt wurde. Leider verriet sie nicht mehr. »Was in der Reha passiert, bleibt in der Reha«, grinste sie.

Und dann beschloss sie, aus Texas zu verschwinden. Um wohl dem geheimen Traum aller ehemaligen Schönheitsköniginnen zu folgen: mit Kindern zu arbeiten. So unwahrscheinlich es klingt, aber Candy Sherman war erst ein paar Monate vor unserer Toilettenaktion nach London gekommen, um an einer Grundschule zu arbeiten. »Ich unterrichte nicht wirklich«, stellte sie später klar, »aber ich bin so eine Art Assistentin. Ich helfe aus, wo ich kann, Kunst und Basteln und solche Sachen. Sie sind einfach wunderbar, diese Kids.«

Sie war mit Leidenschaft bei der Sache, aber genauso leidenschaftlich lebte sie außerhalb der Schule ihre eigentlichen Bedürfnisse aus und trieb sich mitten in der Woche in dieser Bar rum. Nachdem sie ihre Titten wieder weggesteckt hatte, zog sie ein Tütchen und einen schon fertig gerollten Zwanzigdollarschein aus ihren zu engen, gebleichten Jeans. »Da muss ich immer an zu Hause denken«, grinste sie und beugte sich zum Klodeckel hinunter.

Anschließend landeten wir in ihrer Wohnung, wo wir die Nacht mit Sex verbrachten, von dem ich blaue Flecken bekam. Ich wachte mit einem total bescheuerten Grinsen auf dem Gesicht auf, während sie sich bereits anzog, auf einem Müsliriegel herumkaute und O-Saft direkt aus der Packung trank. Sie sah dabei so schüchtern aus, so darauf bedacht, zu gefallen – aber auf eine ganz andere Weise als in der letzten

Nacht. Ich beneidete ihre Kids um die Aufmerksamkeit, die sie gleich von ihr bekommen würden.

Wir wurden ein Paar, obwohl wir unterschiedlicher nicht hätten sein können. Sie hasste Rockmusik, verabscheute jede Art von Sport und hielt Muhammad Ali, einen meiner ersten Helden, für den Teufel in Person. Sie war pro George Bush (»Daddy kennt ihn echt gut; sie spielen manchmal Golf zusammen«). Und natürlich gefiel ihr »Cunt«, der Song, den ich zu seinen Ehren geschrieben hatte, überhaupt nicht. Sie weigerte sich jedes Mal, den Refrain mitzusingen, wenn ich darauf bestand, den Song in ihrer Gegenwart zu spielen. Und das tat ich oft, schon allein, um sie auf die Palme zu bringen. Sie hasste Skater, hasste Rap – und Eminem ganz besonders. Alles was wir gemeinsam hatten, war die Tatsache, dass wir ein paar verirrte, einsame Amis weit weg von zu Hause waren. Sie liebte es, wenn ich im Bett mit ihr redete, weil sie den Akzent so vermisste und furchtbares Heimweh hatte.

Aber etwas hatten wir doch gemeinsam: diese unersättliche Gier nach hartem, rauem, oft erniedrigendem Sex. Dabei konnten wir einfach alles vergessen. Candy war unglaublich im Bett, die Frau meiner dreckigen Fantasien. Kokain, das lernte ich schnell, nahm sie nur zu besonderen Anlässen – meistens am Wochenende –, aber Pot war für sie eine tägliche Notwendigkeit. Ich beobachtete fasziniert, wie das Zeug sie dann komplett veränderte und sie an unerwartetem Tiefgang gewann. »Nimm mich hart ran«, sagte sie. »Nenn mich Schlampe, Nutte, Hure.« Sie war laut beim Sex und ihre Schreie hatten etwas Theatralisches, das wahrscheinlich wenig mit mir zu tun hatte. Es war, als würde man einen Pornostar ficken.

Candy zog mich magisch an; ich war entsetzt von ihr und

gleichzeitig total süchtig. Sie kam in mein Leben, als ich mich gerade am Tiefpunkt befand, ein Geschenk des Universums. In diesem Moment bedeutete sie mir alles. Ich dachte nicht mehr über meine Probleme nach, meine stagnierende Musikkarriere. Wir taten meist nichts, außer Gras zu rauchen und zu ficken. Sie nahm sich frei, zuerst Urlaub, dann meldete sie sich krank, alles nur, um den Tag zu Hause und nackt im Bett zu verbringen. An den Tagen, an denen sie doch arbeiten ging, konnte ich nicht aufhören, an sie zu denken. Wie ein Irrer holte ich mir zu den Fotos, die ich mit dem Handy von ihr gemacht hatte, einen runter.

Aber wie es in jedem zweiten Country-Song heißt (und Candy *liebte* Country und Western), war sie auch ein schlimmes Mädchen. Ein Kerl reichte ihr nicht, sondern sie schien geradezu besessen davon, wirklich mit jedem zu flirten. Sie brauchte das Gefühl, begehrt zu werden, und das bekam sie auch. Der Spruch, mit dem sie mich angemacht hatte – *willst du meine Titten sehen?* –, hätte mich warnen müssen. Manchmal, wenn wir in einer Bar standen, stolzierte sie zur Toilette und wieder zurück, als wäre sie auf dem Laufsteg, als würde sie nur aus Hüften und Titten bestehen. Dabei strahlte sie eine solche Anziehungskraft aus, dass sie alle Männerblicke auf sich zog. Sie trank eine Menge und flirtete dann noch mehr. Wenn ich ihr deshalb Vorwürfe machte, brüllte sie mich an und schüttete mir ihren Drink ins Gesicht wie eine billige Femme fatale in einem billigen amerikanischen Film. Dann rauschte sie beleidigt ab und erwartete, dass ich ihr bettelnd und unterwürfig folgte. Was ich auch meistens tat. Wenn wir nicht gerade Sex hatten, stritten wir uns über alles und jeden: Musik, Tiere, Klimawandel, Sarah Jessica Parker. Bald hasste ich sie so sehr, hasste *uns* so sehr, dass ich sie, wie um sie dafür zu bestrafen, noch viel härter rannahm. Jeden Tag trennten wir uns aufs Neue, wurden dabei sogar handgreiflich. Sie schlug mich und ich verpasste ihr umgehend auch eine. Damit hatte sie nicht gerechnet, aber es törnte sie an. Schon bald verfluchte ich den Tag, an dem ich diese Schlampe beim Universum bestellt hatte.

Sie wieder in den Orbit zurückzuschießen, erwies sich als langwieriger und schmerzhafter Prozess.

Dann bekam ich auf einmal einen Job: als Verkäufer bei TK Maxx, wo – wie es in der Werbung so schön heißt – große Marken günstiger verkauft werden. Zuvor hatte ich nicht weniger als siebenunddreißig Jobs abgelehnt. Das Arbeitsamt drohte mir inzwischen damit, alle Zahlungen einzustellen, also hatte ich keine Wahl. Candy war nicht billig und ich brauchte das Geld.

Für den Job bei TK Maxx gab es ein eigenes Outfit: bügelfreie Nylonhosen, die sich beim Aneinanderreiben der Beine elektrostatisch aufluden, und ein gestärktes Arbeitshemd, auf dem das obligatorische Namensschild prangte. ICH BIN HIER, UM IHNEN ZU HELFEN. Jeden Morgen stand ich zwischen den Regalen und faltete Jeans, Hemden und Sweater. Anschließend wurde ich in den Lagerraum des Ladens geschickt und damit beauftragt, die ankommenden Klamotten auszupacken und zu stapeln, damit sie am nächsten Morgen nach vorn in die Regale geschafft werden konnten – meistens von mir. Es war eine einfache, öde und sterbenslangweilige Arbeit, acht Stunden am Tag, nur unterbrochen von einer kurzen Mittagspause. Meine Kollegen waren zwischen achtzehn und achtundsechzig. Viele von ihnen hatten ihren alten, richtigen Job verloren, mindestens die Hälfte von uns befand sich in der Midlife- oder zumindest in der Quarterlife-Crisis, Krankmeldungen waren an der Tagesordnung und ständig blieben Mitarbeiter weg, manchmal sogar unentschuldigt. Ich verstand sie vollkommen. TK Maxx und Candy raubten mir das letzte bisschen Selbstachtung, das mir bis dahin noch geblieben war.

Im ersten Monat gelang es mir, nicht weniger als zweiundvierzig Mal gegen die Verhaltensrichtlinien des Ladens zu verstoßen. Eines Nachmittags zählte mir mein Chef, der eineinhalb Jahre jünger war als ich, jede Einzelne davon auf.

»Wenn du so weitermachst, wirst du nicht mehr an der Kasse arbeiten dürfen«, warnte er mich. Die Arbeit an der Kasse betrachtete man bei TK Maxx als eine Art Beförderung, auf die man hinarbeitete.

Ich hielt es keine zwei Monate lang dort aus. Eines Tages ging ich einfach und kam nicht wieder. Zu Hause wurde mir klar, dass ich unbedingt irgendetwas brauchte, das mich wieder zum Leben erweckte. Schließlich war ich noch zu vielem in der Lage, ich musste meine Fähigkeiten nur einsetzen – irgendwo. Ich rief Gordon an, der früher mal als Verkaufsleiter in einem Modegeschäft in Schottland gearbeitet hatte. Ich bat ihn, mir seinen Lebenslauf zu schicken, um zu sehen, wie ich meinen am besten gestalten sollte. Als ich erkannte, dass ich so niemals eine Chance bekäme, schrieb ich seinen einfach ab. Ich tauschte seinen Namen gegen meinen aus und schickte das Dokument an jede Klamottenfirma in ganz Großbritannien. Eine Woche später hatte ich ein Vorstellungsgespräch für eine leitende Position im Vertrieb.

In der Nacht davor hatte ich einen Albtraum, aus dem ich schreiend aufwachte und Candy halb zu Tode erschreckte. Gleichzeitig brannte mein Magengeschwür wie Feuer. Immerhin ein Zeichen, dass ich lebendig war. Ich besorgte mir neue Klamotten und kaufte mir Pfefferminzbonbons. Ich hatte die gesamte Plattenindustrie getäuscht, warum sollte mir das nicht auch mit der Modebranche gelingen?

Die größte Hürde hatte ich ja schon geschafft. Mein Lebenslauf gefiel dem Manager sofort und besonders gefiel ihnen, dass ich Amerikaner war. Angesichts der Tatsache, dass es sich um ein amerikanisches Unternehmen handelte, würde die Einstellung eines anglisierten Amerikaners den UK-Zweig der Firma auf das nächste Level heben. Jedenfalls nahmen sie das an. Ich schüttelte dem Manager die Hand, der mich gleich in sein Büro führte. Er bot mir an, mich zu setzen und begann, mich mit Fragen zu bombardieren. Er kenne die Fakten, sagte er, während er meinen Lebenslauf hochhielt. Nun aber wolle er den *wirklichen* Gavin Bain kennenlernen. Ich beschloss, ihm zumindest in einem Punkt die Wahrheit zu sagen: dass ich Musiker und erst vor Kurzem mit D12 auf Tournee gewesen war. Die Kinnlade klappte ihm runter.

»D12? Meine Kids lieben D12.«

Und schon hatte ich den Job. Eine Woche darauf erschien ich zu meinem ersten Arbeitstag. Es war eigentlich keine leitende Stellung, konnte sich aber zu etwas Besserem entwickeln. Meine Aufgabe bestand darin, die auf Skater ausgerichteten Schuhmarken der Firma auf möglichst vielen Skateevents unterzubringen. Man stellte mir einen Tisch und ein Telefon zur Verfügung und gab mir ein paar Nummern. Ich verbrachte meine Zeit damit, mit professionellen Skatern und deren Managern zu sprechen und zu versuchen, das Logo meiner Firma in so viele Bereiche zu vermitteln wie möglich. Natürlich war ich nie auch nur ansatzweise für etwas Derartiges ausgebildet worden, aber es lief vom ersten Augenblick an wie geschmiert. Der Job war geradezu lächerlich einfach. Professionelle Skater suchen *händerin-*

gend nach jeder Art von Promotion. Sie nahmen mein Angebot an, noch bevor ich überhaupt die Gelegenheit hatte, es richtig vorzustellen. Mein Boss war beeindruckt, meine Kollegen bewunderten mich. Schon ab der zweiten Woche gingen wir fast jeden Abend aus, in Bars, Klubs und auf Konzerte, für die ich uns jedes Mal freien Eintritt beschaffte. Der Trick mit der Gästeliste funktionierte immer noch. Ich baute mir einen neuen Freundes- und Bekanntenkreis auf und begann, mich wieder mit mir selbst zu versöhnen.

Aber Candy und ich stritten uns immer noch ständig. Mittlerweile konnte ich ihren Anblick kaum noch ertragen, und ihr ging es umgekehrt genauso. Auch der Sex nutzte sich ab. Ich fühlte mich hinterher jedes Mal wie beschmutzt, und wir fickten nur noch aus geiler Bosheit. Aber auch dieser destruktive Sex machte seltsam süchtig und so brauchte ich immer mehr davon. Mit Candy Schluss zu machen, würde bedeuten, den besten Sex aufzugeben, den ich je gehabt hatte.

Wenn ich dem Universum schon vorwarf, mir Candy und TK Maxx geschickt zu haben, hätte ich wohl zumindest für diesen neuen Job dankbar sein sollen. Er brachte mich zurück zur Musik. Inzwischen war ich wieder fast an jedem Abend in Bars und auf Konzerten und lernte neue Leute kennen. Manche davon wurden Freunde, die alle irgendwann über Silibil N' Brains Bescheid wussten. Manchmal gingen wir später noch zu jemandem nach Hause und ich spielte ihnen unser unveröffentlichtes Album vor. Ich empfand eine tiefe Befriedigung – und auch Erleichterung –, wenn es ihnen gefiel. Einige wollten gleich eine Band gründen, was mich freute, aber in Panik versetzte. Ich wollte so etwas wie damals nicht noch einmal erleben, aber ich wusste auch, dass ich mir diese Gelegenheit nicht entgehen lassen konnte. Ich brauchte das.

Es war also nur eine Frage der Zeit, bis ich, wie ich es Skye versprochen hatte, eine neue Band gründete. Ich tat mich mit Gordon zusammen und gemeinsam spürten wir Andy Patrick auf, einen unglaublichen Drummer aus Boston. Andy spielte in einer Show am West End und war ohne jeden Zweifel der beste Schlagzeuger, den ich je kannte. Schließlich trafen wir Grant Magnus, dessen Lebensgeschichte uns genauso beeindruckte wie sein unglaubliches Talent. Aber ich wollte nicht einfach eine weitere Punkband gründen. Ich wollte etwas Besonderes schaffen. Etwas Wagemutiges, Episches, etwas, das so schön war wie monströs. Ein paar Monate stieß Tony Sabberton zu uns – und war die Antwort darauf. Tony war einundzwanzig und professionell ausgebildeter Violinist, den Punk mehr inspirierte als Klassik. Er spielte auf einer Geige, die er an einen Verstärker anschloss, und er spielte laut. Er war unglaublich. Wir betranken uns fast jede Nacht und erlaubten uns, von Wundern zu träumen. Wir fanden einen Probenraum. Der Sound, den wir schufen, wirkte auf mich wie ein Aphrodisiakum. Ich fing wieder an, Texte zu schreiben und in Grant fand ich dafür den idealen Partner. Es kam vor, dass wir die ganze Nacht hindurch schrieben und dabei unsere Jobs völlig vergaßen. Mein Boss verlor langsam aber sicher die Geduld. Ich erhielt eine Abmahnung nach der anderen, aber das war mir egal. Ich schrieb mehrere Songs pro Tag und nachts probten wir sie. Das hier war nicht mehr Rap, sondern wunderbar epischer Punkrock – die beste Musik, die ich jemals produziert hatte. Das war mein Coming back.

Es gab nur ein einziges Problem, und das hatte ausschließlich mit mir zu tun: meine Herkunft. Für die neuen Bandmitglieder war ich Amerikaner. Es schien mir unmöglich, meine Rolle aufzugeben, sowohl vor ihnen als auch vor mir selbst. Ich wünschte mir nichts sehnlicher als einen Neuanfang. Meinen Job hatte ich auch wieder verloren und Candy war zum Glück endlich in einem Tornado aus Gewalt und Tränen gegangen. Im Prinzip also der perfekte Zeitpunkt, endlich mein wahres Ich zu zeigen. Doch jedes Mal, wenn ich mich entschloss, ihnen alles zu offenbaren, fehlten mir die Worte. Ich hatte einfach Angst, dass es mein amerikanisches Ich war, das über all das Talent verfügte, mit dem der schottische – echte – Teil von mir nicht würde mithalten können. Ich saß in der Klemme.

Wir einigten uns auf einen Bandnamen, der perfekt zu uns passte. Wir waren Hopeless Heroic, weil mich mein Freund Andy einmal mit diesen Worten charakterisiert hatte:

»Gav, Alter. Mach dir nichts vor«, hatte er gesagt, »du bist so hoffnungslos ... aber gleichzeitig auch irgendwie heroisch, verstehst du?«

Ich verstand. Hopeless Heroic war der Name meiner neuen Band. Ihn wollte ich irgendwann aus dem Mund der ganzen Welt hören.

Doch wie das bei mir anscheinend häufiger der Fall ist, ging der Fortschritt mit Hopeless Heroic privat mit einer Tragödie einher. Einer meiner Freunde in Südafrika, Ivan, den ich über Rob und Greg kennengelernt hatte, lag im Sterben. Krebs – *schon wieder*. Ivan und mich verband eine ganz besondere Beziehung: Er war der einzige Mensch, den ich kannte, der unter den gleichen Nachtschrecken litt wie ich. Auch er sah die Dämonen. Eines Abends, als wir mit Greg und Rob im Eagle's Nest abhingen, beschlossen Ivan und ich, die Kreaturen und Monster unserer Albträume zu zeichnen.

Als wir die Bilder verglichen, stellten wir eine fast unheimliche Übereinstimmung fest. Ich hatte die Hoffnung, dass es mir mit Ivan gelingen könnte, mehr über diese Albträume herauszufinden. Ich wollte verstehen, warum sie mich schon mein ganzes Leben lang heimsuchten.

Aber ich hatte den Kontakt zu Ivan verloren, seit es Silibil N' Brains nicht mehr gab. Ich erfuhr erst, dass er krank war, als ich eines Abends Rob in der Crobar begegnete. Ich war geschockt. Rob und ich begannen, unsere Freundschaft zu kitten und beschlossen, dass wir versuchen würden, Geld für Ivans Behandlung aufzutreiben, indem wir ein Benefizkonzert für ihn veranstalteten. Wir würden es »Rock For Ivan« nennen und jeden Penny unserer Einnahmen spenden, damit Ivan wieder gesund würde. Wir glaubten fest daran, dass wir ihn retten könnten.

Es sollte der erste Auftritt von Hopeless Heroic werden und gleichzeitig war es der wichtigste meiner Musikkarriere, denn dieses Mal ging es um etwas Echtes – Ivan.

Wir verbrachten mehrere Wochen damit, für die Show zu proben, die im The Water Rats Theatre stattfinden sollte, einem engen, aber legendären Konzertsaal in Kings Cross. Wir bekamen es irgendwie hin, ein paar aufstrebende Bands für einen Auftritt zu gewinnen. Ich wusste, dass ich genügend Leute zusammenbekommen würde, um anständig Geld einzunehmen. Ich arbeitete unermüdlich daran, das Konzert zu promoten. Außerdem gelang es mir, Ivans Freunde rund um den Globus zu motivieren, ähnliche Veranstaltungen abzuhalten. Ich sagte allen unverbesserlichen Silibil N' Brains-Fans Bescheid, deren Kontaktdaten ich noch hatte. Zu meiner großen Erleichterung mailten die meisten von ihnen sofort zurück, versicherten, sie würden sich das um nichts in der Welt entgehen lassen. Dann kam der Tag des

Konzerts und mit ihm Neuigkeiten von Ivan; es ging ihm gar nicht gut und es schien, als würden wir das ganze Geld umsonst eintreiben. Ich war schockiert und wie betäubt und den Rest des Tages kaum ansprechbar.

Eine Stunde vor unserem Auftritt trafen wir ein. Es war gerammelt voll, was mich glücklich machte. Alle Freunde von Ivan, die hier in London lebten, waren gekommen, genauso wie die früheren Silibil N' Brains-Fans und Leute aus der Branche.

Die Atmosphäre hinter der Bühne war ausgesprochen seltsam, eine Mischung aus Adrenalin und Traurigkeit. Ich hatte einen ganz eigenartigen Geschmack im Mund. Vielleicht lag es am Jack Daniels, der fehlte. Es war das erste Mal, dass ich vollkommen nüchtern auf die Bühne gehen würde. Ich geriet in Panik, unzählige Fragen schossen mir durch den Kopf. Wer würde ich heute sein? Brains McLoud oder Gavin Bain? Wie konnte ich als Brains auftreten bei einem Event für einen Freund, der wusste, wer ich wirklich war? Mit welcher Stimme sollte ich sprechen oder singen? Doch dann war ich auf einmal ruhig und ganz klar. Meine Hände hörten auf zu zittern.

Die Aufregung darüber, dass es jetzt wieder auf die Bühne gehen sollte, vor ein Publikum, rann wie reinstes Glückselixier durch meine Adern. Gerade, als wir auf die Bühne wollten, vibrierte mein Handy. Eine SMS. Ich las, Ivan würde die Nacht wahrscheinlich nicht überstehen. Mir kamen die Tränen, aber ich blinzelte sie fort. Wir umarmten uns und stießen unseren Schlachtruf aus. Ich traf eine Entscheidung.

Wir gingen hinaus auf die winzige Bühne und wurden mit Gebrüll empfangen. Die Atmosphäre war geladen, die Spannung greifbar. Bevor die Lichter angingen und mich blendeten, ließ ich meinen Blick durch die Menge schweifen. Ich sah viele bekannte Gesichter: Ruth, alte Bekannte und A&R-Leute, Freunde und Feinde. Hinter mir stimmte die Band den ersten Song an, »Become The Monster«, und eine unglaubliche Energie riss mich mit. Ich wusste, das war *der* Moment. Diesmal würde ich es nicht versauen, diesmal nicht. Ich würde tun, was ich irgendwann tun musste. Ich ging zum Mikro und umklammerte es mit schweißnassen Händen. Über das Geräusch des anschwellenden Beats hinweg begann ich zu sprechen.

»Wir sind Hopeless Heroic«, sagte ich, nicht in meinem aufgesetzten Akzent, sondern im breiten Akzent *meiner* Heimat, und ich war so stolz darauf. »Ich heiße Gavin Bain und ...« Mein Mund war staubtrocken. Ich holte tief Luft. »Und ich bin nicht aus den Staaten, sondern Schotte.«

Verstohlen warf ich einen Blick zu Grant hinüber, der mich verwirrt ansah, als würde er auf die Pointe eines Witzes warten. Ich wandte mich wieder dem Publikum zu, als »Become The Monster« abhob, und sang, so laut ich nur konnte, endlich, endlich mit meiner eigenen Stimme.

Ivan überstand die Nacht und hielt noch ein paar Wochen durch.

Es versteht sich von selbst, dass meine neue Band rockte, dass wir gut ankamen beim Publikum und auch diejenigen für uns gewannen, die noch nie von uns gehört hatten.

Als die Schlussakkorde des letzten Songs verklangen, sprang ich von der Bühne und steuerte direkt auf die Bar zu. In Gedanken schloss ich eine Wette ab: Wenn dort ein Bier auf mich wartete, dann würde alles gut werden. Alle Probleme würden sich mit harter Arbeit und besessener Hingabe lösen lassen, ohne Cosmic Ordering. Ich würde das hier überstehen. Auf meinem Weg zur Bar kam ich an grinsenden und überraschten Gesichtern und einer Menge gerunzelter Stirnen vorbei. Dann wurde mir auf den Rücken geklopft. Irgendwer zerzauste mein schweißnasses Haar. Ein anderer umarmte mich. Endlich erreichte ich die Bar und da stand es, das Bier, und wartete auf mich. Ich hob das Glas und trank es in einem Zug leer, während um mich die Leute klatschten. »*Schotte?*«, brachten die meisten nur verwundert heraus. Aus dem Augenwinkel sah ich Del. Ausgerechnet Del; er schüttelte den Kopf, als er meinen Blick bemerkte, aber ich glaube, er lächelte. Ich ging zu ihm hinüber, um ihn zu umarmen und flüsterte ihm ins Ohr: »Ich erklär' dir alles, ich verspreche es dir.« »Das solltest du auch«, antwortete er, während er meine Umarmung verhalten erwiderte.

An diesem Abend musste ich verständlicherweise eine Menge Fragen beantworten. Das muss ich auch heute noch. Einige Leute haben mir vergeben, andere nicht. Ich habe Freunde verloren und mir Feinde gemacht. Das konnte nicht ausbleiben. Aber ich kann nicht sagen, dass ich irgendetwas bereuen würde.

Denn schließlich habe ich die ganze Zeit über nur getan, was ich glaubte, tun zu müssen. Und das hätte wohl jeder so gemacht, oder nicht?

Danksagung

Ich kann kaum in Worte fassen, welche Dankbarkeit, welchen Respekt und welch unbedingte Liebe ich für meine Familie empfinde. Meine Karriere, mein ganzes Lebenswerk habe ich in gewisser Weise meinen Eltern, Norah und Hugh Bain, zu verdanken, die im kritischen Augenblick bereit waren, sich für mich und meine Musik von einem Tag auf den anderen fast zu ruinieren. Ich möchte auch meiner Schwester Laurette danken, dem rebellischsten Wesen, das ich kenne. Und Michelle, meiner Schwester, besten Freundin, meinem Schutzengel. Sie hat mir wiederholt das Leben gerettet. Ich möchte mich wirklich für all die Sorgen und Ängste entschuldigen, die ich euch verursacht habe! Dank auch an meine Onkel Bill und Gordon. Natürlich darf ich auch meine Großmutter Hannah May Thomson nicht vergessen. Dank auch meiner wunderbaren Verlobten Natalie Ould! Sie hat es geschafft, dass ich mich wieder wie ein Mensch fühlte – und sie hat mir gezeigt, dass Gavin Bain keinen Brains McLoud brauchte, um sich wieder verlieben zu können. Sie ist die Größte.

Ich möchte auch Decca Aitkenhead für ihren großartigen Artikel »California Scheming« im Guardian danken, der im Mai 2008 diese ganze Sache ins Rollen brachte. Erst durch ihn entstand ein breiteres öffentliches Interesse an meiner Geschichte. Deccas Überschrift war so gut, dass ich sie mir als Titel für die englische Originalausgabe einfach ausleihen musste. Vielen Dank auch meinem Produzenten und engen

Freund Tom Aitkenhead. Dafür, dass er seine Schwester auf meine Geschichte aufmerksam machte. Und dafür, dass er nie den Glauben an meine Musik verlor.

Dank schulde ich auch meinem Agenten Patrick Walsh für Unterstützung und Führung. Dank auch an Nick Duerden, der mir dabei half, Sinn in dieses ganze Chaos zu bringen. Dank an Paul Duane und Avril Macrory, dafür, dass sie eine gute Story erkennen, wenn sie eine vor sich haben. Dank auch an den legendären Irvine Welsh und an Dean Cavanagh, die so begeistert von meiner Geschichte waren, dass sie beschlossen, sie auf die große Leinwand zu bringen.

Dank an Mike Jones, der mir glaubte und der sich mit meinen verrückten E-Mails herumschlug. Dank an Katherine Stanton, für die Zeit und Energie, die sie in das Projekt einbrachte. Ich möchte auch Rob Cox, Anna Robinson und allen anderen bei Simon & Schuster danken. Dank auch an Gina Rozner; sie ist eine großartige Presseagentin.

Dank an Jonathan Shalit für seinen Glauben an Silibil N' Brains. Er vollbrachte Wunder dabei, den Kurzsichtigen meine versponnenen Ideen zu vermitteln. Dank an Jay D und Del Conboy, die uns verstanden und für meine verrückten Projekte ihren Kopf riskierten.

Dank meinen Brüdern und besten Freunden von Hopeless Heroic, deren standhafte Unterstützung mich durch zwei unglaublich stressige Jahre trug. Ich kann ihnen gar nicht genug dafür danken, dass sie den Soundtrack zu dieser Geschichte mit mir geschrieben haben. Dank an Rob Bailey für alles, was wir die letzten Jahre geteilt haben. Danke, dass du meinen Kopf zusammenhieltst, bis der Krankenwagen kam. Du bist der beste Trinkpartner, den ein Alkoholiker haben kann.

Dank meinem Gitarristen Grant Magnus, dem lustigsten

Menschen der Welt. Sein Leben hat mich inspiriert. Tony Sabberton und David Knight: Die Zukunft gehört uns. Weiter möchte ich Grant Dickson für all seine Hilfe danken, ebenso Owen Packard von Hero PR, Richard Poet, Kyle Howe und allen, die mir dabei halfen, meine Vision von Hopeless Heroic zu verwirklichen.

Ein besonderer Dank gilt Gordon Donald, dafür, dass er die ganze Achterbahnfahrt von Silibil N' Brains zu Hopeless Heroic bei mir blieb, und Andy Patrick. Er machte mir in meinen schwärzesten Stunden Hoffnung und half mir dabei, den Weg zurück ins Studio zu finden. Ich werde euch eure Loyalität und euren Respekt nie vergessen.

Dank all meinen früheren Bandmitgliedern von Silibil N' Brains: Gordon, Colin Petrie und Greg Keegan! Dafür, dass ihr gelogen habt, um meine Lügen zu decken. Brixton kann uns keiner nehmen. Dank auch an Danny O'Malley, John »Chic« Harcus und Matt Netherington. Dafür, dass ihr Silibil N' Brains unterstützt und es uns nicht nachgetragen habt, dass wir den Aufstieg von PMX durch ein Delikt behinderten, das man wohl Bandmitglieddiebstahl nennen muss.

Dank auch an Big Mark und Ian Martin. Ihr habt Silibil N' Brains auf Tour am Leben erhalten.

Dank an Murray Buchanan für die Wahrung meiner Interessen.

Ich möchte auch meinen Cousins Warren und Byron Bain danken. Sie haben nicht nur das ganze Chaos dokumentiert, sondern auch in den verrücktesten Zeiten versucht, mir meine geistige Gesundheit zu erhalten. Ich weiß, es muss euch das Herz gebrochen haben, zwei eurer besten Freunde vor die Hunde gehen zu sehen.

Dank an Grace Stanley. Sie zog mich aus dem Schatten, als alles schwarz wurde.

Für ihre hartnäckige Unterstützung möchte ich auch Caroline und Darren Saunders danken, Steve Warby, Dan Miller, Nickie Banks, Stuart Reid, Andy Carrington, Biscuits, Emily und allen von The Dairy, The Svengali Team, Jane Graham und Victoria McArthur, Mark »Skinny« Adjacan, Paul Greenwood, Calvin Talbot, Fingers, Skills, Wayne Beckford, Brendan und Garth Barnes und allen von Crash Car Burn, Fabian Sing und Bret, Alex und Chris von Delica Black und Mike und den Jungs von Hypo Psycho. Mary Boyd, Zenga Boyd und den Jungs Gary und Shaun samt ihrem Großvater Bill, Lisa Webb, Blair McAfferty, Chris Boyd, Craig »Spit« Arnott und den anderen Jungs aus den Albany terrace-Tagen.

Für musikalische Inspiration schulde ich Dank: Eminem & D12 (RIP Proof), Pharcyde, DJ Shadow, Billy Talent, Muse, My Chemical Romance und Rage Against The Machine.

Und jetzt möchte ich meinem besten Freund danken, Oskar »Bravo« Kirkwood, meinem Sparringpartner, der über die Jahre hinweg fester an mich geglaubt hat als sonst irgendwer, mich eingeschlossen. Ohne jeden Zweifel ist er der finsterste, lustigste Dichter, den es gibt, ein wahres Genie. Seine Worte wecken noch immer die Kreativität in mir. Unser Deal gilt noch.

Mein abschließender Dank geht an
Bill
Porcupine

Musiklegenden bei Heyne

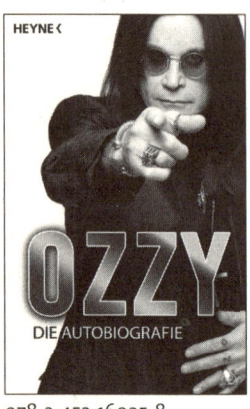

978-3-453-16925-8

Ozzy Osbourne
Ozzy
Die Autobiografie
978-3-453-16925-8

Barney Hoskyns
Tom Waits
Ein Leben am Straßenrand
978-3-453-26633-9

Ronnie Wood
Ronnie
Die Autobiografie
978-3-453-15506-0

Klaus Voormann
»Warum spielst du Imagine nicht auf dem weißen Klavier, John?«
Erinnerungen an die Beatles und viele andere Feunde
978-3-453-64021-4

Miles Davis
Miles Davis
Die Autobiografie
978-3-453-17177-0

Steffan Chirazi
So What! Die offizielle Metallica-Chronik
The Good, The Mad, And The Ugly
978-3-453-12004-4

Murray Engleheart
AC/DC
Maximum Rock 'n' Roll
978-3-453-60120-8

Rolling Stone LLC
Cash
978-3-453-60116-1

HEYNE